FANTASY

Zu der Trilogie
»Der eiserne Turm« von Dennis L. McKiernan
gehören außerdem die Bände:

Schwarze Flut · Der eiserne Turm 1 · 23916
Kalte Schatten · Der eiserne Turm 2 · 23917

FANTASY-ROMAN

DENNIS L. MCKIERNAN

SONNENTOD

DER EISERNE TURM 3

THE DARKEST DAY
BOOK THREE OF
THE IRON TOWER TRILOGY

Deutsche
Erstveröffentlichung

GOLDMANN VERLAG

Aus dem Amerikanischen übertragen
von Andreas Brandhorst,
überarbeitet von G. K. Theodor Singer

Made in Germany · 10/87 · 1. Auflage

Umschlagentwurf: Design Team München
Umschlagillustration: Design Team München
Satz: Glücker, Würzburg
Druck: Elsnerdruck, Berlin
Verlagsnummer: 23918
Lektorat: G. K. Theodor Singer/Peter Alexander Sondermann/CG
Herstellung: Peter Papenbrok
ISBN 3-442-23918-4

Inhalt

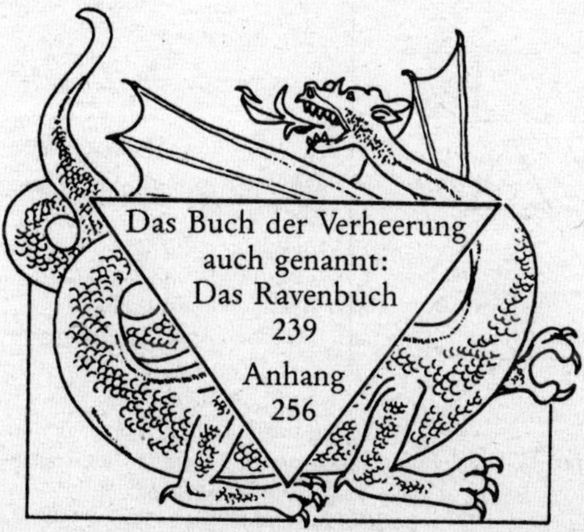

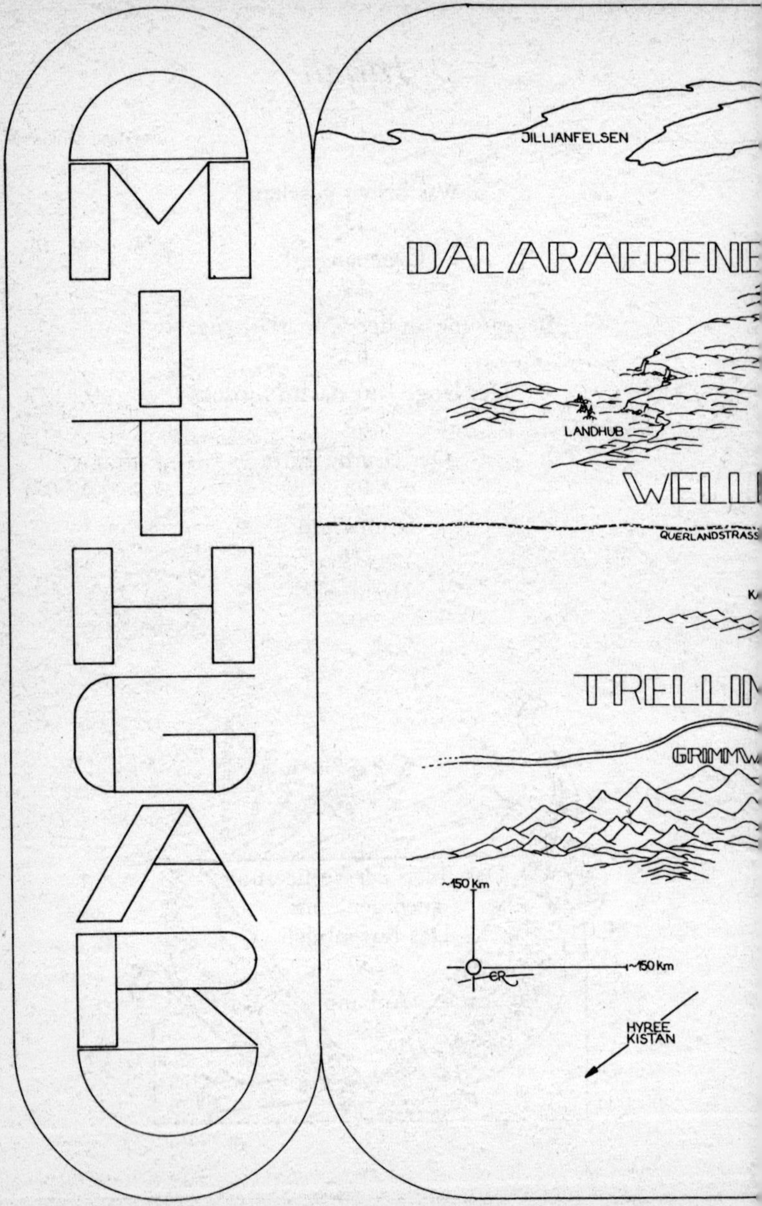
MITHGAR
JILLIANFELSEN
DALARAEBENE
LANDHUB
WELL
QUERLANDSTRASS
TRELLIN
GRIMMWA
~150 Km
~150 Km
CR
HYREE
KISTAN

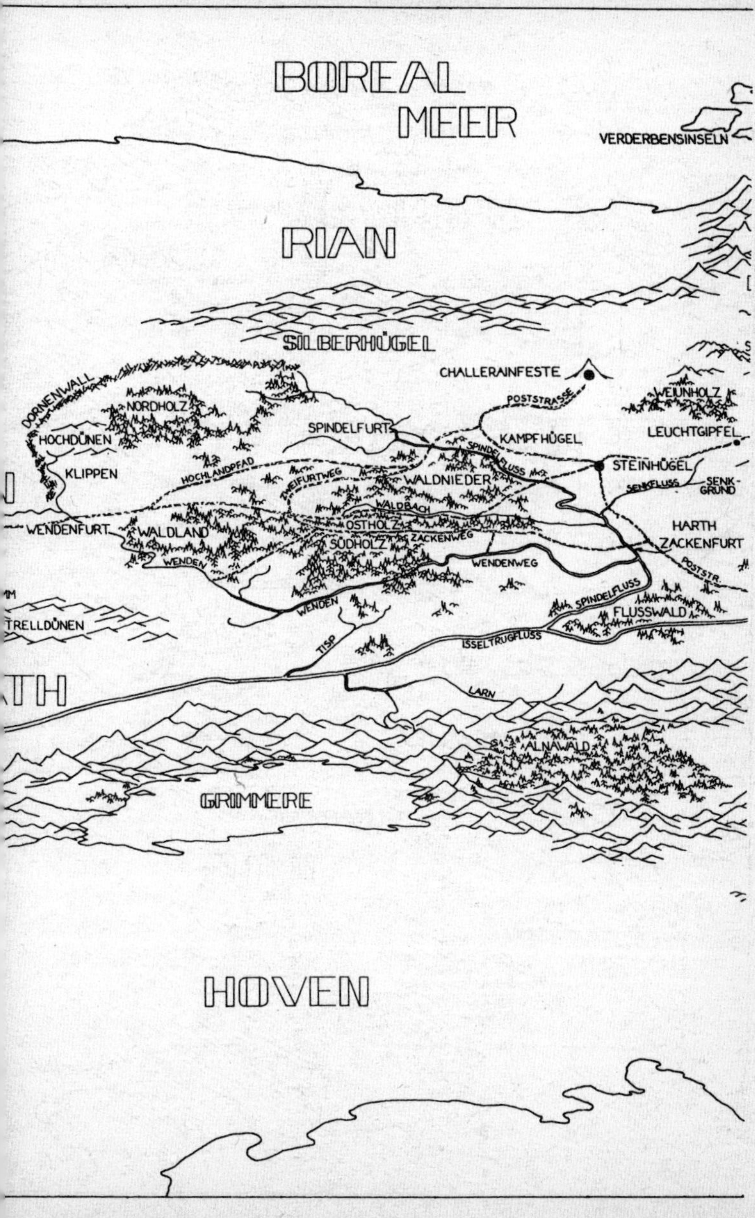
BOREAL
MEER
VERDERBENSINSELN
RIAN
SILBERHÜGEL
CHALLERAINFESTE
DORNENWALL
NORDHOLZ
WEIJNHOLZ
POSTSTRASSE
HOCHDÜNEN
SPINDELFURT
KAMPFHÜGEL
LEUCHTGIPFEL
KLIPPEN
HOCHLANDPFAD
SPINDELFLUSS
STEINHÜGEL
ZWEIFURTWEG
WALDNIEDER
SENKFLUSS
SENK-
GRUND
WALDBACH
WENDENFURT
WALDLAND
OSTHOLZ
HARTH
ZACKENWEG
ZACKENFURT
SÜDHOLZ
WENDEN
WENDENWEG
POSTSTR.
SPINDELFLUSS
WENDEN
FLUSSWALD
TRELLDÜNEN
TISP
ISSELTRUGFLUSS
LARN
ALNAWALD
GRIMMERE
HOVEN

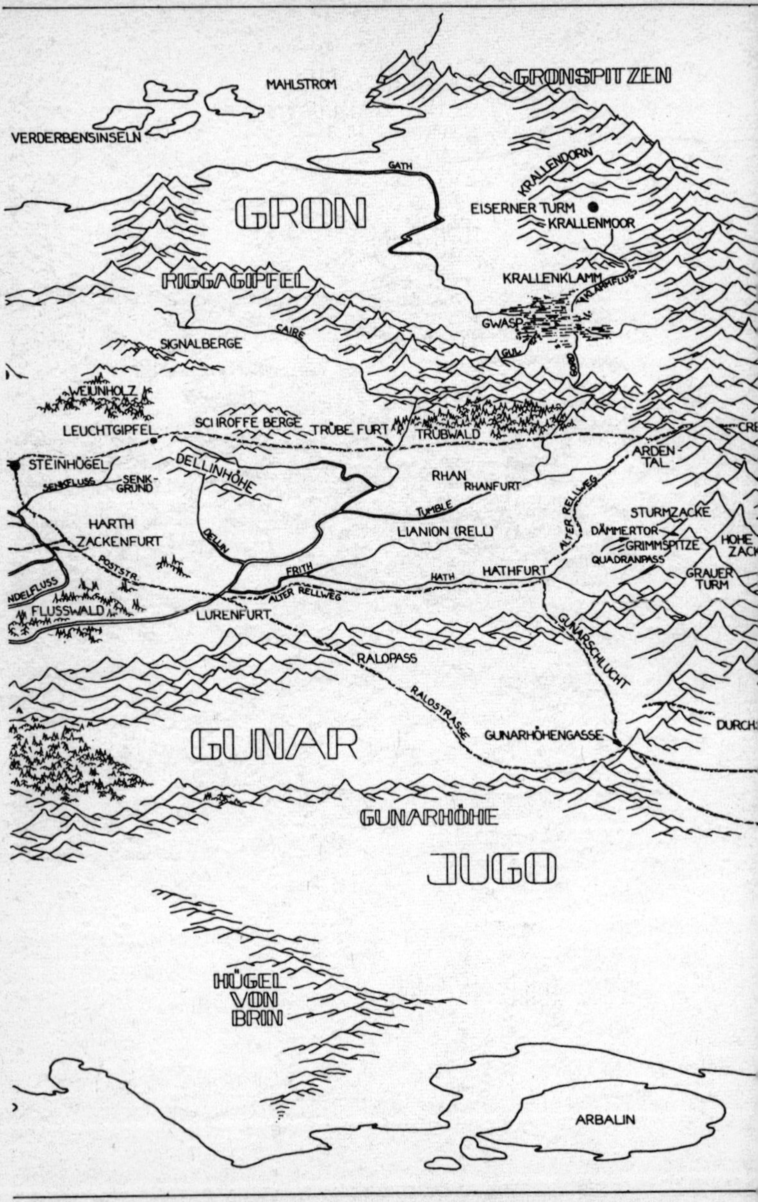

MAHLSTROM
GRONSPITZEN
VERDERBENSINSELN
GATH
GRON
KRALLENDORN
EISERNER TURM
KRALLENMOOR
RIGGAGIPFEL
KRALLENKLAMM
KLAMMFLUSS
GWASP
CAIRE
SIGNALBERGE
GUL
GORD
WEINHOLZ
LEUCHTGIPFEL
SCHROFFE BERGE
TRÜBE FURT
TRÜBWALD
ARDEN-TAL
STEINHÜGEL
DELLINHÖHE
RHAN
RHANFURT
SENKFLUSS
SENK-GRUND
TUMBLE
ALTER RELLWEG
STURMZACKE
HARTH
ZACKENFURT
DELLIN
LIANION (RELL)
DÄMMERTOR
GRIMMSPITZE
HOHE
QUADRANPASS
POSTSTR.
FRITH
HATH
HATHFURT
GRAUER TURM
ALTER RELLWEG
FLUSSWALD
LURENFURT
GUNARSCHLUCHT
RALOPASS
RALOSTRASSE
GUNAR
GUNARHÖHENGASSE
GUNARHÖHE
JUGO
HÜGEL VON BRIN
ARBALIN

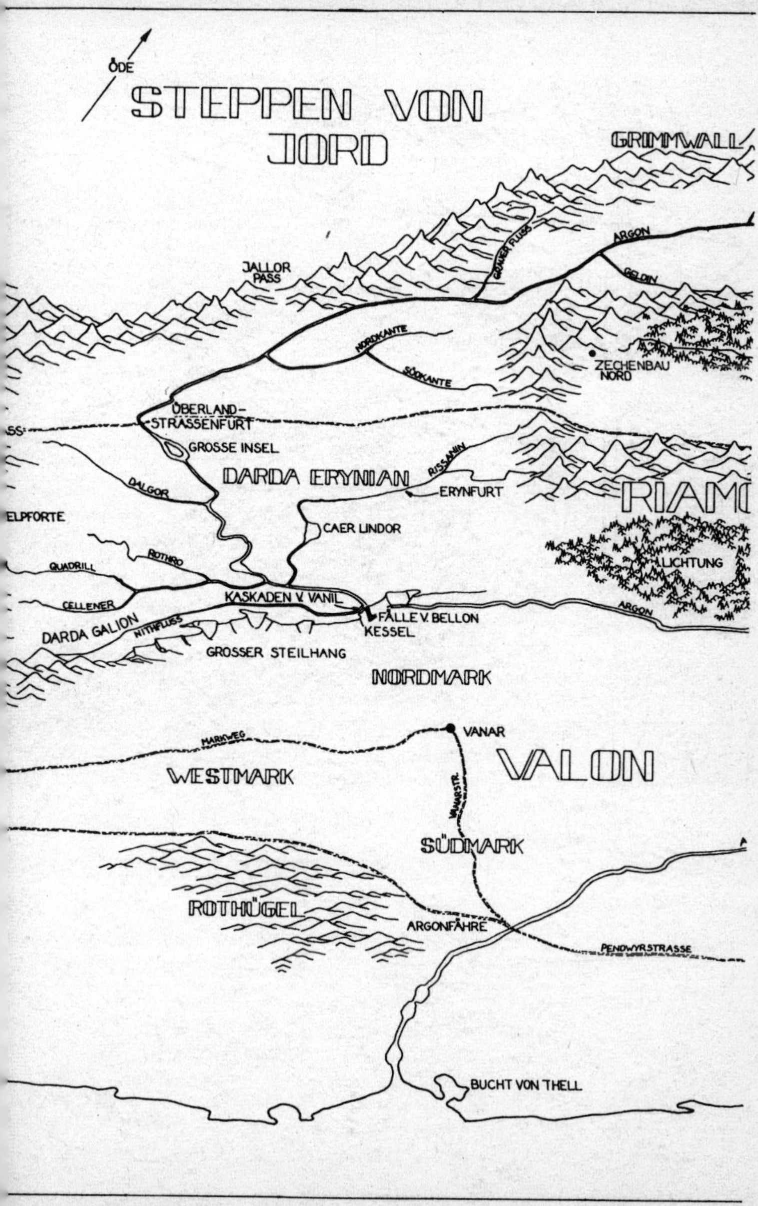
ÖDE
STEPPEN VON JORD
GRIMMWALL
GRAUER FLUSS
ARGON
GELDIN
JALLOR PASS
NORDKANTE
SÜDKANTE
ZECHENBAU NORD
ÜBERLAND-STRASSENFURT
GROSSE INSEL
DARDA ERYNIAN
RISSANIN
ERYNFURT
RIAM
DALGOR
ELPFORTE
CAER LINDOR
ROTHRO
QUADRILL
CELLENER
KASKADEN V. VANIL
FÄLLE V. BELLON
KESSEL
LICHTUNG
ARGON
DARDA GALION
NITHFLUSS
GROSSER STEILHANG
NORDMARK
VANAR
MARKWEG
WESTMARK
VALON
VANARSTR.
SÜDMARK
ROTHÜGEL
ARGONFÄHRE
PENDWYRSTRASSE
BUCHT VON THELL

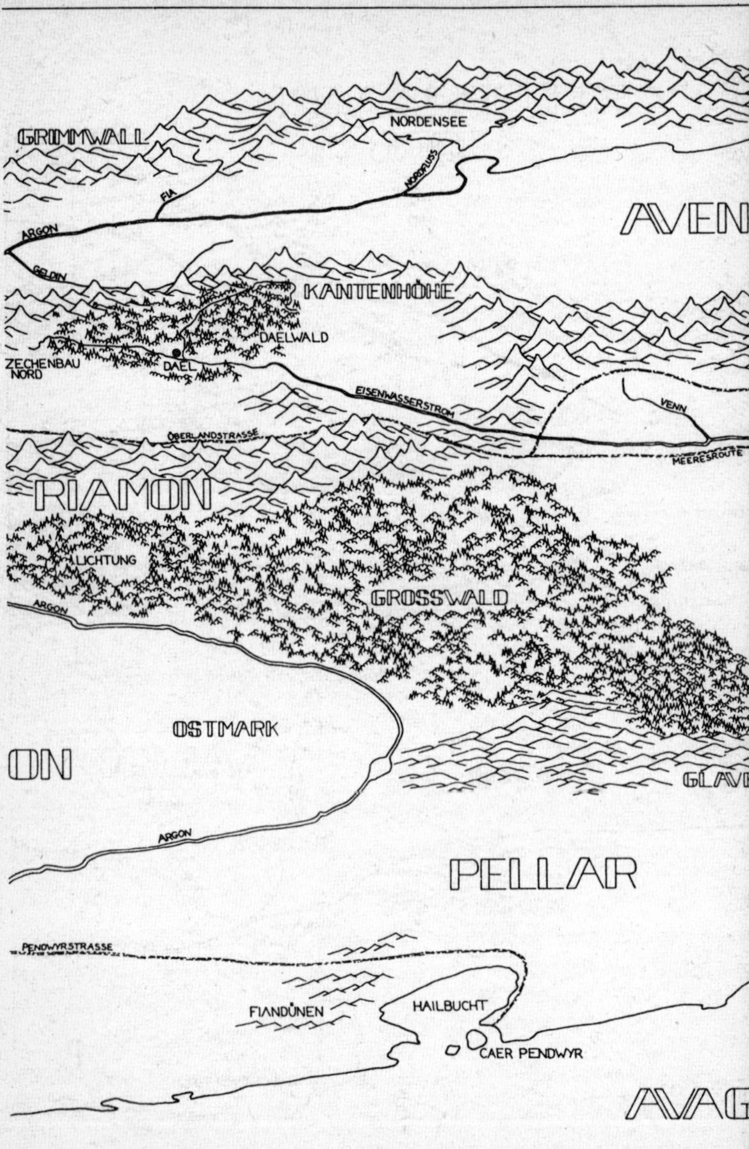
GRIMMWALL
NORDENSEE
NORDFLUSS
FIA
AVEN
ARGON
GELDIN
KANTENHÖHE
DAELWALD
ZECHENBAU NORD
DAEL
EISENWASSERSTROM
VENN
OBERLANDSTRASSE
MEERESROUTE
RIAMON
LICHTUNG
GROSSWALD
ARGON
OSTMARK
ON
GLAVE
ARGON
PELLAR
PENDWYRSTRASSE
FIANDÜNEN
HAILBUCHT
CAER PENDWYR
AVAG

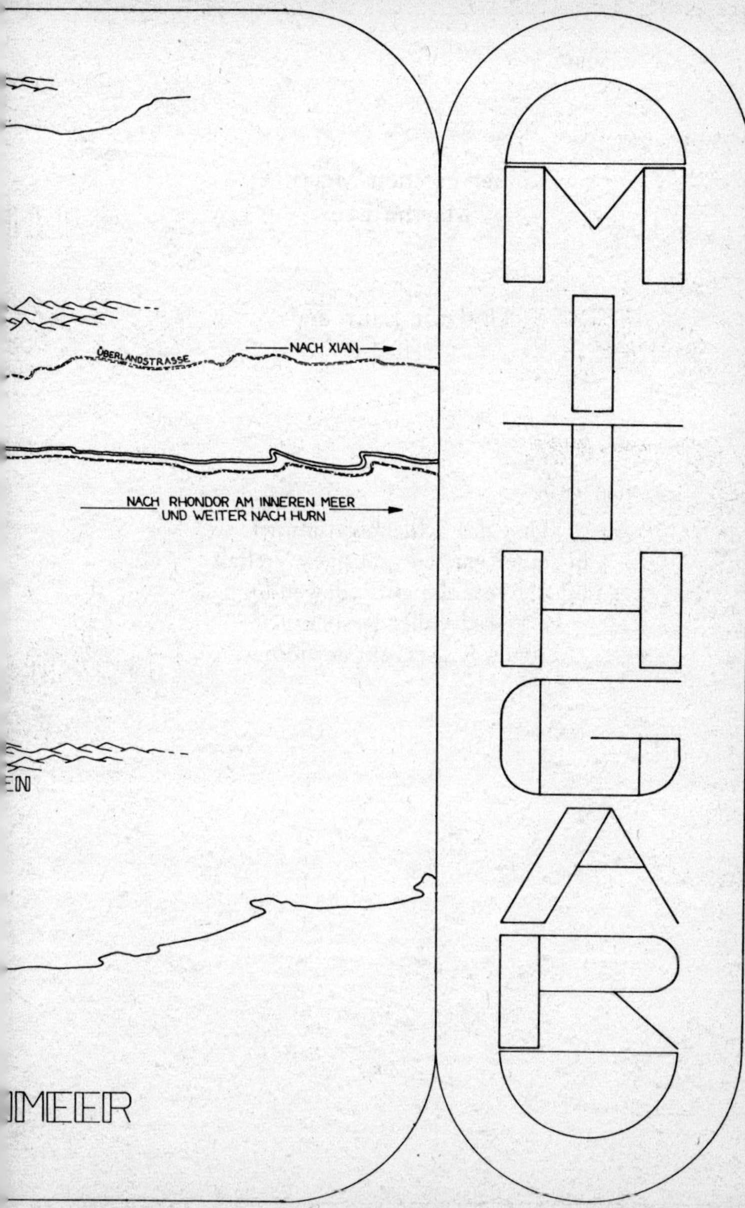
ÜBERLANDSTRASSE
NACH XIAN
NACH RHONDOR AM INNEREN MEER
UND WEITER NACH HURN
EN
MEER

Meiner eigenen Merrilee:
Martha Lee

Und für Laurelin:
Tina

Und das Schlachtgetümmel
in seiner ganzen grausigen Vielfalt
und die vornehmen Redewendungen
sind voller Respekt
Ursula K. LeGuin gewidmet.

Was bisher geschah…

Dies ist der dritte Teil der Geschichte vom eisernen Turm.

Der erste Teil – *Schwarze Flut* – berichtete von unruhigen Zeiten im Waldland, wo das Winzigvolk (die Wichtel) von einem drohenden Krieg erfuhr. Es gab Gerüchte von umherstreifenden Wölfen, von Bauern und ganzen Familien, die auf geheimnisvolle Weise verschwanden, von einem Unheil, das im Norden drohe. Und funf Jungwichtel – Tuck, Danner, Hob, Tarpy und ihr Riegenführer Patrel – verließen das Dorf Waldnieder, um sich zu den Dornenläufern zu gesellen, welche die Spindelfurt bewachten. Unterwegs wurden die Wichtel von einem wolfsähnlichen Vulg angegriffen, und Hob kam dabei ums Leben.

Die vier überlebenden Jungwichtel setzten den Weg nach der Spindelfurt fort und berichteten den dort stationierten Dornenläufern, es befänden sich Vulgs im Waldland, und sie traten in der Riege Patrels ihren Dienst an. Einige Tage später ritt ein Königsherold herbei, um alle Verbündeten Aurions zu den Waffen zu rufen, und Tarpy fand während eines weiteren Vulgangriffs den Tod.

Tuck, Danner und Patrel schworen Rache, und mit zwei Wichtelriegen verließen sie das Waldland und machten sich auf den Weg nach Challerainfeste.

Als sie die Bastion erreichten, erfuhren sie von dem Düsterdunkel, einer sonderbaren Finsternis im Norden, die das Licht der Sonne nicht durchdringen könne und in der der Bann Adons nicht länger wirke. Aus diesem Grund konnten sich dort die dämonischen Diener Modrus – Vulgs, Rūcks, Hlōks, Oger, Ghûle und Hôllrösser – aus ihren Verstecken wagen.

Die Wichtel erhielten den Auftrag, die Verteidigungswälle im Bereich des Schlosses zu bewachen, und Tuck machte die Bekanntschaft Prinzessin Laurelins. Sie war die Verlobte Prinz Galens, des ersten Sohnes des Hohekönigs Aurion, der sich zu jener Zeit nicht im Schloß befand und mit einer Reiterschar ins Düsterdunkel vorgedrungen war.

Tuck, Danner und Patrel wurden zur Geburtstagsfeier Laurelins eingeladen. Auf dem Höhepunkt des Festes betrat ein verwundeter Krieger den Saal und brachte die Schreckensnachricht, daß sich die Schwarze Wand in Bewegung gesetzt habe und sich nun nach Süden schiebe, in Richtung der Challerainfeste. Der Winterkrieg hatte begonnen.

Am nächsten Tag verließ Prinzessin Laurelin die Bastion und brach mit einer Flüchtlingskarawane nach Süden auf. Begleitet wurde sie vom zweiten Sohn des Königs, Prinz Igon, dem die Mission übertragen worden war, nach Pellar zu reiten, dort das Königsheer zusammenzustellen und es nach Norden zu führen.

Bald darauf kroch das Düsterdunkel über die Challerainfeste hinweg und schob sich weiter nach Süden. Es war schwierig, sich in dem gespenstischen Schattenlicht der Winternacht zu orientieren: In einer offenen Ebene reichte der Blick von Menschen nur rund drei Kilometer weit, und in Waldgebieten oder einer hügeligen Region wurde diese Sichtweite noch weiter eingeschränkt. Elfen konnten etwa zweimal so weit sehen wie Menschen. Der Blick der eigentümlichen, juwelenartigen Augen der Wichtel aber reichte noch ein ganzes Stück weiter; sie vermochten selbst im Düsterdunkel noch Dinge zu erkennen, die acht Kilometer entfernt waren. Aus diesem Grund wurde die Königstruppe der Dornenläufer aufgeteilt, und fortan kamen die Jungwichtel in einzelnen Abteilungen der Streitmacht aus Königssoldaten ihrem Dienst nach und spähten für sie durch die Winternacht.

Nach einigen Tagen dann rückte eine der Horden Modrus aus dem Düsterdunkel heran und griff die Challerainfeste an, deren Verteidiger dem Feind zahlenmäßig weit unterlegen waren. Am dritten Tag des Kampfes unternahmen die überlebenden Soldaten den Versuch, die Linien des Gegners zu durchbrechen und aus der Bastion zu fliehen.

Während dieses Unterfangens wurde Tuck von seinen Kameraden getrennt, und er entging einer Rückpatrouille nur, indem er sich in dem alten Grab Othrans des Sehers versteckte. In dem Sarkophag fand er eine Klinge aus Atalar und einen einzelnen roten Pfeil für seinen Bogen. Kurz darauf suchte Prinz Galen durch Zufall an der gleichen Stätte Zuflucht vor den Schergen Modrus. Allein und nur bewaffnet mit dem Atalarschwert und dem roten Pfeil, setzten Mensch und Wichtel bald darauf die

Flucht nach Süden fort. Steinhügel war ihr Ziel, denn dort wollten sie auf die anderen Königssoldaten stoßen, die den letzten Kampf überlebt und es geschafft hatten, sich von der Übermacht des Feindes abzusetzen.

Doch bevor sie nach Steinhügel gelangten, fanden Galen und Tuck die Überreste der von Ghûlen überfallenen Karawane Laurelins. Weder die Prinzessin noch Igon waren unter den Toten. Galen und Tuck fanden weitere Waffen und folgten der Ghûlfährte. Sie hofften, die auf Hôllrössern reitenden Ungeheuer irgendwann einholen und den Prinzen und die Prinzessin befreien zu können – wenn sie sich tatsächlich in der Gewalt der Ghûle befanden.

Zwei Dunkeltage später gelangten Mensch und Wichtel nach Weiunholz. Dort hatte gerade eine dreitägige Schlacht stattgefunden, und dem aus Menschen, Elfen und Wichtel bestehenden Weiunholz-Bündnis war es gelungen, über eine Streitmacht Modrus zu siegen und sie zurückzuschlagen. Von den Befehlshabern der Kampfgruppen erfuhren Galen und Tuck, daß vor rund sechs Dunkeltagen eine Gruppe Ghûle gesehen worden war, die nach Osten ritt, später gefolgt von einem einzelnen Reiter.

Daraufhin brachen Tuck und Galen wieder auf. Sie ritten ebenfalls nach Osten und erreichten die im Ardental gelegene Elfenbastion. Als das Oberhaupt der Elfen – Lord Talarin – von ihrer Mission erfuhr, brachte er sie in ein Äskulaphaus, wo sie den verwundeten und im Fieberwahn liegenden Prinz Igon fanden. Als der junge Mann für einige wenige Augenblicke wieder zu sich kam, berichtete er, Laurelin sei von den Ghûlen gefangengenommen worden.

Unmittelbar darauf kam der Elfenlord Gildor ins Ardental, und er überbrachte Galen die Nachricht vom Tode Aurion Rotauges – wodurch Galen nun der Hohekönig ganz Mithgars war.

Der zweite Teil – *Kalte Schatten* – erzählte von der Gefangennahme Laurelins und der Reise nach dem Eisernen Turm, der in Gron gelegenen Feste Modrus, in der die Prinzessin in einen finsteren Kerker geworfen wurde.

Inzwischen war es Danner und Patrel gelungen, aus den Ruinen der Challerainfeste zu fliehen und ins Waldland zu gelangen, wo sie die Feststellung machen mußten, daß zahllose Ghûle bereits die Sieben Täler durchstreiften.

Nachdem sie von Merrilee aus einer tödlichen Gefahr gerettet wurden, organisierten die beiden Jungwichtel den Widerstand und griffen ihrerseits die Schergen Modrus an. Sie machten sich hierzu einen Plan Merrilees zu eigen, lockten die Ghûle in einen Hinterhalt und besiegten sie in der Schlacht von Lammgerb, um sich anschließend darauf vorzubereiten, gegen das in Adlerfarn gelegene Lager der Ungeheuer anzutreten.

Unterdessen befand sich Galen – nun Hohekönig Mithgars geworden – noch immer im Ardental und war zwischen Liebe und Pflicht hin und her gerissen. Schließlich entschied er sich für seine neue Verantwortung als König: Zusammen mit Tuck und dem Elfenherrn Gildor machte er sich auf den Weg nach Süden, um dort auf das Königsheer zu treffen und es nach Norden in die Schlacht gegen die Horde Modrus zu führen. Zur selben Zeit, als Galen und seine beiden Gefährten die lange Reise begannen, begaben sich Gildors Bruder Vanidor und drei weitere Liankrieger nach Norden in Richtung Gron. Sie hatten die Absicht, die Stärke der Streitmacht Modrus auszukundschaften und außerdem zu versuchen, Laurelin zu befreien.

Galen, Tuck und Gildor trafen unterwegs auf den Zwergenkrieger Brega, den einzigen Überlebenden eines blutigen Kampfes zwischen Zwergen aus den Rothügeln und der Teufelsbrut Modrus, und Brega schloß sich ihnen an. Von ihm erfuhr Galen, daß auch im Süden Mithgars ein Krieg tobte und das Königsheer deshalb nicht nach Norden hatte ziehen können, weil es sich den Angriffen anderer Diener Modrus ausgesetzt sah – den Attacken der Piraten von Kistan und denen der Lakh aus Hyree.

Die vier Kameraden wurden jedoch von Ghûlen entdeckt und bis zum Dämmertor der Grimmengrotten verfolgt. Dort angelangt, öffnete der Zwerg das verschlossene Portal, denn er allein kannte die alte Formel. Und als sich die Gefährten gerade anschickten, sich in den Westkorridor zu begeben, wurden sie vom Ungeheuer des Dunklen Sees angegriffen – dem Kraken Madûk.

Fern im Norden geschah während dieser Zeit folgendes: Laurelin wurde aus ihrem dunklen Verlies geholt und in Modrus Gemächer geführt, die sich hoch im Eisernen Turm befanden. Dort mußte sie die Folterung Vanidors miterleben, dessen Versuch, unbemerkt in die Bastion zu gelangen und die Prinzessin zu befreien, fehlgeschlagen war. Modru wollte von seinem Gefangenen nun erfahren, ob es außer ihm auch noch andere Krieger gab, die mit ihm nach Gron vorgestoßen waren.

Während der Folterung prahlte Modru, sein Herr Gyphon – ein Geschöpf des Bösen, das fast ebenso mächtig war wie der Erhabene Adon – werde von der Kraft des Myrkensteins, eines Teils des Drachensterns, bald nach Mithgar zurückgebracht. Darüber hinaus erzählte Modru, der Myrkenstein sei es, der das Düsterdunkel über das Land ziehen und das Licht der Sonne verblassen lasse.

Vanidor weigerte sich, die Fragen Modrus zu beantworten, und starb unter Qualen auf dem Streckbrett.

Im Augenblick von Vanidors Tod schrie der Elf Gildor fern im Süden am Dämmertor während des wütenden Angriffs des Kraken den Namen seines Bruders mehrfach aus und brach zusammen. Brega stützte den Elfen, und zusammen mit Tuck und Galen floh er in die vom Schrecken Modrus beherrschten Tunnel der Grimmengrotten.

Der Kraken schleuderte daraufhin große Felsbrocken gegen das geschlossene Portal, und kurz darauf mußten die vier Kameraden feststellen, daß sich das Dämmertor nicht mehr öffnen ließ. So machten sie sich durch die dunklen Höhlen der Grimmengrotten auf den Weg nach Osten, um dort die Dunkelpforte zu erreichen. Doch kurz bevor sie an ihr Ziel gelangten, standen sie dem Gargon gegenüber, einem großen Mandrak, der in jenen, die ihn ansahen oder auch nur seine Anwesenheit spürten, blankes Entsetzen hervorrief. Durch einen glücklichen Umstand schafften es die vier Gefährten aber doch, das Ungeheuer zu töten, und flohen anschließend durch die Dunkelpforte.

Mensch, Elf, Zwerg und Wichtel wanderten nach Süden, fort von den Quadranbergen, und nach vielen Mühen ließen sie den Bereich des Düsterdunkels hinter sich zurück und gelangten wieder ins helle Sonnenlicht. Sie kamen in den Lerchenwald, in dem der Coron Eiron regierte. Mit einem Elfenboot setzten sie von dort aus die Reise über den Nithfluß bis hin zum Großen Steilhang fort. Über den breiten Argonstrom ging es weiter. Das Ziel der vier Kameraden war die Argonfähre fern im Süden, und sie hofften, dort auf Verbündete zu treffen, die ihnen helfen konnten, das Königsheer zu finden.

Während der beschwerlichen Reise flußabwärts erinnerte sich Gildor an die Warnung, die ihm sein Bruder im Augenblick des Todes zukommen ließ. Aus der – leider unvollständigen – Botschaft schlossen sie, daß Modru die Absicht hatte, bei der bevorstehenden Sonnenfinsternis irgendwie Gyphon nach Mithgar zurückzubringen, und dann würde sich die Macht des Großen Bösen über die ganze Schöpfung erstrecken.

Sie setzten den Weg bis zu der Argonfähre fort, wo sie auf ein sich zurückziehendes Heer stießen.

Sie befolgten den Rat Bregas und des valonischen Markmarschalls namens Ubrik und machten sich nach einer nur kurzen Ruhepause mit Pferden auf den Weg in Richtung Gûnarhöhengasse. Ihre Hoffnungen erfüllten sich, denn am Ziel ihrer ersten Etappe fanden sie eine siegreiche Armee von Harlingar, Kriegern aus Valon. Mit jenen Vanadurin würden sie es schaffen, den fern im Norden gelegenen Eisernen Turm Modrus vor Beginn der Sonnenfinsternis zu erreichen – vor dem ›Sonnentod‹. Galen war zu dem Schluß gekommen, daß das Bündnis nur mit einem direkten Angriff auf die Bastion Modrus eine geringe Chance hatte, den unheilvollen Plan Modrus vor der Rückkehr Gyphons nach Mithgar zu vereiteln.

Doch als sich die valonischen Krieger darauf vorbereiteten, das Lager zu verlassen und durch die Gûnarhöhengasse nach Norden zu reiten, erblickten sie in dem Paß eine fremde Streitmacht, die in vollem Galopp heranstürmte und auf sie zuhielt . . .

Mit dem Beginn dieses dritten Teils aber kehren wir ins Waldland zurück, zu den Ereignissen nach dem Tage, an dem die Schlacht von Lammgerb gewonnen wurde.

Es ist unsere Lebensweise,
die das Schicksal unserer Seelen bestimmt –
und vielleicht auch die Art des Todes.

Tuckerby Unterdamm
1. Februar 4AE2019

Gegenangriff

Am Dunkeltage nach der Schlacht von Lammgerb ritt ein aufgeregter Späher an Weißlings Stall heran, zügelte sein schwitzendes und erschöpftes Pony, sprang ab und eilte in die Scheune.

»Hauptmann Patrel!« rief er schrill. »Die Ghûle! Die Ghûle haben Lammgerb niedergebrannt!«

»Was ...?« Patrel sah von der Karte auf, die vor ihm auf dem hölzernen Tisch lag, und starrte den Jungwichtel an, der auf ihn zulief und schwer atmend vor ihm stehenblieb. »Was hast du gesagt, Arcy? Meintest du Lammgerb?«

»Genau, Hauptmann Patrel – Lammgerb!« stieß Arcy hervor. Seine Wangen glühten rot vor Aufregung. »Die Ghûle, ganz plötzlich waren sie da – eine große Streitmacht –, und sie suchten nach Wichteln. Und als sie keine fanden, zündeten sie das Dorf an!«

Luth ballte die Fäuste und hieb auf die Tischplatte, und Merrilee preßte sich die Hand auf den Mund und riß die Augen auf. Die einzelnen Riegenführer der Wichtelstreitmacht zeigten nur finstere Mienen, und einige von ihnen knirschten mit den Zähnen.

»Sie wollten sich für die erlittene Niederlage rächen«, stellte Patrel mit grimmig klingender Stimme fest. »Wehe den Jungwichteln, die jetzt den Schergen Modrus in die Hände fallen, denn sie müssen bestimmt Folterqualen erleiden, bevor der Tod sie von der Pein erlöst.«

Orbin sprang auf und wanderte unruhig hin und her. »Wir müssen sie aus dem Waldland vertreiben, bevor alle unsere Dörfer in Schutt und Asche liegen! Selbst wenn es uns gelingen sollte, diesen Krieg zu gewinnen: Für die Überlebenden wird das Leben hart, und ohne ein Dach über dem Kopf, ohne einen Schutz vor den Unbilden des Wetters wird alles noch schwerer!«

»Grr!« knurrte Norv, und seine Kiefermuskeln mahlten. »Ich sage euch: Wir müssen sie alle töten – oder wenigstens so viele, daß den anderen Ghûlen der Schrecken in die leichenblassen Glieder fährt und sie aus dem Waldland fliehen. Denn sonst wird niemand von uns überleben – ob wir nun ein Dach über dem Kopf haben oder nicht!« Zustimmende Rufe kamen von überall.

»Beruhigt euch, ihr alle!« rief Patrel heftig und sah die Angehörigen des Kriegsrates fest an. Dann wandte er sich wieder an den Späher. »In welche Richtung ritten sie, nachdem sie Lammgerb in Brand steckten, Arcy?«

»Nach Süden«, erwiderte Arcy. »Zurück nach der Querlandstraße.«

»Vermutlich ist das Lager in Adlerfarn ihr Ziel«, brummte Luth. »Was ist mit der Patrouille, Arcy? Ich meine die, welche wir nach den Ruinen ausschickten?«

»Ah, Riegenführer Luth, sie hatte die Siedlung schon wieder verlassen, bevor die Ghûle kamen«, erwiderte der Jungwichtel. »Hauptmann Danner und seine Begleiter wurden nicht aufgehalten.«

Bei der Erwähnung der Kundschaftertruppe, die sich nach den Ruinen von Adlerfarn begeben sollte, verdüsterte sich die Miene Merrilees, denn sie sorgte sich um Danner und die vier anderen, die nun durch das Düsterdunkel nach Süden ritten, um die Hügel am Rande des Ortes zu erreichen, an dem die Ghûle ihr Lager aufgeschlagen hatten. Immer wieder stieg dumpfe Furcht in der jungen Frau empor, denn es handelte sich um eine sehr gefährliche Mission – einen Auftrag zudem, der auf ihren eigenen Vorschlag zurückging.

»Nun«, brachte Patrel mit gepreßt klingender Stimme hervor, »wir warten eben, bis Danner zurückkehrt.«

Während der nächsten beiden Dunkeltage schritt Patrel immer wieder unruhig und nervös im Stall auf und ab. Er knirschte mit den Zähnen und versuchte sich abzulenken, indem er mit verbissenem Fleiß neue Pfeile schnitzte. Oftmals ritt er auch durch das Schattenlicht auf die Kuppe von Weißlings Hügel, um von dort aus nach Danner Ausschau zu halten. Aber der Jungwichtel aus Waldnieder blieb ebenso verschwunden wie seine vier Begleiter. Und wenn Patrel dann in den Stall zurückkehrte und Merrilee gegenüber andeutungsweise den Kopf schüttelte, waren sie beide um einen weiteren Hoffnungsschimmer ärmer.

Auch die junge Frau verbrachte lange Stunden damit, durch das Düsterdunkel zu starren und mit aufmerksamen Blicken nach Danners Gruppe zu suchen. Aber wie Patrel kehrte Merrilee nach einer Weile in das Hauptquartier der Wichtelstreitmacht zurück und gab sich Mühe, mit allerlei Arbeit die Gedanken an die vermißten Späher und Kundschafter zu verdrängen.

Insgeheim hegten sie beide die gleiche Besorgnis, fragten sich, ob möglicherweise etwas schiefgegangen sei: Vielleicht waren Danner und die anderen angegriffen, verletzt oder gar getötet worden. Oder noch schlimmer: Vielleicht waren sie den Ghûlen lebend in die Klauenhände gefallen. Aber sie sprachen diese Ängste nicht laut aus – auch wenn sie beide nur allzu genau wußten, was in dem anderen vor sich ging.

Spät am dritten Dunkeltag dann platzten Danner und die anderen Kundschafter ganz überraschend in die Runde im Stall. Danner strahlte und packte Merrilee an den Schultern, um sie fest an sich zu drücken, wirbelte sie anschließend herum und ließ sie erst wieder los, als sie zu taumeln begann. Er klopfte Patrel kräftig auf den Rücken und rief: »Patrel, Merrilee! Ich habe meinen Vater gesehen! Er lebt! Und er sagte, auch meiner Mutter ginge es gut! Meine Eltern sind zusammen mit vielen anderen Wichteln nach Ostholz geflohen, und dort befinden sich nun Bewohner von Bryn und Mittelwald, von Fingerhut und Weidental, und manche der Flüchtlinge kommen auch aus Lammgerb und Waldnieder – und selbst Adlerfarn. Sie alle sind eifrig damit beschäftigt, ihre Zuflucht in eine Bastion zu verwandeln, so wie es dem Bündnis aus Menschen, Elfen und Wichteln nach den Worten Gildors in Weiunholz gelang. Mein Vater hilft dabei, den Widerstand zu organisieren, und er hat nun eine eigene Kampfgruppe aus Bogenschützen zusammengestellt. ›Hanlos Reya‹ nennen sie sich in der alten Sprache: Hanlos Füchse. Bisher hatten sie noch keine Feindberührung, aber wenn wir Adlerfarn angreifen, können wir mit ihrer Unterstützung rechnen.«

Andere Wichtel drängten sich um Danner und die vier Späher, und man gab ihnen eine warme Mahlzeit und heißen Tee, während in den Augen Merrilees Tränen der Erleichterung und der Freude glitzerten.

»Wir ritten am Südbach entlang, bis wir die Hügel von Adlerfarn erreicht hatten.« Danner machte eine kurze Pause, um sich seine Pfeife mit Rauchblättern zu füllen und zu entzünden. Er lehnte sich zurück und blies einen großen Dunstring. »Als die Siedlung westlich von uns lag, begaben wir uns in die hügelige Umgegend, und wir waren so vorsichtig wie Feldmäuse, die sich an einem hungrigen Wiesel vorbeischleichen.

Stellt euch unsere Überraschung vor: Noch bevor wir das Lager der Ghûle sehen konnten, kamen aus den Büschen plötzlich andere Wichtel hervor und fragten uns, wer wir seien und was wir beabsichtigten.

Als ich ihnen Antwort auf ihre Fragen gegeben hatte, forderten sie uns auf, ihnen zu folgen, und sie meinten, sie würden uns zeigen, wie stark der Feind sei. Offenbar hatten einige von ihnen die Ghûle in Adlerfarn schon längere Zeit beobachtet. Die acht Jungwichtel, die sich zu uns gesellten, haben alle in Adlerfarn gelebt, bevor die Schergen Modrus durch das Düsterdunkel herannahten und ihr Dorf angriffen. Aber ihnen gelang die Flucht nach Ostholz, und dort haben sie sich den Kampfgruppen angeschlossen und kehrten schließlich zurück, um den Feind auszukundschaften, denn auch die Wichtel von Ostholz planen einen Angriff.

Wir hielten also auf die Hügel in unmittelbarer Nähe von Adlerfarn zu, wo wir uns von den Rücken unserer Ponys gleiten ließen und uns auf die Kuppen schlichen, von denen aus man die ganze Siedlung übersehen kann.

Das Dorf ist jetzt nur noch eine einzige große Ruine, Patrel: Bis auf einige wenige Gebäude ist alles niedergebrannt. Und überall treiben sich Ghûle herum, die einem wimmelnden Heuschreckenschwarm gleichen. Es müssen mindestens tausend sein ...«

»Tausend!« rief Luth erschrocken aus. »Und unsere Streitmacht zählt nur drei- oder bestenfalls vierhundert Mann! Wir können unmöglich einen Angriff wagen, wenn auf jeden Kämpfer von uns drei Feinde kommen!«

»Leider, Luth«, bestätigte Danner, »hast du ganz recht. Das ist genau das, was ich ebenfalls zuerst glaubte. Inzwischen aber habe ich meine Meinung ein wenig geändert. Weißt du, die tausend Ghûle befinden sich ja nicht alle zur gleichen Zeit in Adlerfarn. Während wir das Lager beobachteten, brachen immer wieder einzelne Gruppen auf, während andere zurückkehrten, so daß manchmal nur acht- oder neunhundert Ghûle anwesend waren. *Und gelegentlich halten sich sogar nicht mehr als hundert Ungeheuer im Lager auf.*«

Nicht mehr als hundert, schweifte Merrilee in Gedanken ab. *Noch vor einigen Tagen wären hundert Ghûle eine schier unschlagbare Streitmacht für uns gewsesen, aber jetzt planen wir ein weiteres Mal, einen derart starken Feind anzugreifen – so wie es in Lammgerb der Fall war. Diesmal aber können wir den Gegner nicht in einen Hinterhalt locken.*

Merrilees Aufmerksamkeit richtete sich wieder auf Danner, als der Jungwichtel fortfuhr: »Wir lagen auf der Hügelkuppe, und den ganzen Dunkeltag über beobachteten wir das Kommen und Gehen der Ghûle. Und während wir zusahen, erzählten die acht ehemaligen Bewohner von Adlerfarn davon, wie die Schergen Modrus ihr Dorf angezündet hatten und wie es den Wichteln mit knapper Not gelungen war, nach Ostholz zu fliehen.

Sie berichteten uns, wie sie Kampfgruppen aus insgesamt rund sechshundert Bogenschützen zusammenstellten und die Verteidigung von Ostholz vorbereiteten. Einer der Riegenführer aber wies darauf hin, daß man sich nicht dauernd nur verteidigen könne, sondern auch einmal zum Gegenangriff übergehen müsse, falls sich eine Gelegenheit böte, die Ghûle zu töten. Und während wir so auf der Lauer lagen, sprach mich einer der Ostholzwichtel an: ›Ach, übrigens, du heißt doch Brombeerdorn ... Bist du vielleicht mit dem Riegenführer bekannt, der uns zum Angriff riet? Hanlo ist sein Name, Hanlo Brombeerdorn.‹

Wirklich! Ich hätte den Jungwichtel aus Ostholz umarmen und küssen mögen, und nur die Gefahr der Entdeckung durch die Ghûle im Lager unterhalb von uns hielt mich davon ab. Also blieb ich still liegen und beobachtete weiterhin die Ruinen von Adlerfarn, zwischen denen es von Feinden nur so wimmelte, und die ganze Zeit über lächelte ich glücklich vor mich hin.

Ich schickte einige Wichtel nach Süden und andere nach Norden aus, und bei ihrer Rückkehr ergänzten wir unser eigenes Wissen mit dem, was bereits von den Flüchtlingen in Ostholz an anderen Dunkeltagen in Erfahrung gebracht worden war.

Wir einigten uns darauf, daß wir nur dann eine Chance hätten, den Feind zu besiegen, wenn wir unsere Streitkräfte vereinen und dann über die Ghûle in Adlerfarn herfallen, wenn sich möglichst wenige von ihnen im Lager aufhielten. – Wir können also fortan über eine Streitmacht aus ungefähr neunhundert bis tausend Bogenschützen verfügen, und damit sollte es uns gelingen, hundert Ghûlen den Garaus zu machen – selbst dann, wenn wir sie nicht wie in Lammgerb in einen Hinterhalt locken können.«

Die anderen Riegenführer murmelten ihre Zustimmung.

»Was meinen die Bewohner von Ostholz dazu?« fragte Patrel.

»Sie sind für einen Angriff«, erwiderte Danner. »Von Adlerfarn aus haben wir uns auf den Weg nach Ostholz gemacht, und am nächsten Dunkeltag sprachen wir mit den Befehlshabern der Kampfgruppen. Bei der Gelegenheit sah ich auch meinen Vater wieder. Nein! Du hättest sehen sollen, wie verblüfft er war, als er mich erblickte. Und er hätte mich fast zerquetscht, als er mich in die Arme schloß. Nun, aber ich glaube, auch seine Rippen haben bei unserer Umarmung geknackt.

Wir berieten uns, und ich berichtete von unserem Kampf in Lammgerb und über die Art und Weise, Ghûle zu töten. Sie wußten noch nicht darüber Bescheid, und es war eine frohe Botschaft für sie, denn nun begriffen sie, daß sie nicht immer nur zur Flucht gezwungen sind, sondern auch kämpfen können. Ich erzählte ihnen außerdem von der Eroberung der Challerainfeste durch den Feind und vom Tod König Aurions. Diese Neuigkeiten betrübten sie sehr.

Patrel, sie möchten, daß wir uns ebenfalls nach Ostholz begeben, um dort unsere Kräfte mit den ihren zu vereinen und gemeinsam den Feind anzugreifen und ihn nicht nur aus Adlerfarn zu vertreiben, sondern aus allen Dörfern und Siedlungen, aus den Tälern, aus dem ganzen Waldland.«

Danner machte eine kurze Pause und fügte dann hinzu: »Mein Vater traf genau den Kern der Sache, als er meinte: ›Die Horde, die Challerainfeste erstürmte, kann jetzt ungehindert nach Süden vorstoßen und wird sich sicher bald auf den Weg machen. Wir müssen folglich die Ghûle aus dem Waldland vertreiben und den Dornenwall zu einer unüberwindlichen Barriere befestigt haben, bis die anderen Schergen Modrus in unser Land vordringen. Denn wenn die Horde erst einmal hier ankommt, bevor uns das gelungen ist, werden wir von der Übermacht des Feindes gnadenlos überwältigt. Dann werden wir alle vernichtet, dafür wird Modru schon sorgen. Seine Ungeheuer fällen die Bäume und lassen sie einfach verrotten. Die Saat der Äcker und Felder wird niemals aufgehen und Früchte tragen. Die Bäche, Flüsse, Teiche und Seen – alle vergiftet. Die Tiere in Haus und Flur – alle niedergemetzelt. Und die Lanzen, Speere, Säbel und Schwerter des Feindes werden sich in die Leiber der Wichtel bohren, und die wenigen, denen die Flucht gelingen mag, müssen elendiglich in der Kälte der Winternacht verhungern und erfrieren. Es muß deshalb unter allen Umständen verhindert werden, daß das aus dem Norden heranziehende Unheil ins Waldland gelangt!« Bei diesen Worten wurde Danners Gesicht kalkweiß. »Mein Vater hat recht. Es bleibt viel zu tun – und nur wenig Zeit, um die nötigen Vorbereitungen zu treffen. Wir müssen die Ghûle angreifen – so schnell wie möglich!«

Am nächsten Dunkeltag machte sich die ganze Streitmacht – dreihundertzweiundsechzig Jungwichtel und eine junge Frau waren es – auf den Weg nach Süden. Über heimliche Wege ritten sie nach Ostholz und vereinten sich mit den dort zusammengestellten Kampfgruppen. Viele Stunden lang berieten sich die Riegenführer und Befehlshaber, wobei Patrel und Danner an den Sitzungen des Kriegsrates von Ostholz teilnahmen. Als sie schließlich ihren Plan entwickelt hatten, wurde eine letzte Frage von Neddy Fink gestellt, einem Riegenführer aus Mittelwald: »Jetzt müsen wir nur noch entscheiden, wann wir angreifen, und deshalb frage ich euch alle: wann?«

Hanlo Brombeerdorn meldete sich zu Wort: »Ihr alle wißt, welche Meinung ich in dieser Angelegenheit vertrete: Je eher wir zuschlagen, desto besser. Zwar sind meine Reya kampfbereit, aber wir sollten ihnen noch ein wenig Ruhe gönnen, denn bestimmt erwartet uns ein harter und langer Kampf, und wir müssen auch damit rechnen, verfolgt zu werden. Deshalb mein

Vorschlag: Es darf kein ganzer Dunkeltag mehr ohne einen Angriff auf die Streitmacht der Ghûle vergehen. Meiner Meinung nach sollten wir morgen früh aufbrechen.« Der Wichtel mit dem kastanienbraunen Haar und den bernsteinfarbenen Augen setzte sich. Merrilees Herz begann heftig zu klopfen, als die Abstimmung anstand, und sie fügte ihr Ja dem der anderen hinzu.

Sie ließen den Wald von Ostholz hinter sich zurück, folgten dem Verlauf des Südbaches, wandten sich nach Norden und näherten sich rasch den Hügeln von Adlerfarn. Sechs Großscharen stark war die Streitmacht, die insgesamt aus vierundfünfzig Riegen bestand und der eintausendsechsundachtzig Wichtel angehörten. Nur mit Pfeil und Bogen waren sie bewaffnet, und sie waren fest entschlossen, damit gegen die Speere und Säbel der auf Hôllrössern reitenden Ghûle anzutreten.

Jeder Großschar gehörte mindestens ein Wichtel an, der aus Adlerfarn stammte und sich daher in den Hügeln und den Tälern zwischen den Erhebungen gut auskannte. Sie führten die Riegen über schmale und verborgene Pfade östlich und westlich an den Ruinen der Siedlung vorbei, bis schließlich das ganze Dorf von Wichtelkriegern umzingelt war.

Lange Zeit mußten sie in ihren Verstecken im Gebüsch an den Hügelhängen warten, und sie beobachteten, wie auf Hôllrössern hockende Ghûle oftmals über Borosporn ritten und im Dunkel der Winternacht verschwanden.

Dann krochen die Wichtel vorsichtig durch den Farn bis an den Rand des Dorfes, wo sie erneut warteten – auf das Signal zum Angriff.

Ghûle ritten ins Lager, und andere Gruppen brachen zwar auf, aber noch immer befanden sich zu viele Feinde inmitten der Ruinen. Merrilees Herz pochte heftig, und sie hoffte inständig, daß sich die Anzahl der Gegner im Lager vor ihnen doch verringern möge und dadurch die eigenen Erfolgsaussichten stiegen. Jeder verstreichende Augenblick erhöhte die Gefahr einer zufälligen Entdeckung. Schließlich aber gewann die junge Frau den Eindruck, daß mehr Ghûle das Lager verließen als zurückkehrten, so daß die Anzahl der Gegner, mit denen sie es zu tun bekommen würden, stetig abnahm.

Der Plan der Wichtel war ganz einfach: In dem Augenblick,

da sich die Anzahl der Ghûle im Lager ausreichend verringert hatte, würden die Bogenschützen angreifen, und wenn es gelang, den Ungeheuern in Adlerfarn selbst den Garaus zu machen, sollten sich die Kämpfer am Rande des Borosporns auf die Lauer legen und die Ghûle der Patrouillen angreifen, die nach und nach nichtsahnend ins überfallene Lager zurückkehrten. Wenn sich jedoch das zahlenmäßige Verhältnis zugunsten der Ghûle verschieben sollte, so würden sich die Wichtel ins Schattenlicht zurückziehen, zuerst in Richtung der Hügel und dann nach Ostholz, wobei sie ihre im Schnee zurückbleibenden Spuren verwischen sollten, um den Feind zu täuschen. Obgleich ihre Strategie im ganzen recht simpel war, hatten sie doch den eigentlichen Kampf bis auf alle Einzelheiten geplant und sich Alternativen zurechtgelegt für den Fall, daß sich die Dinge anders als vorgesehen entwickelten. Jetzt rückte der Zeitpunkt näher, zu dem sich entscheiden würde, ob sich Fehler in ihre Planungen eingeschlichen hatten.

Inzwischen hielten sich bereits weniger als fünfhundert Ghûle im Lager auf, doch noch immer warteten die Wichtel geduldig. Merrilees Herz pochte immer lauter und schneller, denn zwei weitere Gruppen bereiteten sich inzwischen für den Aufbruch vor. Und sie ahnte: Wenn die beiden Patrouillen das Lager verlassen hätten, würde das Signal zum Angriff erfolgen. Erneut überprüfte sie sowohl den Bogen als auch die Pfeile. Zwei volle Köcher trug sie bei sich, und in der Nähe lagen weitere Bündel bereit.

Die gespaltenen Hufe der Hôllrösser donnerten über den hartgefrorenen Boden, als die beiden Ghûlgruppen losritten und ihre dämonischen Reittiere über den Borosporn galoppieren ließen. Der Weg führte erst nach Westen und wandte sich dann nach Norden in Richtung der Querlandstraße. Minuten verstrichen wie Sekunden.

Schließlich gerieten die feindlichen Ghûlgruppen jenseits der Hügel außer Sicht, doch das Signal ertönte noch immer nicht, denn die Wichtel warteten vorsorglich, bis die Ungeheuer sich auch außerhalb der Hörweite befanden. Sie konnten in arge Bedrängnis geraten, wenn die Schergen Modrus entweder das Signal oder den Lärm des Kampfes vernehmen und daraufhin sofort kehrtmachen sollten.

Die Zeit verstrich zäh, und Patrel beobachtete wie fast alle anderen Wichtel eine nordwestlich von Adlerfarn gelegene Hügelkuppe. Denn auf eben jener Erhebung befand sich ein Späher, der das Signal geben würde, wenn sich die beiden Ghûlgruppen weit genug entfernt hatten.

Dann endlich sahen sie kurz den Lichtschein einer bis dahin verdunkelten Laterne. Nur ein kurzes Aufblitzen war es, das allen verkündete, daß die Entscheidung unmittelbar bevorstand.

Und Pfeile wurden auf die Sehnen gesetzt ...

Und Herzen pochten ...

Und die Blicke von juwelengleichen Augen suchten nach den erstbesten Ghûlen, den nächsten Zielen ...

Und die Krieger holten tief Luft ...

Und die Zeit schien stillzustehen.

Da hob Patrel das silbern glänzende Horn der Marken an die Lippen – das Horn Valons –, und ein heller Klang durchschnitt die Stille: Ein Waffenruf war es, ein Kriegsruf, das Signal, auf das sie alle gewartet hatten. *Ta-tahn! Ta-tahn! Ta-tahn!* Und noch bevor der letzte Klang verhallt war, sausten Hunderte von Pfeilen durch die Luft in Richtung ihrer Ziele. Die Wichtel sprangen aus ihren Verstecken, setzten neue Pfeile auf die Sehnen und blieben nur kurz stehen, um weitere Feinde anzuvisieren. Dann setzten sie sogleich ihren Angriff fort.

Immer wieder ertönte der Klang des Horns, und überall stürmten entschlossene Kämpfer los. Der seltsame Klang des Valonhorns machte ihnen Mut, während sich die Ghûle erschrocken vor dem Klang duckten und die Hôllrösser furchtsam scheuten.

Pfeil auf Pfeil bohrte sich in das bleiche Fleisch der Ungeheuer, und viele Feinde stürzten tot zu Boden, denn ihr Herz wurde von einem hölzernen Schaft durchbohrt. Aber die anderen Ghûle faßten sich schnell, schwangen sich auf die Rücken ihrer Tiere und gingen zum Gegenangriff über. Man sah die mit Widerhaken versehenen Speere durch die Luft fliegen und das Schlagen und Hacken von Säbeln. Einige Wichtel konnten nicht rasch genug ausweichen und fanden den Tod durch Lanzenspitzen, Säbelklingen und auch unter den gespaltenen Hufen der Hôllrösser, die darauf abgerichtet waren, Feinde zu Tode zu trampeln. Doch obgleich der Kampf in den Reihen der Wichtel viele Opfer forderte, regneten immer weitere Pfeile auf die Schergen Modrus herab.

Merrilee setzte Geschoß auf Geschoß auf die Sehne. Sie zielte vornehmlich auf Ghûle, die Jungwichtel verfolgten, und sie lauschte innerlich den Unterweisungen Tucks, als sie ihre Pfeile davonsausen ließ: Nicht ein einziger verfehlte sein Ziel.

Danners Blick huschte überallhin, und seine Pfeile lichteten die Reihen der Feinde noch mehr als die Geschosse Merrilees. Zusammen mit einigen Kameraden hatte er es sich ebenfalls zur Aufgabe gemacht, solchen Ungeheuern den Tod zu bringen, die einzelne Wichtel jagten, und sie machten den Schergen Modrus den Garaus, ehe sich deren Säbel in die Körper der Jungwichtel zu bohren vermochten. In dem Abschnitt, der Danner zum Angriff zugewiesen worden war, fand nur ein einziger Wichtel durch einen geschleuderten Speer den Tod.

Schon nach kurzer Zeit war der Kampf vorüber. Den Ungeheuern war keine Chance geblieben, da die Angreifer ihnen fünf zu eins überlegen gewesen waren. Außerdem hatten die Wichtel ihre Pfeile aus der Ferne auf die Ghûle abgeschossen und sich ihnen nicht direkt zum Kampf gestellt. Wenn ihnen jedoch die Hôllrösser zu nahe kamen, ergriffen sie die Flucht, verbargen sich in den Schatten und warteten, bis sich ihnen dort erneut eine Möglichkeit bot, den Ungeheuern den Tod zu bringen. Die Jungwichtel hatten zwar den Sieg davongetragen, aber nicht alle Ghûle waren ums Leben gekommen. Einige von ihnen waren mit ihren Hôllrössern geflohen – manche über den Borosporn und andere durch die Täler zwischen den Hügeln.

Die Wichtel begannen laut und voller Glück zu jubeln, aber sie verstummten auch rasch, denn das Gefecht von Adlerfarn war zwar gewonnen worden, nicht aber die Schlacht um das Waldland. Die einzelnen Riegen erhielten den Auftrag, sich flink zu beiden Seiten des Borosporns zu verstecken und dort auf die zurückkehrenden Ghûlpatrouillen zu warten, die nun vermutlich von den Geflohenen unterrichtet wurden und daher wußten, was sich im Lager zugetragen hatte.

Die sechs Wichtelgroßscharen lagen am Rande des Borosporns im Hinterhalt, versteckt im Düsterdunkel – drei auf der nördlichen und drei auf der südlichen Seite –, und ihr Plan war folgender: Wenn die zurückkehrenden Ghûle sich genau zwischen ihnen befanden, wollten sie die Ungeheuer ins Kreuzfeuer nehmen. Und wenn den Schergen Modrus der Garaus gemacht worden war, würden sie ihre Verstecke verlassen und sich an einer anderen Stelle wieder auf die Lauer legen, an einem Ort, von dem aus man die Leichen der toten Ghûle nicht sehen konnte.

Bisher aber war nicht ein einziges Ungeheuer diesem Plan zum Opfer gefallen, denn nirgends ließ sich ein zurückkehrender Ghûl blicken. Lange Zeit warteten die Wichtel, und vom Westen her kam Wind auf und wehte durch das vom Winter trockene Farnkraut.

»So lange sind die Patrouillen noch nie fortgeblieben«, sorgte sich Rollo Hecke, einer der Adlerfarnkundschafter. »Inzwischen müßte es auf dem Borosporn nur so von ihnen wimmeln.«

»Ach«, machte Hanlo und knirschte mit den Zähnen. »Diejenigen, denen die Flucht gelang, haben die anderen sicherlich gewarnt. Tja, ob uns das nun gefällt oder nicht: Bestimmt kehren sie alle gemeinsam zurück, und mit einer so großen Streitmacht werden wir es nicht aufnehmen können.«

Patrel blickte in Richtung der Hügelkuppe, auf welcher der Späher postiert war, und er wurde sehr nachdenklich, denn bisher hatte der Kundschafter nichts von sich nähernden Ghûlen gemeldet: Grünes Licht bedeutete, daß die Streitmacht, mit der sie es zu tun bekommen würden, nur gering an Zahl war und sie ihren ursprünglichen Plan weiterverfolgen konnten; wenn sie hingegen ein rotes Aufblitzen sahen, dann mußten sie sich zurückziehen.

Patrel hatte plötzlich eine dunkle Ahnung, und sagte daher: »Rollo, klettere auf den Hügel und vergewissere dich, ob mit Chubb da oben nach wie vor alles in Ordnung ist. Mir fiel gerade ein, daß ein oder zwei Schergen Modrus in jene Richtung die Flucht ergriffen.«

Rollo drehte sich um, lief durch die sich im Wind hin und her neigenden Farne und schwang sich auf den Rücken seines Ponys. Und als der Jungwichtel damit den Hang in die Höhe ritt, lobte Danner: »Gute Idee!« Sie sahen dem Späher nach, bis Rollo inmitten der zitternden Farnblätter verschwand.

Eine Zeitlang geschah überhaupt nichts, und sie beobachteten sowohl den Verlauf des Borosporns als auch den Hügel. Dann hob Hanlo die Hand und knurrte: »*Pst!* Ich höre etwas ...« Und noch bevor jemand etwas sagen konnte, ließ sich der alte Brombeerdorn auf den Boden sinken und preßte das eine Ohr aufs Pflaster der Straße. »Hufe!« stieß er hervor. »Viele Hufe! Und sie kommen rasch näher!«

In diesem Augenblick galoppierte das Pony Rollos heran. »Die Ghûle! Die Ghûle kommen!« Der Späher sprang zu Boden, und er keuchte und schnaufte, denn er versuchte aufgeregt, alles auf einmal hervorzusprudeln. »Chubb ist tot, von einem Ghûlspeer durchbohrt, und in der Nähe lag ein totes Ungeheuer. Ich fand die Spuren *zweier* Hôllrösser. Chubb konnte wohl den einen Ghûl erledigen, aber der andere erwischte ihn. Seine Laternen waren zerschmettert, und so konnte ich euch kein Signal geben, als ich die Ungeheuer auf dem Borosporn sah. Auf Hôllrössern reitende Ghûle – Hunderte sind es und nähern sich rasch. Rund fünf Kilometer hinter ihnen folgt eine zweite Streitmacht – *und die ist uns zahlenmäßig fünf- bis sechsmal überlegen!* Wir müssen fort von hier! Sofort! Die Übermacht des Feindes ist einfach zu groß!«

»Zu spät!« schnappte Hanlo und setzte einen Pfeil auf die Sehne. »Sie kommen bereits!« Und schon donnerten die gespaltenen Hufe von fünfhundert Hôllrössern über den Borosporn heran, und auf ihren Rücken hockten fünfhundert heulende und auf Vergeltung versessene Ghûle.

Patrel warf Danner einen fragenden Blick zu, aber der junge Wichtel verzog nur das Gesicht, folgte dem Beispiel seines Vaters und setzte ebenfalls einen Pfeil auf die Sehne. Er bereitete sich auf den Kampf vor.

»Halt!« rief Merrilee. »Rollo hat recht! Mit einer so großen Streitmacht können wir es nicht aufnehmen! Es sind einfach zu viele Ghûle, denen auch noch eine größere Armee folgt! Gib das Signal zum Rückzug, Patrel! Wenn wir fliehen, können sich die meisten von uns retten, um später erneut den Kampf gegen die Schergen Modrus aufzunehmen!«

Patrel warf Merrilee einen durchdringenden Blick zu und starrte dann in Richtung der heranstürmenden Ghûle, die nur noch einen knappen Kilometer entfernt waren, und die galoppierenden Hôllrösser verkürzten rasch die verbleibende Distanz.

»Rückzug! Rückzug! Rückzug!« Patrel traf seine Entscheidung, und durch stumme Handzeichen wurde der Befehl rechts und links der Straße rasch weitergegeben. Die Jungwichtel zogen sich schnell und lautlos in den von Düsterdunkel eingehüllten Farn zurück, wobei sie den Legenden, die in anderen Ländern Mithgars von ihnen erzählt wurden, alle Ehre machten: Wie Schatten waren sie, die rasch durch die Winternacht glitten.

Da aber trug der Westwind den fauligen Gestank der Hôllrösser heran, und das davonlaufende Pony Rollos witterte diesen Geruch, scheute furchtsam, richtete sich auf die Hinterläufe auf und wieherte laut. Die Zügel entglitten den Händen Rollos, so daß das Pony sich abrupt zur Seite wenden konnte und in panischer Angst und in vollem Galopp ostwärts über den Borosporn stürmte.

Als die Ghûle das Pony entdeckten, zügelten sie jäh ihre Hôllrösser und machten halt. Einige Ungeheuer setzten sich vorsichtig wieder in Bewegung, und die Blicke ihrer großen dunklen Augen versuchten, das Düsterdunkel rechts und links der Straße zu durchdringen. Es war ihnen bisher nicht in den Sinn gekommen, daß die Jungwichtel in einem Hinterhalt liegen konnten. Sie hatten vielmehr damit gerechnet, daß sich ihr Feind inzwischen in den Ruinen von Adlerfarn befand.

Ein Ghûl an der Spitze der Streitmacht erteilte mit fauchender und schriller Stimme Befehle, woraufhin sich die Armee teilte: Die Hälfte der Ghûle wandte sich nach rechts in den Farn, die andere nach links. Und nun waren die Ungeheuer gewarnt und auf der Hut. Sie hielten die Speere zum Wurf bereit, und ihre Säbelklingen blitzten im gespenstischen Glühen des Schattenlichts. Die Hôllrösser durchstreiften den sich im Wind hin und her wiegenden Farn und schnaubten, während die Wichtel weiter vorn – noch unentdeckt von den Ghûlen – sich tiefer ins Düsterdunkel hinein zurückzogen.

Hôllrösser aber sind schneller als zu Fuß fliehende Wichtel, und plötzlich erklang das weithin hallende Heulen eines Ghûls, aus dem aber plötzlich ein Röcheln wude, als sich dem Ungeheuer der hölzerne Schaft eines Pfeils in die Brust bohrte. Doch jetzt waren die Jungwichtel auf der nördlichen Seite des Borosporns entdeckt, und nur kurze Zeit später stießen die südlich der Straße suchenden Ghûle ebenfalls auf fliehende Wichtel.

Rückenhörner erklangen, und die Ungeheuer fauchten und schrillten triumphierend. Hunderte von Pfeilen antworteten ihnen, als die Verfolgten kurz verharrten, um auf den Feind zu zielen, ehe sie sofort danach wieder losliefen.

Jetzt kannten die Ghûle ihren Feind, doch obgleich die Schergen Modrus in Adlerfarn im Kampf gegen diesen Gegner eine empfindliche Niederlage erlitten hatten, verachteten sie die Wichtel und glaubten sich schon ihres Sieges sicher, und sie trieben ihre Hôllrösser an und ließen sie durch den Farn galoppieren. *Twisch! Twisch!* machten die großen Blätter, als sie von den Flanken der dämonischen Reittiere beiseite gebogen wurden, und inmitten dieses Dickichts setzten die Wichtel ihre Flucht fort.

Bisher waren nur die Jungwichtel von dem hoch wachsenden Farn geschützt worden, doch bald darauf mußten sie die bittere Feststellung machen, daß sich die dicht an dicht in die Höhe ragenden Blätter auch für die Ungeheuer als ein Vorteil erwiesen: Die Wichtel hatten folglich Mühe, in dem Dickicht ihren Feind zu erkennen und mit Pfeilen auf ihn zu zielen. Auf ihren Hôllrössern donnerten die Ghûle heran und hieben ihre Speere in die Leiber der Flüchtenden. Viele Säbelklingen holten aus und färbten sich rasch rot vom Blut der Krieger des Waldlandes, und manche von ihnen kamen zudem unter den trampelnden Hufen der Hôllrösser ums Leben. Auf diese Weise starben Regin Borkenstark und Alvy Wollviel und Neddy Fink und viele andere, denn nun konnten sie kaum noch etwas gegen den dämonischen Gegner ausrichten. Zu Dutzenden fanden die Verteidiger des Waldlandes den Tod, als sie weiter durch den Farn und über die Hügelhänge flohen.

Danner, Patrel und Merrilee bahnten sich ebenfalls einen Weg durch das Dickicht, und rechts und links preschten die Ghûle vorbei, ohne sie zu entdecken. Dann und wann machten sie andere Jungwichtel aus, die auch durch das Schattenlicht flohen, aber meistens hatte es den Anschein, als seien sie ganz allein. Um sie herum ertönte das Heulen der Ghûle, der dumpfe Klang von Rückenhörnern, das Schnauben der Hôllrösser und das Pochen gespaltener Hufe – ebenso wie das Röcheln und Keuchen im Todeskampf.

Merrilees Atem ging rasselnd, als sie sich an der Seite Danners und Patrels am Farn vorbeischob, und ihr Herz klopfte so heftig, daß sie glaubte, es müsse ihr jeden Augenblick die Brust zersprengen. Sie hatten versucht, nach Norden über die Hügel zu fliehen, aber immer wieder schnitten ihnen die Schergen Modrus den Weg ab, und so waren sie gezwungen, sich nach Osten zu wenden, zurück in Richtung Adlerfarn. Merrilee hatte das schreckliche Gefühl, als machten sich die leichenblassen Ungeheuer inzwischen einen *Spaß* daraus, ihre Opfer durch das Düsterdunkel zu jagen. Immer weiter nach Osten liefen sie und waren jederzeit bereit, ihre Pfeile auf die Ghûle abzuschießen. Schließlich lichtete sich das Dickicht, und unmittelbar vor ihnen lag das, was vom Dorf Adlerfarn übriggeblieben war. Sie flohen durch Straßen, auf denen die Leichen der Ungeheuer verstreut lagen, die beim ersten Angriff von den Wichteln umgebracht worden waren. Vor ihnen, hinter einer Biegung, näherten sich gespaltene Hufe übers Pflaster, so daß die drei rasch zur Seite wichen und sich im Schatten eines aschgrauen Trümmerhaufens verbargen.

»Wir müssen die Siedlung verlassen«, flüsterte Danner ihnen zu. »Dies ist das Lager der Ghûle, und einige von ihnen befinden sich bereits hier. Bestimmt werden auch die anderen Gruppen bald hierher zurückkehren – und wenn wir dann noch hier sind, kann uns nichts mehr vor dem Zorn der Schergen Modrus retten.«

Patrel hob den Kopf und blickte in Richtung der Hügel. Er versuchte, möglichst gleichmäßig zu atmen. »Unsere Ponys befinden sich dort drüben, hinter den Erhebungen da vorne, aber die Ghûle patrouillieren an den Hängen, die wir passieren müssen, um unsere Reittiere zu erreichen. Vielleicht können wir ...« Patrel wurde von einem triumphierenden Heulen unterbrochen: Ein Ghûl ritt um die Mauer vor ihnen herum und hatte sie entdeckt.

Sssst – twock! Der von der Sehne schnellende Pfeil Danners traf das Ungeheuer mitten in der Brust, worauf es tot aus dem Sattel stürzte. Der eine Fuß der Leiche verfing sich im Steigbügel, und das Hôllroß scheute und schnaubte erschrocken und versuchte, das Gewicht, das es an seiner Flanke spürte, abzuwerfen. Wiehernd galoppierte es davon. Zwar war der Ghûl nun tot, aber sein lauter Schrei hatte andere Feinde alarmiert, und drei weitere Ungeheuer ritten jetzt auf die Wichtel zu. Das Pochen der gespaltenen Hufe glich dem dumpfen Schlag einer Kriegstrommel.

Sssttwock, Ssssttwock! Twock! Der fliegende Tod sirrte durch die Luft und warf zwei weitere Schergen Modrus von den Rücken ihrer dämonischen Reittiere. Der dritte Ghûl zerrte zu heftig an den Zügeln, worauf das Hôllroß in den Hinterläufen einknickte und seinen Reiter aus dem Sattel warf. Und als das Ungeheuer wieder auf die Beine sprang – *Twocktwocktwock* –, bohrten sich ihm drei Pfeile in die Brust, deren bereits einer allein genügt hätte, um ihn umzubringen. Tot sank er aufs Pflaster, und das Hôllroß sprang wiehernd davon.

Aber jetzt hörten die drei Wichtel weitere Feinde nahen, und kurz darauf galoppierte eine ganze Gruppe von Ghûlen auf sie zu.

Ta-tahn! Ta-tahn! Der helle Klang des Horns von Valon hallte über das Dorf Adlerfarn, als Patrel das runenverzierte Instrument an die Lippen setzte und kräftig hineinblies. Die Ghûle rissen die Zügel ihrer Hôllrösser hoch und schreckten vor der glockenartigen Weise zurück, denn die Melodie des Kriegshorns ließ Furcht in ihnen emporkeimen. Danner und Merrilee ließen inzwischen weitere Pfeile von den Sehnen ihrer Bogen schnellen, denen zwei Ungeheuer zum Opfer fielen. Die anderen fünf gaben daraufhin ihren Rössern die Sporen und ritten wütend auf die Wichtel zu.

Merrilee ließ sich dennoch nicht aus der Ruhe bringen. Unbeirrt griff sie nach einem Pfeil im Köcher, setzte ihn auf die Sehne, zielte und ließ das Geschoß davonsurren. Auch die Pfeile Danners und Patrels sausten todbringend durch das Schattenlicht. Die Ghûle waren nun nicht mehr weit von den dreien entfernt. Die mit Widerhaken versehenen Spitzen ihrer schwarzen Lanzen richteten sich bereits auf sie, während Hufe der Hôllrösser übers Pflaster donnerten und die Distanz weiter verkürzten.

Doch die Pfeile der Wichtel gruben sich in die Brust der Ungeheuer, und die hölzernen Schäfte durchbohrten die Herzen der Ghûle und töteten sie auf der Stelle. Vier Ghûle waren es erst, die heranstürmten, drei, dann nur noch zwei. Und als sie heran waren, warfen sich Danner, Patrel und Merrilee zur Seite und rollten durch die Asche, während die Hufe der Hôllrösser dicht an ihnen vorbeipreschten und die Speere ihr plötzlich in

Bewegung gekommenes Ziel verfehlten. Eine Spitze zerriß die Überjacke Patrels und kratzte über den goldenen Harnisch, den er darunter trug. Danner sprang jedoch wutentbrannt auf, und einer der beiden Ghûle kam durch einen weiteren Pfeil ums Leben. Das letzte verbleibende Ungeheuer riß sein Hôllroß herum, und der Pfeil Merrilees bohrte sich ihm zwar in die Seite, aber brachte ihn nicht um, da der hölzerne Schaft des Geschosses nicht das Herz des Ghûls traf.

Kurz darauf befand sich dieser Feind leider außerhalb der Reichweite ihrer Pfeile, und daraufhin zog der Scherge Modrus an den Zügeln und kam zum Stehen. Mit einem Ruck riß er sich den Pfeil aus der Seite und warf ihn fort. Dann setzte er ein Horn aus Messing an die Lippen und blies hinein. Der schrille Klang rief andere Ghûle herbei, und aus allen Richtungen antwortete ihm das Blöken von Rückenhörnern.

In aller Ruhe begann Danner damit, neben den Speer Pfeile vor sich bereitzulegen, so daß er die Geschosse schneller greifen konnte, als wenn sie sich noch in seinem Köcher befänden. »Patrel, Merrilee – wir sitzen in der Falle! Gleich werden sie wieder angreifen, und gegen Dutzende von ihnen haben wir kaum eine Chance. Aber wir haben die Möglichkeit, so viele wie möglich von ihnen mit in den Tod zu nehmen.«

Das Schrillen und Blöken kam nun immer näher, und in nicht allzu weiter Ferne vernahmen sie erneut das Pochen gespaltener Hufe. Erst waren es nur zwei Ghûle, die sich zu dem Überlebenden gesellten, dann kamen acht weitere und verharrten am nördlichen Ende der Straße. Im Süden heulten andere Hörner, und kurz darauf sahen die drei Wichtel sich von weiteren Ungeheuern umgeben.

Merrilee setzte ihren Köcher vor sich ab und griff nach einem Pfeil. Sie biß die Zähne zusammen, und ihr Atem ging ruhig und gleichmäßig. In ihren großen und saphirblauen Augen zeigte sich keine Furcht.

Patrel nahm das Horn der Marken zur Hand. »Ich lasse es noch einmal erklingen. Und dann fechten wir unseren letzten Kampf aus und liefern den Ghûlen eine solche Schlacht, daß die Barden noch in Jahrhunderten davon singen werden.«

Und inmitten des Blökens und Schrillens der Rückensignale erhob sich der helle Glockenklang und übertönte alles andere.

Weit hallte er laut über das Land, als sich die drei Wichtel – zwei Krieger und eine junge Frau – auf ihren letzten Kampf vorbereiteten. Und den Tod.

Und als der Klang des Horns der Marken über die Ruinen von Adlerfarn wehte und vom Wind weitergetragen wurde, verstummten die schrillen Signale der Schergen Modrus, und einige Augenblicke lang glaubten die drei Wichtel, irgendwo in der Ferne eine leise Antwort auf den Glockenklang des Valonhorns zu vernehmen. Die Ghûle zögerten noch und blickten sich unruhig um.

Aber schließlich riß das vorderste Ungeheuer den Kopf hoch, blickte in die Winternacht und gab ein durchdringendes Heulen von sich. Jedoch von Westen, jenseits der langen und hohen Mauer, erklang das Donnern von herannahenden Hufen, die über das Pflaster der Straßen von Adlerfarn pochten.

»Sie greifen an!« rief Patrel und spannte die Sehne seines Bogens, um den Feind zu erwarten.

Das Dröhnen der Hufe wurde lauter. Ein Donnern wie von einem sich rasch nähernden Gewitter war es, und immer wieder ertönten Hörnerklänge. Dann schließlich kamen die ersten Reiter um die lange Mauer herum, und es waren ...

... Menschen auf Pferden!

»Nein!« konnte Danner nur noch rufen, ehe er den Arm Patrels in die Höhe schlug, so daß der von der Sehne schnellende Pfeil über die Köpfe der Soldaten hinwegsauste. *»Es ist Vidron!«*

Und durch die Straßen von Adlerfarn ritten nun die schnellen Rösser von rund tausend Soldaten. Die Krieger trugen das blauweiße Banner Wellens, und es war der Klang ihrer Hörner, den die drei Wichtel vernommen hatten. Aus dem fernen Westland kamen sie herbei, und angeführt wurden sie von dem Königsgeneral Vidron, dem Hrosmarschall von Valon. Ganze Riegen und Großscharen galoppierten durch die Ruinen von Adlerfarn, hielten ihre Schwerter zum tödlichen Schlag erhoben und suchten mit den Lanzen und Speeren nach Zielen. Die Ghûle waren vollkommen überrascht, als sich die hölzernen Lanzenschäfte durch ihre Herzen bohrten und scharfe Schwertklingen ihnen die Köpfe zerschmetterten oder von den zuckenden Leibern trennten.

Während die Schlacht tobte, während die Hufe von Pferden

vorbeidonnerten, Hörner schrillten, die Flüchtlinge wieder Mut fassen konnten und zahllose Ghûle starben, tanzten die drei Wichtel überglücklich umher, umarmten sich und jubelten.

»*Arn,* Hauptmann Patrel, als ich den Klang des Silberhorns vernahm – den Klang jenes Horns, das Elgo aus dem Schatz Kriechflinks geraubt hatte –, da wußte ich, daß ihr hier Hilfe braucht!« Feldmarschall Vidron grinste breit und hockte sich auf einen niedrigen Lattenverschlag an der brandgeschwärzten Wand, wo er die drei Wichtel vorgefunden hatte. Die Freude des Wiedersehens war so, als träfen enge Blutsverwandte nach langer Zeit wieder aufeinander. Und als Merrilee ihm vorgestellt wurde, weiteten sich die Augen des erfahrenen Königssoldaten voller Erstaunen. Er verbeugte sich vor der Kämpferin, und sein offenes und herzliches Wesen ließen ihn sofort das Herz der jungen Wichtelfrau gewinnen. »Und so befahl ich, nach Adlerfarn zu reiten, um euch eure armen Hälse zu retten. Und keine Guula-Streitmacht kann eine Armee schlagen, die aus tausend berittenen Wellenkriegern besteht.«

»Aber General Vidron«, wandte Merrilee leise ein, »dies sind nicht alle Ghûle: Vierhundert weitere reiten derzeit durch den hohen Farn und suchen nach unseren Kameraden. Die Gefahr, die den Wichteln von den Ungeheuern droht, ist sehr groß: Die Ghûle jagen sie wie Reya; sie gleichen Bluthunden, die hinter Füchsen her sind.«

»Ich weiß wohl, Mädchen«, erwiderte Vidron und strahlte die junge Frau an. »Auf dem Borosporn trafen wir einige eurer Krieger, und sie berichteten uns davon. Zweitausend weitere Kämpfer aus Wellen sitzen den stinkenden Wrg derzeit im Nakken. Hört nur den Klang ihrer Hörner!« Von den Hügeln ringsumher ertönten unentwegt die Kriegshörner von Wellen.

»Zweitausend weitere Soldaten?« Patrel riß die Augen auf. »Wie habt Ihr eine solche Streitmacht zusammengestellt, Feldmarschall? Und wieso befindet Ihr Euch mit ihr im Waldland?«

»Nun, mein Bester, ich bin einfach nach Wellen geritten und hab' dort entschlossene Kämpfer zusammengerufen«, erwiderte Vidron. »Und was den Grund angeht: Als wir am Nordtor von Challerainfeste die Linien des Feindes durchbrachen, ritten wir in einem weiten Bogen und erreichten schließlich Steinhügel . . .«

»Steinhügel?« platzte es aus Danner heraus. »Aber wir – Patrel und ich – waren ebenfalls dort und warteten auf andere Königssoldaten ... drei Tage lang.«

»Zweieinhalb«, berichtigte Patrel.

»Meinetwegen«, brummte Danner. »Aber niemand kam.«

»Wann war das?« fragte Vidron.

»Laßt mich nachdenken«, überlegte Danner, und während Patrel die Tage an den Händen abzählte, fuhr er fort: »Nach meiner Berechnung sind genau zwei Wochen vergangen, seit wir früh morgens am Dunkeltag nach Steinhügel gelangten. Wir warteten auch noch den ganzen nächsten Tag. Am Morgen des dritten Dunkeltages dann brachen wir wieder auf. Wenn ich mich nicht irre, war das am achten Januar.« Patrel nickte bestätigend.

»Nun«, meinte Vidron, »ihr habt Steinhügel schneller erreicht als wir.« Dann sah sie der General verblüfft an. »Holla! Wenn ihr früh morgens am achten Januar aufgebrochen seid, dann müßt ihr eines der Stadttore passiert haben, während wir gerade durch ein anderes einritten!«

Bei diesen Worten sahen sich Danner und Patrel verdutzt an und musterten dann Vidron, denn sie begriffen, wie knapp sie sich am Treffpunkt verfehlt hatten. Und sie wurden sich in diesen Momenten auch darüber klar, daß eine auf den ersten Blick beiläufig erscheinende Schicksalsfügung bedeutende Ereignisse in völlig andere Bahnen lenken konnte. Wenn die Wichtel mit Vidron dort zusammengetroffen wären, hätte die Schlacht von Lammgerb vielleicht nie stattgefunden, ebensowenig möglicherweise Vidrons Reise nach Wellen. Und wenn es noch dazu gekommen wäre, hätten sich vielleicht noch ganz andere Konsequenzen daraus ergeben ...

Merrilees Stimme unterbrach die Gedankengänge der drei Krieger. »General Vidron, befinden sich in Eurer Begleitung noch andere Wichtel aus Challerainfeste? Tuck vielleicht ...?« Ihre Stimme zitterte bei diesen Worten.

»Ach, leider nicht, Mädchen«, erwiderte Vidron und schüttelte traurig den Kopf. »Als es uns gelang, die Linien des Feindes zu durchbrechen, war keiner der Waldbewohner bei uns.«

Daraufhin wandte Merrilee den Blick vom Hrosmarschall ab und ließ kummervoll die Schultern hängen. Eine Zeitlang schwiegen sie, während auf den Hügeln die Schlacht tobte.

Nach einer Weile räusperte sich Vidron. »Ich habe zunächst geglaubt, daß von den fünftausend Verteidigern der Challerainfeste nur dreiundsechzig Königssoldaten überlebten«, sagte der General. »Zweiundsechzig Menschen und ein Elf, der Herr von Gildor. Jetzt aber stelle ich fest, daß Danner und Patrel dem Tode ebenfalls entronnen sind, und das erhöht die Zahl der Überlebenden auf fünfundsechzig. Und es ist nach wie vor möglich, auch wenn die Chance nur gering sein mag, daß auch andere der Horde Modrus entkamen ... vielleicht auch Tuck.«

Vidron streckte den Arm aus und zog Merrilee vorsichtig zu sich heran. Die junge Frau lehnte sich an den für sie riesigen Menschen, und glitzernde Tränen rannen ihr über die Wangen. Aber nicht einen einzigen Laut gab sie von sich.

Nach einer langen Pause fuhr Vidron fort: »Am zweiten Tag unseres Aufenthaltes in Steinhügel kam ein Reiter aus dem Süden. Ein Veteran namens Jarek war es, und er lebte in einer Hütte im Alnawald von Gûnar. Das, was er zu berichten hatte, erschreckte uns sehr, erklärte aber auch eine ganze Menge.

Offenbar hatte sich Jarek auf den Weg nach Valon gemacht, mußte aber feststellen, daß die Gûnarhöhengasse von dunkelhäutigen Kriegern gehalten wird, die vermutlich aus dem Süden stammen. Doch Jarek vermochte nicht zu sagen, ob es Kämpfer aus Chabba, Hurn, Hyree oder Kistan waren. – Aber das Glück war auf seiner Seite, und so wurde er nicht vom Feind entdeckt.

Jarek machte kehrt und wandte sich nach Norden. In Richtung Challerainfeste ritt er, um Aurion die Nachricht von der Besetzung des Passes zu überbringen – oder zumindest den Königssoldaten, sollte der Hohekönig selbst nicht anwesend sein.

Er überquerte den Ralopaß und nahm den Weg durch Flußwald. In der Nähe der Ruinen von Luren überquerte er an der Furt den Isseltrugfluß, traf dann auf die Schwarze Wand und gelangte in das verfluchte Düsterdunkel.

Erneut war das Glück auf seiner Seite, denn er begegnete keinen Schergen Modrus, während er durch die Winternacht ritt und dem Verlauf der Poststraße folgte. Als er über die Brücke kam, die den Senkfluß überspannt, vernahm er in der Ferne wolfsartiges Heulen, wobei es sich meiner Meinung nach eher um Vulgs gehandelt haben dürfte.

Schließlich gelangte Jarek nach Steinhügel und fand uns dort:

die jämmerlichen Reste von Aurions mächtiger Armee. Und er erzählte mir seine Geschichte.

Gewiß, es war eine unheilvolle Botschaft, die er mir da überbrachte, denn nun begriff ich, warum wir keine Nachricht aus dem Süden erhalten hatten und das Königspaar nicht zu uns gestoßen war: Die Soldaten hatten gegen eine Invasionsstreitmacht aus dem Süden zu kämpfen – wahrscheinlich gegen unsere alten Feinde aus Hyree oder Kistan oder vielleicht sogar beide zugleich. Vor Äonen, während des Großen Bannkrieges, waren diese Gegner ja Verbündete Modrus.«

»Aber das bedeutet, daß die Kräfte des Königsheeres dort unten gebunden sind«, folgerte Patrel blitzschnell. »Zumindest eine Zeitlang. Wer soll denn dann gegen die Horde kämpfen? Wer soll verhindern, daß der Feind das Waldland erobert?«

»Der Dornenwall stellt auch für die Schergen Modrus eine Barriere dar«, gab Danner zu bedenken. »Wenn wir nur die Lücken darin schließen könnten! Zunächst aber müssen wir die Ghûle vernichten oder sie wenigstens vertreiben.«

»Wir müssen sie für immer erledigen«, warf Merrilee leise ein.

»Willst du Rache?« fragte Vidron.

»Nein.« Merrilee schüttelte den Kopf. »Obgleich viele von uns den Wunsch haben, Vergeltung zu üben. Nein, Rache ist nicht der Grund! Vielmehr sind wir dazu gezwungen, die Lücken im Dornenwall so schnell wie möglich zu schließen, um die Barriere für die heranrückende Horde unüberwindbar zu machen. Und wir müssen die Ghûle töten, um nicht das Risiko einzugehen, daß sie nachher wieder Breschen schlagen, so wie es an der Spindelfurt und der Brücke und vielleicht auch an anderen Stellen der Fall war. Außerdem glaube ich, Modru setzt die Ghûle bloß ein, um uns abzulenken, um unsere Kräfte zu binden, damit wir keine Gelegenheit haben, uns um die Barriere zu kümmern. Bis jetzt hatte er auch Erfolg, denn man kann ungehindert durch den Dornenwall dringen. Und wenn das so bleibt, marschiert seine Horde ins Waldland und verwüstet unsere Heimat, so wie es Hanlo in seiner Rede andeutete. Nein, bis zur Ankunft der Streitmacht Modrus müssen die Lücken in der Barriere unbedingt geschlossen sein.«

»Du hast recht, Merrilee«, stimmte Patrel ihr zu. »Und wenn wir damit auch die Ghûle mit uns im Waldland einschließen –

wir haben keine andere Wahl. Und das wiederum bedeutet, daß wir die Ungeheuer nicht vertreiben können, sondern sie alle vernichten müssen. Denn wenn wir die Lücken im Dornenwall offenlassen, laden wir die Horde Modrus geradezu dazu ein, ins Waldland einzufallen. – In diesem Zusammenhang ist es mir allerdings ein Rätsel, warum der Feind die günstige Gelegenheit noch nicht genutzt und bereits mit der Eroberung unserer Heimat begonnen hat . . .«

»Vielleicht sind die Ungeheuer noch immer mit der Plünderung von Challerainfeste beschäftigt«, hielt Danner für möglich.

»Nein«, widersprach Vidron. »Modru würde besimmt nicht zulassen, daß die Verwirklichung seiner Pläne durch die Raubgier seiner Diener in Frage gestellt wird. Nein, es muß einen anderen Grund dafür geben, daß er seine Horde noch nicht hierher geschickt hat. Vielleicht wurde der Oberbefehlshaber der Horde während der letzten Kämpfe getötet, und die Lakaien des Feindes in Gron sind dazu gezwungen, auf die Ankunft eines neuen Anführers zu warten.«

»Ja – der Gesandte!« platzte es aufgeregt aus Patrel heraus. »Ich meine denjenigen, dem Danner vor dem Nordtor der Feste den Tod brachte. Vielleicht war er derjenige, den du eben erwähntest. Und vielleicht war es gerade dein Pfeil, Danner, der das Waldland bisher vor der Verwüstung durch die Horde Modrus bewahrte.«

»Aber wie dem auch sei«, erklärte Danner. »Es kann sich nur um eine kleine Verzögerung handeln. Wenn die Horde auch noch keinen neuen Oberbefehlshaber hat, so ist bestimmt bereits einer auf dem Weg. Merrilee hat recht: Wir müssen die Lücken im Dornenwall sofort schließen. Und dann beginnen wir die Jagd auf die Ghûle!«

»Stimmt schon, aber es bleibt euch nichts anderes übrig, als eure Taktik zu ändern«, gab Vidron zu bedenken. »Die Guula sind jetzt auf der Hut, und sie werden sich nicht noch einmal durch Finten hereinlegen lassen. Aus diesem Grund lasse ich die Hälfte meiner Krieger hier im Waldland zu eurer Hilfe zurück. Mit den anderen reite ich zur Gûnarhöhengasse, um zu versuchen, den dort festsitzenden Feind zu schlagen.«

»Zur Höhengasse?« fragte Patrel. »Ihr wollt zur Höhengasse reiten?«

»Natürlich«, bekräftigte Vidron. »Als Jarek mir berichtete, der Paß werde vom Gegner aus dem Süden kontrolliert, faßte ich sofort den Entschluß, den Feind dort anzugreifen. Mit den überlebenden Königssoldaten von Challerainfeste verließ ich Steinhügel und begab mich nach Wellen. Jarek hingegen schickte ich nach Weiunholz, um dem dortigen Bündnis und insbesondere dem Elfenherrn Gildor die Nachricht von der Besetzung des Passes zu überbringen.«

»Gildor?« fragte Patrel verwundert. »War der Elf denn nicht bei Euch?«

»Nein, mein Junge«, erwiderte Vidron. »Gildor hat sich bereits früh von uns getrennt. Ich ritt mit meinen Männern zu den Kampfhügeln und von dort aus weiter nach Steinhügel. Der Elf sagte mir, er wolle zu Inarion reiten, um ihm und dem Bündnis von Weiunholz die traurige Nachricht von der Eroberung der Challerainfeste durch den Feind und dem Tod Hohekönig Aurions zu bringen.«

»Wir sahen zu, als Aurion ums Leben kam«, brachte Danner dumpf hervor. »Mit großem Mut kämpfte er noch, aber die Überzahl war zu gewaltig.«

»Er war ein großer König und tapferer Krieger«, erwiderte Vidron, »und in den uns noch bevorstehenden Schlachten werden wir sowohl die scharfe Klinge seines Schwertes als auch seinen Rat sehr vermissen. Wenn Galen noch lebt, so ist er jetzt unser König. Und sollte er ebenfalls den Tod gefunden haben, dann gehört der Thron Igon.«

»Halt, wartet!« rief Patrel. »Wißt Ihr denn nicht Bescheid?« Der Jungwichtel schlug sich mit der flachen Hand gegen die Stirn. »Ach, wie könntet Ihr auch. Der Flüchtlingszug, mit dem Laurelin nach Süden unterwegs war, wurde von Ghûlen überfallen. Bis auf Igon und die Prinzessin kamen dabei alle ums Leben. Entweder sind sie von den Schergen Modrus gefangengenommen worden und nun mit ihnen auf dem Weg nach Osten, oder ihnen gelang die Flucht. Zumindest gewannen Danner und ich diesen Eindruck, als wir auf die Trümmer des Wagenzuges stießen – sechs oder sieben Tage nach dem Angriff der Ghûle.«

Vidron erblaßte, als er diese Worte vernahm. »Wann war das?« knurrte er. »Und wo?«

»Auf der Poststraße, dort, wo sie nördlich der Kampfhügel

nach Westen abbiegt«, erwiderte Patrel. »Und wann? Nun, ich vermute, die Ungeheuer fielen am fünften Tag nach Yule über die Flüchtlinge her. Ihr Angriff erfolgte also vor knapp vierzehn Tagen.«

»Rach!« Mit der Faust hieb sich Vidron auf sein Knie und sprang aufgebracht hoch. »Das ist also des Rätsels Lösung, weshalb Jarek während seines Rittes auf keinen Flüchtlingszug traf, der entweder über die Ralostraße oder die Poststraße nach Süden unterwegs war. Aber er sah auch keine Reiter, und vielleicht habt ihre recht mit eurer Vermutung, daß sich Laurelin und Igon in der Gewalt des Feindes befinden, obgleich wir uns in diesem Punkt nicht ganz sicher sein können.«

Wie ein Raubtier in seinem Käfig wanderte Vidron auf und ab. Nach einer Weile nahm er ruckartig wieder Platz. »Ach, alles in mir schreit danach, sofort etwas zu unternehmen, zum Beispiel der Prinzessin und dem Prinzen zu folgen – aber wohin? Es ist bereits zuviel Zeit verstrichen, und inzwischen könnten sie sich überall in Mithgar befinden! Außerdem sind die Spuren der Ghûle jetzt bestimmt verwischt. *Grn*!« Er schwieg eine Zeitlang und fügte dann hinzu: »Wenn wir erst die Gûnarhöhengasse erreichen, wird den Feind dieser Überfall teuer zu stehen kommen.« Und in den Augen des Kriegers blitzte wilde Entschlossenheit.

In diesem Augenblick ritt einer der Soldaten Vidrons auf sie zu, und der Helm des Mannes wies das blauweiße Symbol Wellens auf. »Herr, die Krieger kehren zurück, und in ihrer Begleitung befinden sich Waldbewohner«, meldete der Soldat. »Die Ghûle sind entweder erschlagen oder haben die Flucht ergriffen, und aus diesem Grund stellen sie derzeit keine Gefahr dar.«

»Herrlich!« rief Vidron. »Wenn es diesen Waldleuten nun gelingt, die Lücken im Dornenwall zu schließen, so sollte es ihnen ebenso mit Hilfe der zurückbleibenden Krieger aus Wellen gelingen, ihr Waldland gegen die zu erwartenden Angriffe der Horde zu verteidigen.«

Und als der Herold sein Pferd herumzwang und wieder davonritt, sahen sich Danner, Patrel und Merrilee zuerst überrascht und dann freudig an. Vor nur zwei Stunden waren sie noch einer furchterregenden Übermacht gegenübergestanden, eingedenk der Tatsache, daß das Schicksal ihrer gesamten Heimat auf des Messers Schneide stand. Nun aber hatte sich die Situation durch die Ankunft der Krieger von Wellen vollkommen verändert.

Vidron sah mit einem strahlenden Lächeln auf sie herab und rief mit volltönender Stimme: »Ich glaube, ich habe das Versprechen gehalten, das ich dem Dornenlaufhauptmann Alver gab.«

»Hauptmann Alver?« stieß Patrel hervor. »Ihr habt Hauptmann Alver kennengelernt? Und was habt Ihr ihm versprochen?«

»Nun, Junge«, bestätigte Vidron, »ich traf mit Alver zusammen, als ich auf dem Wege von Steinhügel nach Wellen durchs Waldland ritt.«

»Durchs Waldland seid Ihr geritten? Ja, natürlich, das ist ja auch der kürzeste Weg. Über die Querlandstraße?« Als Vidron nickte, fügte Patrel hinzu: »Dann weiß ich jetzt endlich, wer jene Gestalten damals waren, die ich durchs Düsterdunkel reiten sah! Ihr wart es, Ihr und Eure gut sechzig Soldaten. Ich hörte die Hufe Eurer Pferde vorbeidonnern, als Danner und ich auf dem Heuboden des Stalls der Herberge zum Fröhlichen Otter in Grünaue ruhten. Dort haben wir Euch also *erneut* verfehlt!«

»Manchmal spielt einem das Schicksal eigenartige Streiche«, gab Vidron zu. »Daß wir uns in Steinhügel und auch in Grünaue verfehlten, muß nicht unbedingt etwas mit dem Ausgang des Winterkriegs zu tun haben – aber andererseits hat dieser Umstand vielleicht die Ereignisse in eine neue Richtung gelenkt. Nun, wie dem auch sei: Wir werden nie erfahren, was geschehen wäre, wenn ihr beiden noch zu uns gestoßen wärt.«

»Wenn ihr euch in Steinhügel getroffen hättet«, sagte Merrilee zu Patrel, »so wärt ihr vermutlich gemeinsam aufgebrochen, um die Ghûle zu verfolgen, in deren Gewalt sich möglicherweise Prinzessin Laurelin und Prinz Igon befinden. Dann hätten die Wichtel des Waldlandes vermutlich auch nicht auf die Weise gegen die Ghûle kämpfen können, wie es nun der Fall war. Wie wir uns ihnen aber entgegengestellt und welchen Erfolg wir etwa dabei davongetragen hätten, das vermag ich beim besten Willen nicht zu sagen. Wie dem auch sei, Danner und Patrel gelangten hierher und halfen uns genau zum richtigen Zeitpunkt, und Ihr, General Vidron, habt uns mit Euren Soldaten gerettet, als wir schon alle Hoffnung aufgegeben hatten.«

»Ach, junge Waldfrau, in einem Punkt haben wir gewiß beide

recht«, erwiderte Vidron. »Wir werden nie wissen, was sonst geschehen wäre. Wenn Hauptmann Alver nämlich mir und meinen Männern kein Obdach gewährt und etwas zu essen gegeben hätte, so hätte ich vermutlich nie erfahren, daß sich eine starke Streitmacht der Guula hier in Adlerfarn befand, und so wäre ich auch nicht auf den Gedanken gekommen, mit meinen Soldaten hierher zu reiten, um den Ungeheuern den Garaus zu machen. Doch da ich mit Alver in dem Dorf zusammentraf, das ihr Rute nennt, wurden die nachfolgenden Ereignisse wieder in eine neue Richtung gelenkt. Ich *erfuhr* also von dem Lager der Schergen Modrus, und wir *machten* uns hierher auf den Weg, kaum hatte ich in Wellen ein Heer zusammengestellt. Und eigentlich war es nur das Versprechen Alver gegenüber, das mich dazu veranlaßte, hierher zu reiten. Als wir Adlerfarn schon ganz nahe waren, hörte ich den Klang von Elgos Horn, und wir trieben daraufhin unsere Pferde noch mehr an, um euch zu Hilfe zu eilen. Wenn man es sich so recht überlegt, war es purer Zufall, der uns hierher führte, und vielleicht erwarten uns noch weitere solcher ›Zufälle‹. – Aber wie dem auch sei: Morgen früh werde ich mit der Hälfte meiner Streitmacht aufbrechen und nach der Gûnarhöhengasse ziehen. Und ich bin gespannt, welche Überraschungen das Schicksal im Bereich des Passes noch für mich bereithält.«

»Ob es nun nur ein Zufall war oder nicht«, sagte Patrel, »ich bin jedenfalls dankbar, daß Ihr mit Euren Kriegern hierhergekommen seid. Ihr kamt gerade im richtigen Augenblick. Nur etwas später, und wir drei Wichtel wären jetzt erschlagen und nicht die Ghûlc.«

»*Hoy*, seht nur!« rief Danner. »Dort kommt Luth in Begleitung einiger anderer.«

»Und unter ihnen ist dein Vater, Danner«, erkannte Merrilee und deutete in die entsprechende Richtung. »Ich freue mich so für dich.«

Und als Danner loslief, um seinen Vater in die Arme zu schließen, wanderten Hunderte von Wichteln ins Dorf. Einige kamen zu Fuß und andere ritten auf Ponys in Begleitung eines berittenen Kriegers aus Wellen. Einige der Jungwichtel weinten, denn sie stammten aus Adlerfarn und sahen ihre Siedlung nun in Schutt und Asche liegen, und Rollo erhob für sie alle die Stimme: »Adlerfarn mag nur noch ein Trümmerfeld sein, verwüstet von den Ghûlen, aber, bei Adon, es bleibt unsere Heimat, und nun ist sie befreit.«

Die Menschen sammelten die Leichen der Ghûle ein, brachten sie in eine nahe Senke und entzündeten dort ein großes Feuer, um die Ungeheuer zu verbrennen, und schon bald stieg dunkler Rauch empor und vereinte sich weit oben mit dem Schwarz des Düsterdunkels. Die Leichen der gefallenen Soldaten und Wichtel hingegen wurden an einen anderen Ort gebracht, und viele Schaufeln arbeiteten, um an einem farnüberwachsenen Hügelhang ein großes Gemeinschaftsgrab auszuheben. Und sowohl die an Wuchs großen als auch kleinen Krieger weinten und betrauerten ihre Kameraden, die nun in der Erde zur letzten Ruhe gebettet wurden.

Noch immer riß der Strom von weiteren Menschen und Wichteln in Adlerfarn nicht ab, und außerhalb der Ruinen wurde ein großes Lager errichtet. Die Anführer der einzelnen Riegen und Großscharen setzten sich zusammen und lieferten ihre Berichte ab: Von den fast tausend Ghûlen waren vierhunderteinundzwanzig getötet worden, von denen zweihundertsiebzehn durch die Pfeile der Wichtel den Tod fanden. Von den dreitausend Soldaten wußte man von zweiundneunzig ganz sicher, daß sie während des Kampfes gefallen waren; hundertdreiundzwanzig weitere wurden zur Zeit noch vermißt. Einige von ihnen hetzten den Ghûlen hinterher, aber andere mochten irgendwo tot oder verwundet im Farn liegen. Von den tausendsechsundachtzig Wichteln waren hundertvierzehn bei den Kämpfen ums Leben gekommen, und fast dreihundert wurden noch vermißt. Hanlo und andere waren aber davon überzeugt, daß die meisten von ihnen noch lebten und sich wohl schon auf dem Rückweg nach dem vereinbarten Treffpunkt in Ostholz befanden.

Man schickte einzelne Suchtrupps in die Region der Hügel aus, und wieder erklangen die Signalhörner, diesmal jedoch, um die vermißten Kämpfer herbeizurufen. Einige Wichtel machten sich auf den Weg nach Ostholz, um sowohl den dort Zurückgebliebenen als auch den Bogenschützen, die sich nun an den Treffpunkten versammeln mochten, die frohe Kunde vom Sieg zu überbringen.

Unterdessen tagte der Kriegsrat, und es wurde beschlossen,

daß die Hälfte der Streitmacht aus Wellen unter dem Kommando von Hauptmann Stohl im Waldland verblieb. Wichteleinheiten würden sich der Armee anschließen, und gemeinsam wollte man die flüchtigen Ghûle jagen und auch sie vernichten. Es bestand schließlich nach wie vor die Gefahr, daß die Ungeheuer, denen die Flucht gelungen war, sich zu einer nicht zu unterschätzenden Streitmacht zusammenfinden und großen Schaden anrichten konnten. Des weiteren wurden Pläne entwickelt, wie man die Lücken des Spindeldornwalls im Bereich der Wenden-, der Spindel- und der Zackenfurt schließen und wie man zudem den Weg über die über den Spindelfluß führende Brücke blockieren konnte. Darüber hinaus mußte der alte Nordholztunnel unpassierbar gemacht werden, um zu verhindern, daß die Horde Modrus von dort aus ins Waldland vorzustoßen vermochte.

Dann sprachen die Angehörigen des Kriegsrates darüber, wie man den Feind aus dem Süden an der Gûnarhöhengasse zurückwerfen könnte. Bald schon wurde klar, daß Vidron für die scharfen Augen der Wichtel, die im Düsterdunkel wesentlich weiter zu sehen vermochten als Menschen, gute Verwendung hatte. Danner und Patrel sahen einander an, und Danner beantwortete die unausgesprochene Frage seines Kameraden mit einem stummen Nicken. Doch noch bevor einer von ihnen etwas zu sagen vermochte, meldete sich Merrilee zu Wort.

»Königsgeneral Vidron, Ihr werdet Wichtelaugen brauchen, die im Schattenlicht für Euch und Eure Soldaten sehen. Wenn mein Tuck hier wäre, würde er sicher mit Euch ziehen. Aber das ist leider nicht der Fall, und so möchte ich seine Stelle einnehmen. Aber Ihr bedürft nicht nur der Augen von mir allein, denn wenn ich das Leben lassen müßte, sollten noch andere Wichtel zur Stelle sein, die für die tapferen Krieger Wellens durch die Winternacht blicken. Ich meine, zehn von uns müßten ausreichen, und wie ich feststelle, verspüren auch Danner und Patrel den Wunsch, Euch ebenfalls zu begleiten, Vidron. Also müssen wir noch sieben weitere auswählen, und ich frage hiermit alle Jungwichtel: Wer von euch will mit uns kommen?«

Ein großer Tumult entstand unter der Wichtelmenge. Manche riefen: *Nein! Du wirst hier gebraucht!* Andere hingegen sprangen auf und erklärten sich bereit, ebenfalls nach Süden zu reiten. Luth Zielgut schmunzelte still vor sich hin, und nur er schien das taktische Geschick Merrilees in vollem Umfang würdigen zu können: Indem sie nämlich den Worten Vidrons zuvorgekommen war, hatte sie die Initiative ergriffen und dabei die von ihr genannte Zahl wohl überlegt: Zehn Wichtel, verteilt über eine rund drei Kilometer lange Kolonne von Reitern, würden den Erfordernissen Vidrons vollauf genügen. Da sie aber als erste es gewesen war, die diesen Vorschlag machte, hatte sie auch das *Recht*, den Königsgeneral zu begleiten, auch gegen den Einwand mancher Krieger, daß in einem Heer eine junge Frau fehl am Platze sei. Wenn ihr ein anderer zuvorgekommen wäre – etwa Danner oder auch Patrel –, hätte sie nur noch ihrem Wunsch Ausdruck geben können. So jedoch stellte niemand ihr *Recht* in Frage, nach der Gûnarhöhengasse zu reiten. Das einzige besprechenswerte Problem blieb nur noch, ob sie – oder Danner oder Patrel – im Waldland nützlicher sein konnten als in dem Heer Vidrons. Diese Gedanken gingen Luth durch den Kopf, als er sich erheitert zurücklehnte, während die anderen lautstark darüber stritten, ob es wirklich angebracht sei, diese drei Wichtel ziehen zu lassen.

Schließlich war es Hanlo, der die Lage klärte: Er stand auf und gebot Schweigen, und in einem für ihn ganz untypischen gedämpften Tonfall wandte er sich an seinen Sohn und fragte: »Möchtest du dem General als Späher dienen?« Und als Danner daraufhin nickte, fügte Hanlo hinzu: »Hauptmann Eilsperre, wen schlägst du als deinen Stellvertreter vor?«

»Luth«, erwiderte Patrel. »Luth Zielgut.«

»Dornenläuferin Merrilee Hain«, fuhr Hanlo fort, und als er die junge Frau mit diesem Titel ansprach, machte er allen versammelten Wichteln deutlich, daß Merrilee nunmehr ein vollwertiges Mitglied der Dornenlauftruppe war, »wen möchtest du mit dir nehmen?«

»Zwei weitere aus der Großschar von Weißlings Stall, und fünf aus den Reihen der Bogenschützen von Ostholz«, antwortete Merrilee. »Damit ist das zahlenmäßige Verhältnis ausgeglichen.«

»Dann triff deine Wahl«, bestimmte Hanlo. »Die Entscheidung sollst allein du haben. Vidron verdient es, daß unsere besten Kämpfer ihn begleiten, und du gehörst zweifellos zu ihnen.«

Hanlo ließ sich wieder nieder, und niemand machte mehr einen Einwand. Man konnte nun ganz deutlich sehen, woher

Danner die Gabe hatte, andere Wichtel anzuführen: Wie der Vater, so der Sohn, sagt man oft, und in diesem Fall traf das geflügelte Wort gewiß zu.

Und so kam es, daß Merrilee, Danner, Patrel, Teddy Stolzhand, Arch Springhoch – alle aus Weißlings Stall –, Rollo Hecke, Dink Queller, Harven Weidengras, Dill Rindenknosp und Bert Achseldorn – von Ostholz – beauftragt wurden, mit den Soldaten Vidrons den Feind von der Gûnarhöhengasse zu vertreiben – oder seine Kräfte zumindest so lange zu binden, bis Verstärkung aus Wellen eintraf. Herolde ritten durchs ganze Land und riefen Krieger zu den Waffen, und sie rechneten damit, daß auch aus dem Süden eine weitere Streitmacht nach Norden zog.

Feldmarschall Vidron stand auf. »Für heute haben wir ausreichend Pläne geschmiedet, und mehr läßt sich augenblicklich nicht vorbereiten. Wir sollten uns jetzt alle zur Ruhe legen, denn morgen früh brechen wir auf und müssen bei Kräften sein. Doch ehe wir uns nun zurückziehen, möchte ich noch folgende Vermutung aussprechen: Die Barden und Geschichtenerzähler werden wohl noch in Äonen dieses Bündnis der Waldleute und Menschen besingen. Mut und Tapferkeit, die wir bewiesen, sollen niemals vergessen werden. Tausend Ruhmeslieder werden über uns verkünden, wie wir uns dem Bösen entgegenstellten – und es besiegten!«

Die versammelten Wichtel und Soldaten riefen ihm begeistert zu und tanzten freudestrahlend umher. Zwar wußte niemand von ihnen, was der nächste Dunkeltag bringen würde, aber sie waren nun voller Zuversicht und Hoffnung und auch *Stolz,* denn an diesem Tag hatten sie sich *tatsächlich* dem Bösen entgegengestellt – und gesiegt.

Früh am nächsten Morgen brach Vidron mit eintausendfünfhundert Soldaten und zehn Wichteln auf. Die Jungwichtel nahmen auf den Rücken nur leicht beladener Packpferde Platz, denn Ponys konnten nicht mit dem Tempo der schnellen Pferde aus Valon mithalten.

Als sie durch die Ruinen von Adlerfarn ritten, standen zu beiden Straßenseiten diejenigen Wichtel und Wellenkrieger, die im Waldland zurückblieben, und verabschiedeten die Streitmacht mit weithin hallenden Jubelrufen. Die Soldaten ihrerseits, die sich nun auf den Weg nach der Gûnarhöhengasse begaben, grüßten ihre Kameraden, die nun gemeinsam mit den Waldbewohnern darangehen würden, die Lücken im Dornenwall zu schließen, die in den Sieben Tälern verbliebenen Ghûle zu jagen und zu vernichten. Und während ihnen die tönenden Stimmen der Wellenkrieger und das Lachen und Singen der Jungwichtel folgten, verließ die Streitmacht Vidrons Adlerfarn, ritt nach Osten durch die Hügelregion und wandte sich dann gen Süden. Sie folgte dem Verlauf des Südpfads am Rande von Ostholz und hielt auf den Zackenweg zu. Im Südosten schließlich beabsichtigte man, den Weg durch die Zackenfurt zu nehmen und das Waldland zu verlassen.

Den ganzen Dunkeltag über waren die Krieger unterwegs. Mal trieben sie die Pferde an, und manchmal gönnten sie den Rössern eine kurze Pause und ritten deshalb langsamer. Nirgends entdeckten sie einen Feind; das Waldland wirkte geradezu leer und verlassen. Nach einigen Stunden erreichten sie rund dreißig Kilometer westlich von Fingerhut den Zackenweg.

Die Pferde trabten locker über das Pflaster dieser alten Handelsstraße in Richtung Südosten, hin zur Zackenfurt. Aber sie folgten dem Verlauf des Weges für nicht mehr als rund fünfzehn Kilometer, denn an diesem Dunkeltag hatten sie bereits fast achtzig Kilometer zurückgelegt.

Die Wichtel waren müde, und kurz nach der Mahlzeit legten sich alle bis auf die Wache zur Ruhe. Sie waren es nicht gewöhnt, die Mühsal eines Valanmarkengalopps zu ertragen, und dankbar schlüpften sie in ihre auf dem hartgefrorenen Boden ausgebreiteten Schlafdecken und träumten von bevorstehenden Schlachten.

Der nächste Dunkeltag ähnelte dem vergangenen. Kilometer auf Kilometer legten sie durch ein kaltes und von der Winternacht finsteres Land zurück. Manchmal trabten die Pferde, dann wieder liefen sie schneller und stürmten sogar in vollem Galopp durchs Düsterdunkel, ehe sie wieder einfach dahintrotteten, um die Kräfte zu schonen und nicht vorzeitig schlapp zu machen. In Abständen von einigen Stunden legten die Reiter Pausen ein, damit die Pferde Korn und Wasser bekamen und die Reiter sich die Beine vertreten konnten. Aber selbst wenn die Rösser aus ihren Futterbeuteln fraßen, griffen die Wellenkrieger manchmal nach den Zügeln und führten sie langsam weiter, um das Ziel so schnell wie möglich zu erreichen.

Es war schon spät, als sie ihr Lager aufschlugen, an der Kreuzung, wo sich der Wendenweg und der Zackenpfad treffen. Sie befanden sich nun in Untertal. Am nächsten Tag würden sie wohl das Waldland verlassen.

Um die Mittagszeit des dritten Dunkeltages gelangte die drei Kilometer lange Reiterkolonne an den an der Zackenfurt gelegenen Dornenwall. Und wer hätte das erwartet: Dieser Ort wurde von Dornenläufern bewacht! »Ja, in großer Zahl kamen sie«, berichtete der Anführer der Truppe, »aber wir versteckten uns in den Dornen, und als die Ghûle wieder verschwunden waren, wagten wir uns erneut ins Freie und verschlossen die Tunnel. Ich glaube, die Ungeheuer hatten schließlich genug davon, sich immer wieder einen Weg durch die Barriere bahnen zu müssen, denn seit einer ganzen Weile sind wir nicht mehr auf Schergen Modrus gestoßen.«

Danner und Patrel sahen sich groß an, denn sie bewunderten die unerschütterliche Entschlossenheit dieser Kämpfer aus Untertal und dachten im stillen: *Wenn auch die anderen Wächter zu dieser Taktik gegriffen hätten, dann gäbe es jetzt keine großen Lücken im Dornenwall, und keinem Diener des Feindes in Gron gelänge es mehr, unentdeckt ins Waldland zu gelangen.*

Als die Streitmacht durch den Dornentunnel ritt, den zugefrorenen Spindelfluß an der Zackenfurt überquerte, das Waldland hinter sich zurückließ und nach Harth gelangte, konnte keiner der Krieger ahnen, daß in den gleichen Augenblicken die Vorhut der Horde die Challerainfeste angegriffen und erobert hatte, durch den Nordholztunnel vorrückte und in das Nordtal der Wichtelheimat einfiel. Und etwa zehn Längen hinter ihr folgte die wimmelnde Masse der Horde, welche die südliche Ebene Rians durchquerte und im Takt einer dröhnenden Rückentrommel marschierte: *Bumm! Bumm! Bumm!*

Spät am Abend schlug die Wellenstreitmacht dort ihr Lager auf, wo der Zackenweg auf die Poststraße traf, eine Kreuzung, die rund hundertachtzig Kilometer von Steinhügel und den Kampfhügeln entfernt war.

Am folgenden Dunkeltag setzte das Heer Vidrons den Weg nach Südosten über die Poststraße fort. Durch den Süden von Harth waren sie unterwegs, und die Hufe der kräftigen und ausdauernden Valonpferde hämmerten in schnellem Rhythmus über den hartgefrorenen Boden hinweg. Kilometer um Kilometer legten sie zurück.

An diesem Tag schafften sie eine Strecke von rund siebzehn Längen – gut fünfundsiebzig Kilometer –, und die Wichtel waren müde und erschöpft und daher für jede Pause dankbar. Zu Anfang hatten sich ihre Muskeln verhärtet, was ihnen nicht unerhebliche Schmerzen bereitete – vor allen Dingen morgens, wenn sie aus ihren Schlafsäcken krochen, um das Frühstück einzunehmen. Doch mit jedem verstreichenden Dunkeltag gewöhnten sie sich mehr an die Anstrengungen und Unbequemlichkeiten, die der lange Ritt mit sich brachte, und jetzt litten sie weniger.

Und plötzlich verkürzte sich die Strecke, die noch bis zur Gûnarhöhengasse verblieb. Die Tiere schienen keine Müdigkeit zu verspüren, und sowohl die Wellenkrieger als auch die Wichtel achteten darauf, daß die Rösser ausreichend Korn und Wasser bekamen, und wenn sie abends das Lager aufschlugen, rieben sie zunächst die Pferde ab, bevor sie ihre eigenen Bedürfnisse stillten.

Spät am zweiten Dunkeltag auf der Poststraße schlug die Kolonne ihr Lager tief in den Ausläufern des Flußwaldes auf. Diese Waldregion erstreckte sich viele Kilometer weit an beiden Ufern des Isseltrugflusses, und die Wipfel der Bäume verdeckten dessen Eisdecke auch noch in einer Entfernung von fünfzig Längen. Einige Kilometer voraus, verborgen im Uferdickicht, befanden sich die Ruinen von Luren, einer einstmals bedeutenden und reichen Handelsstadt, die aber vor Tausenden von Jahren zerstört worden war. Zuerst hatte die Schwarze Pest sie heimgesucht, die damals in ganz Mithgar wütete und sowohl Menschen als auch Zwergen, Wichteln und Elfen den Tod brachte. Jahre später dann waren die Häuser einer großen Feuersbrunst zum Opfer gefallen, und daraufhin verließen die Bewohner Lurens ihre Heimat. Es hieß, der Feind in Gron sei sowohl für die Pest als auch das Feuer verantwortlich gewesen.

Am nächsten Dunkeltag ritt die Kolonne durch die Ruinen. Der Wind heulte und wirbelte Schnee auf, der die Sicht einschränkte. Nur undeutliche Konturen konnte man von den Überresten der einstmals so prächtigen Handelsstadt im grauen Dunkel sehen.

An der Lurenfurt überquerten sie den zugefrorenen Isseltrug, und anschließend setzte die Streitmacht Vidrons den Weg über die Ralostraße fort, die in Richtung Grimmwall und des Ralopasses und von dort aus durch Gûnar nach der Gûnarhöhengasse führte.

Der kalte Wind heulte immer lauter und ärger, und die Schneeflocken waren wie kleine Peitschen, die unentwegt auf die Wichtel einschlugen, die sich duckten und dankbar waren, daß die Packtiere, auf deren Rücken sie hockten, von den Wellenkriegern geführt wurden, die nicht mal im Schneegestöber die Orientierung verloren.

In dem heftigen Sturm wurden die tanzenden Schneeflocken zu einem dichten weißen Schleier, ohne daß die Kolonne deshalb aber haltmachte. Die Reiter trieben ihre Pferde vielmehr weiter an, und plötzlich hatten sie das Düsterdunkel und die Zone der Böen verlassen, und über ihnen strahlte hell die Sonne am Himmel.

Und das Jubeln der Soldaten und Wichtel übertönte das Fauchen entlang der Schwarzen Wand.

Als Merrilee auf ihrem Packtier das Düsterdunkel hinter sich zurückließ, erwarteten sie Danner und Patrel, und die Gesichter der beiden Jungwichtel strahlten glücklich. Die junge Dornenläuferin sah sich um, und frohe Tränen der Erleichterung rannen ihr über die Wangen.

Den ganzen Rest des Tages ritten sie nach Süden durch den Flußwald, der sich in einen weißen Wintemantel gehüllt hatte, und Krieger und Wichtel sangen und jubelten, obgleich sich bald große Wolkenberge vor die Sonne schoben und sich Unwetter ankündigten. Sie alle genossen es, wieder das Licht eines wirklichen *Tages* sehen zu können, und auch die Pferde schienen daraus neue Kraft zu schöpfen.

An jenem Abend schlugen sie ihr Lager erneut im Flußwald auf. Sie mußten wieder die Kapuzen hochschlagen, denn ein kalter Graupelschauer ergoß sich über das Land. Doch auch das vermochte die Freude der Kämpfer nicht zu beeinträchtigen.

Bei Morgengrauen betrachteten die Soldaten und Jungwichtel das graue Himmelsgewölbe, das sich über das vom Winterfrost heimgesuchte Land spannte, und von Westen her – aus dem Bereich der kalten Gipfel des Grimmwalls – wehte ein eisiger Wind. Doch obgleich der anbrechende Tag nicht gerade heiter zu werden versprach, herrschte beim Aufbruch der Streitmacht eine gelöste Stimmung, denn das, was sie nun erlebten, war ein wirklicher *Morgen*: Es war der erste seit einem ganzen Monat, der erste, seit das Schattenlicht des Düsterdunkels von der eisigen Öde Grons herangezogen war, um den Norden Mithgars mit der Finsternis der Winternacht heimzusuchen.

An jenem Tag ritten sie durch die südlichen Ausläufer des Flußwaldes, und während die Stunden verstrichen, erhellte sich nach und nach der graue Himmel. Um die Mittagszeit zeigten sich bereits erste Lücken in der dichten Wolkendecke, und zur großen Freude der Kämpfer begann der Wind das bedrohliche Grau zu verwehen. Als der Flußwald schließlich hinter der Kolonne zurückblieb, erstrahlte der goldene Glanz der Sonne, begleitet vom Jubelschrei aus Hunderten von Kehlen.

Über die Hänge der Vorberge des Grimmwalls ritten sie in Richtung der Gipfel, die vor ihnen am Firmament selbst anzustoßen schienen. Die Krieger trieben ihre Pferde an, und als zu beiden Seiten der Straße der Schnee in der hellen Sonne zu glitzern begann, da sangen erst einige der Soldaten, ehe die anderen mit einstimmten, als sie weiter auf den Ralopaß zuhielten.

Am frühen Nachmittag erreichten sie den Ralopaß, und Vidron ließ haltmachen, denn die Schlucht war fast achtzig Kilometer lang. Zwar konnte man den Grimmwall selbst im Winter an dieser Stelle durchqueren, aber bis zum Einbruch der Nacht waren sie nicht dazu in der Lage, die ganze Strecke hinter sich zu bringen, und der Feldmarschall wollte vermeiden, das Lager in den eisigen Höhen aufschlagen zu müssen.

Am folgenden Tag aber würden sie durch den Hohlweg reiten

und nach Gûnar gelangen, und dort trennte sie nur noch eine offene Ebene von ihrem Ziel: der vom Feind gehaltenen Gûnarhöhengasse.

Als die Sonne am nächsten Tag am Himmel emporstieg, befanden sich die Wellenkrieger und Wichtel schon tief in der eisigen Schlucht des Ralopasses und ritten nach Süden durch den Grimmwall. Der Atem sowohl der Pferde als auch der Menschen und Jungwichtel wehte als weiße Fahne davon. Rechts und links von ihnen ragten eisüberkrustete Felsen steil in die Höhe, und das Echo der pochenden Hufe hallte laut von dem zerklüfteten Granit wider.

Als die Sonne unterging und die Dunkelheit der Nacht herankroch, erreichte die Kolonne das Ende der Paßschlucht und gelangte in die südlichen Vorberge. Jetzt befand sich die Streitmacht in Gûnar.

Während der folgenden vier Tage ließ Vidron seine Armee nicht ganz so schnell vorrücken. Er schickte erst berittene Späher und Kundschafter aus, die den tausendfünfhundert Kriegern vorauseilten.

Wenn sie nachts lagerten, wurden keine Feuer angezündet, denn sie wollten unter allen Umständen vermeiden, vom Feind entdeckt zu werden.

Am vierten Tag in Gûnar hielten die Kundschafter mit besonderer Wachsamkeit nach dem Feind Ausschau, denn gegen Abend würden sie die dortige Höhengasse erreichen.

Sie folgten weiterhin dem Verlauf der Ralostraße, und zur Mittagszeit sahen die Kämpfer den lichten Wald nordwestlich der Höhengasse vor sich. Sie legten keine Pause ein, sondern ritten unverdrossen nach Südosten, während die Sonne sich bereits rasch dem westlichen Horizont entgegenneigte. Je weiter sich die Kolonne der Höhengasse näherte, desto dichter wurde der westlich der Straße gelegene Wald. Am späten Nachmittag erreichten sie die Kreuzung, an der die von der Gûnarschlucht nach Süden führende Gassenstraße auf die Ralostraße traf, und noch immer machten die Krieger keinen Halt. Bei Sonnenuntergang schließlich wandte sich die Streitmacht von der Straße ab, um in den Wald zu reiten. Wenn sie dort ihr Lager aufschlugen, konnten sie sicher vor der Entdeckung durch den Feind sein.

Vidron schickte einige Späher aus und gab ihnen den Auftrag, die Stärke des Feindes auszukundschaften.

Erst spät in der Nacht kehrten die Reiter zurück und brachten schlechte Nachrichten. »Marschall Vidron«, berichtete der Anführer des Spähtrupps, ein Wellenkrieger namens Brūd, »es sind sehr viele Krieger, welche die Höhengasse bewachen – nach meiner Schätzung etwa fünf- bis sechstausend. Den Schein von Hunderten von Lagerfeuern haben wir gesehen, konnten allerdings leider nicht in Erfahrung bringen, zu welchem Zweck diese Feuer angezündet worden waren. Aber wir schlichen uns nahe genug heran, um festzustellen, ob es sich hierbei nicht um ein Täuschungsmanöver des Feindes handelte. Tatsächlich aber diente jedes Feuer dazu, in der Nacht frierende Krieger zu wärmen, deren Gestalten wir aus sicherer Entfernung sahen. Bedauerlicherweise war es uns nicht möglich zu erkennen, um welche Art von Gegner es sich handelt, denn Patrouillen und Wächter ritten rund um das Lager, und wenn wir uns noch näher an die Flammen gewagt hätten, wären wir gewiß entdeckt worden. Wir zählten die Feuer – insgesamt waren es mehr als fünfhundert –, und von ihrer Zahl schlossen wir auf die Größe der Streitmacht, welche die Gûnarhöhengasse bewacht. Die Krieger verfügen auch über Pferde, sehr viele Pferde sogar. Vielleicht hatten wir es mit einer ganzen Reiterarmee zu tun, obwohl wir uns in diesem Punkt nicht ganz sicher sein können. Die Hauptmasse der Streitmacht befindet sich auf der anderen Seite der Höhengasse und gleicht in der Dunkelheit der Nacht einem riesigen schwarzen Schatten. Hrosmarschall Vidron, weiter gibt es nichts zu berichten.« Im Anschluß an diese Worte schwieg Brūd und sah die Späher an, die ihn begleitet hatten, doch keiner der Kundschafter hatte seiner Meldung etwas hinzuzufügen.

Vidron wandte sich an die anderen Angehörigen des Kriegsrates, sowohl an die Wellen als auch an die Wichtel. »Damit wissen wir jetzt, woran wir sind: Wir müssen eine Taktik wählen, die uns ermöglicht, mittels unserer nur aus eintausendfünfhundert Kriegern bestehenden Streitmacht es mit dem rund viermal so starken Gegner aufnehmen zu können.«

Vidron zögerte kurz, und bevor noch jemand anders eine Antwort auf seine Worte zu geben vermochte, meldete sich

Patrel: »Zuschlagen und fliehen.«

»Donnerwetter!« rief Vidron, und das Licht des zunehmenden Mondes schien matt auf den silberfarbenen Bart und seine weißen Zähne. »Das ist genau das, was auch ich dachte! Ein jäher Überfall – so wie Galen aus der Winternacht des Düsterdunkels die Horde Modrus angriff . . . Galen, der nun Hohekönig ganz Mithgars ist. Aber du hast als erster diesen Vorschlag gemacht. Sprich nur weiter, Waldbewohner!«

»Königsgeneral«, begann Patrel mit fester Stimme und sah Vidron an. »Ich bin davon überzeugt, daß Eure Wellenkrieger mit aller Kraft und ganz plötzlich zuschlagen und anschließend sofort den Rückzug antreten können, noch ehe sich der Feind von seiner Überraschung erholt hat und weiß, wie ihm geschieht. Und selbst wenn der Gegner rechtzeitig die Verfolgung aufnehmen sollte, ist ein großer Teil seiner Kräfte doch gebunden und muß zurückbleiben, um nicht die Kontrolle über die Gûnarhöhengasse aufzugeben. Also wird es – wenn überhaupt – nur eine kleinere Streitmacht sein, mit der wir es nach dem Überfall zu tun haben. Wir könnten diesen Wald als Rückzugstreffpunkt vereinbaren, und von hier aus greifen wir dann unsererseits die Verfolger an. Wenn diese Einschätzung sich aber als irrig erweisen sollte und der Feind in großer Zahl hinter uns herhetzt, so sind wir in diesem Dickicht dazu in der Lage, uns ihm zu entziehen und auf einen günstigeren Zeitpunkt zum erneuten Zuschlagen zu warten.

Sicher aber wird sich die Hauptstreitmacht des Gegners nicht mit einem Angriff allein besiegen lassen, und bei unserer zweiten und dritten Attacke müßten wir besondere Vorsicht walten lassen, denn dann ist der Feind ja gewarnt und läßt sich bestimmt nicht noch einmal überrumpeln. In diesem Zusammenhang kommt uns Wichteln eine besondere Rolle zu: Unsere Pfeile verfehlen nur sehr selten das Ziel, und außerdem stehen wir in dem Ruf, uns so leise wie von den Bäumen fallendes Laub zu bewegen. Wir schleichen uns zuerst an den Gegner heran, und unsere Pfeile werden unbemerkt ihre Wachtposten töten. Auf diese Weise mag es den Wellenkriegern danach gelingen, sich dem Feind heimlich zu nähern und ihn erneut zu überrumpeln.

Diese Taktik schlage ich also vor, Feldmarschall Vidron, denn ich glaube, nur auf die gerade von mir beschriebene Weise kann es anderthalbtausend Soldaten gelingen, es mit fünf- bis sechstausend Gegnern aufzunehmen.« Die neben Vidron sitzende Merrilee nickte und pflichtete den Ausführungen des Jungwichtels bei.

Vidron lehnte sich zurück, und voller Bewunderung und Respekt sah er Patrel an. »Wahrlich, Wichtel, ich bin wirklich froh, daß ihr unsere Verbündeten seid, denn dein Plan ist ganz hervorragend.«

»Vielleicht, Feldmarschall«, erwiderte Patrel. »Aber ich bin nicht der Taktiker unserer Gruppe. Diese Ehre gebührt Merrilee Hain.«

»Was, ein Mädchen?« rief Vidron verblüfft, klopfte sich auf den Oberschenkel und zog die junge Dornenläuferin kurz an sich. Merrilee keuchte, als ihr die Luft aus den Lungen gepreßt wurde, und angesichts des ungestümen Wesens Vidrons riß sie unwillkürlich die Augen auf. Kurz darauf ließ der Hrosmarschall sie aber wieder los und sagte: »Ob du nun ein Taktiker bist oder nicht, Hauptmann Patrel: Dein Plan ist gut, und deine Überlegungen entsprechen den meinigen. Wir werden uns deinen Vorschlag zu eigen machen – zumindest so lange, bis keine weiteren Kämpfer aus Wellen oder anderen Landesteilen Mithgars zu uns stoßen.

Doch was die Einzelheiten angeht, gibt es noch eine Menge zu besprechen, denn wir dürfen keine unnötigen Risiken eingehen und uns nicht einen einzigen Fehler erlauben. Wir müssen unsere Streitmacht in einzelne Kampfgruppen aufteilen und entscheiden, welche Einheit wo zuschlägt und sich anschließend in welche Richtung zurückzieht. Darüber hinaus gilt es, bestimmte Hornsignale zu vereinbaren – und es müssen noch viele andere Dinge mehr geklärt werden. Aber wie dem auch sei: Meiner Meinung nach sollten wir gleich morgen in aller Frühe angreifen, denn dann kommen wir aus den Schatten des Passes und haben so vielleicht noch ein weiteres Überraschungsmoment auf unserer Seite.« Vidron wandte sich an seine Riegenführer. »Was meint ihr dazu? Welche Krieger sollen die Spitze des Vorstoßes übernehmen?«

Und noch in der Nacht wurde über die Einzelheiten des Planes entschieden, den Feind in der Gûnarhöhengasse zu überfallen und anschließend sofort den Rückzug anzutreten. Während des ersten Angriffs kam den Wichteln keine entscheidende Rolle zu, denn bestimmt erwartete der Gegner keinen Angriff und hatte deshalb nur wenige Wachen aufgestellt. Aus diesem Grund wurde beschlossen, daß die Kämpfer aus dem Waldland zusammen mit einigen wenigen Kriegern, denen die Aufgabe zukam, über die Packtiere zu wachen, im Wald westlich der Ralostraße zurückblieben. An den auf den ersten Überraschungsschlag folgenden Attacken aber sollten sie sicherlich teilnehmen.

Bis nach Mitternacht beriet sich der Kriegsrat, und schließlich waren alle Entscheidungen getroffen. Beim Morgengrauen des folgenden Tages würde die Menge der Soldaten aus Wellen über den Feind in der Gûnarhöhengasse herfallen.

Es war noch immer dunkel, als die Reiter sich auf die Rücken ihrer Pferde schwangen, den Wald verließen und über die Ralostraße nach Südosten hielten. Dunklen Schatten in der sich allmählich aufhellenden Finsternis der Nacht glichen sie, als sie sich dem Paß näherten. Und die Wichtel beobachteten am Rande des Waldes ihre Kameraden. Als der letzte Krieger inmitten der dunklen Schemen der Nacht verschwunden war, zogen sich die Jungwichtel in den Wald zurück. Und allmählich verhallte das Pochen der Hufe, während der Himmel im Osten sich rot zu färben begann – rot wie Blut.

Vidron ritt an der Spitze der Kolonne, und ihm folgten die meisten Soldaten seiner Streitmacht. Die Blicke des Hrosmarschalls durchdrangen das Zwielicht des Morgengrauens, glitten durch die Gûnarhöhengasse und suchten nach dem Feind.

In die lange Schlucht ritten die fünfzehnhundert Krieger ein und hielten Lanzen und Säbel bereit. Im Osten wurde es rasch heller, während das Heer in der Dunkelheit des Passes verschwand.

Als sich die Sonne anschickte, über den Horizont zu steigen, konnte der Feldmarschall rund anderthalb Kilometer voraus das Ende des Passes sehen. Dort teilte sich die Ralostraße: Der Markweg wandte sich links gen Osten, und viele hundert Kilometer weit führte er durch die Ebenen von Valon und schließlich nach Vanar, der Stadt im Zentrum des Landes, wo sich der Thron König Aranors befand. Rechts hingegen sah Vidron die Pendwyrstraße, die nach Südosten in Richtung Caer Pendwyr schwenkte, wo der jeweilige Hohekönig Mithgars seine Residenz hatte. Die Insel war von hier aus fast dreihundert Längen entfernt.

Aber die Aufmerksamkeit des Hrosmarschalls galt nicht der Weggabelung und auch nicht der weiten Ebene seines Heimatlandes. Statt dessen starrte er auf das Heer, das jenseits der Gûnarhöhengasse Aufstellung bezogen hatte. Tausende von Kriegern saßen schon kampfbereit auf ihren Pferden, und es schien, als zelebriere der Feind irgendeine sonderbare Zeremonie. Zwar hielten die Standartenträger die Fahnen und Banner hoch empor, aber es wehte kein Wind, und deshalb konnte Vidron nicht erkennen, ob der Gegner aus Hyree, Kistan oder einer anderen Region des Südens stammte. Gewaltig war dort vorne die Streitmacht des Feindes, und der Feldmarschall begriff, daß sie schnell wie der Blitz zuschlagen und anschließend unverzüglich den Rückzug antreten mußten, wenn sie mit dem Leben davonkommen wollten. Auf keinen Fall durften sie sich in einen längeren Kampf verwickeln lassen.

Nach und nach schlossen sie zu den Spähern auf, die vorausgeritten waren, und der Hrosmarschall gab ein Handzeichen, dessen Bedeutung weitergegeben wurde. Daraufhin bildeten Hunderte von Wellenkriegern den rechten und linken Flügel, und innerhalb weniger Augenblicke stand die Angriffsformation. Auf ein weiteres Signal hin senkten die Soldaten ihre Speere und Lanzen und trieben die Pferde an. Eintausendfünfhundert Krieger bewegten sich, als seien sie alle Gliedmaßen eines einzigen riesigen Körpers.

Sie ritten dem Ende der Höhengasse entgegen, und als Vidron ein drittes Mal den Arm hob, begannen die Pferde zu galoppieren. Die Blicke des Feldmarschalls glitten über die Flanken seiner Streitmacht und richteten sich dann wieder auf den voraus wartenden Feind. Die Krieger des Gegners hatten das kleinere Heer aus Wellen wohl nicht bemerkt, denn auch weiterhin wandten sie den Angreifern den Rücken zu und machten noch keine Anstalten, sich ihnen entgegenzustellen.

Vidron setzte sein Kriegshorn an die Lippen, und als sie an das Ende des Passes gelangten, blies es kräftig hinein, und der volltönende Klang hallte von den Felswänden wider und wurde rasch von anderen Wellenhörnern beantwortet. Aus der Höhengasse stürmten sie in vollem Galopp, und die Spitzen der Speere und Lanzen richteten sich auf den Feind: Der Tod donnerte auf Tausenden von Hufen heran.

Vidron griff nun nach seinem eigenen Speer und trieb sein Pferd noch weiter an. Das Roß schien geradezu über den Boden zu fliegen, und der Hrosmarschall blickte nun unverwandt auf die langen Reihen des angetretenen Gegners. Schnell verringerte sich die Entfernung, und Vidron schnürte es schier die Kehle zu, als sich die gewaltige Streitmacht des Gegners mit militärischer Präzision umwandte und die Reiter ebenfalls einen rechten und linken Flügel bildeten, um sich dem viel kleineren Wellenkriegerheer zum Kampf zu stellen. *Und dann gab der Gegner seinen Rössern die Sporen und ging seinerseits zum Angriff über!*

Vidron wußte, daß seine Krieger kaum eine Chance hatten gegen diesen übermächtigen Feind ...

Begegnung an der Gûnarhöhengasse

Tuck, Galen, Gildor und Brega blickten in Richtung der fremden Streitmacht, die nun aus den dunklen Schatten des Passes kommend herangaloppierte. Auf Valur, der alten Kriegssprache Valons, rief Ubrik einen Befehl, und die Reihen der angetretenen Vanadurin machten kehrt, wandten sich dem überraschend aufgetauchten Feind entgegen und hielten Säbel, Lanzen und Schwerter bereit.

Galen zog die Klinge Stahlherz aus der Scheide, und Gildor nahm sein Schwert Unheilsbringer zur Hand. Ubrik brüllte einen weiteren Befehl, und als die Harlinger losritten, gaben auch der Hohekönig und der Elfenherr ihren Rössern die Sporen. Zwei große Reiterarmeen ritten kampfbereit aufeinander zu.

Tuck und Brega standen auf dem Boden und sahen sich noch vielsagend an, als der Zwerg seine Axt Drakkalan fester umgriff und knurrte: »Los, Tuck!«

Und Zwerg und Wichtel liefen den berittenen Soldaten nach – Brega mit der schwarzen Axt bewaffnet, Tuck mit Pfeil und Bogen.

Und der junge Wichtel vernahm den weithin hallenden Klang der valonischen Kriegshörner, während Tausende von Hufen über den hartgefrorenen Boden trommelten, als sich die beiden Heere weiter einander näherten. Stählerne Klingen blitzten und glänzten im Schein der gerade über dem östlichen Horizont aufgehenden Sonne.

Doch was war das: Der Feind ließ ebenfalls Signalhörner erschallen, worauf die herangaloppierende Streitmacht sich plötzlich nach links abwandte! *Sie brach den Angriff ab!* Und die Hörner Valons heulten ebenfalls! *Und auch die Vanadurin zügelten ihre Rösser!* Einige Trompeten schmetterten, und viele Valonhörner antworteten diesem Klang. Die beiden Streitmächte ritten erneut aufeinander zu, ehe die Soldaten von ihren Pferden absprangen und sich umarmten.

Tuck und Brega liefen weiter, und als sie sich den Kriegern näherten, konnten sie die Banner sehen, die von den bisher unbekannten Soldaten getragen wurden: ein weißer Falke auf blauem Grund – *die Fahne von Wellen!*

Und Tuck bahnte sich einen Weg durch das wüste Durcheinander aus wiehernden Pferden, stampfenden Hufen und sich herzlich auf die Schultern klopfenden Männern. Er hielt auf die Mitte des Chaos zu, denn von dort vernahm er das vertraute dröhnende Lachen des graubärtigen Hrosmarschalls, und als der Jungwichtel sein Ziel erreichte, sah er Vidron König Galen die Hand drücken.

Der lange Ritt nach Norden

Ein mächtiges Heer ritt nach Nordwesten durch die Gûnarhöhengasse: eine sechstausendfünfhundert Mann starke Streitmacht, denn die fünfzehnhundert Wellenkrieger Vidrons hatten sich den fünftausend Harlingar hinzugesellt. Im Bereich der Spitze dieser Armee ritten ein Wichtel und ein Zwerg auf Pferden, und geführt wurden die Rösser an langen Leinen von weiter vorn reitenden Soldaten. Brega hatte seine Furcht vor Pferden offenbar noch immer nicht ganz abgelegt, denn er klammerte sich weiterhin so sehr am Sattelknauf fest, daß seine Fingerknöchel weiß hervortraten. Wellenkrieger, Vanadurin, Wichtel und Zwerg – sie alle ritten nun in dem Heer König Galens, und ihr Ziel war der düstere Eiserne Turm in der Frostöde von Gron.

Sie gelangten nach Gûnar, wo sie zuerst die Absicht hatten, die Packtiere Vidrons aus dem Wald neben der Ralostraße zu holen. Dann wollten sie sich nach Norden wenden und den langen Ritt nach dem Krallenmoor beginnen. Der Hrosmarschall hatte aber geheimnistuerisch gelächelt und Tuck gegenüber verlauten lassen, im westlich der Straße gelegenen Wald erwarte den Wichtel eine »besondere Überraschung« – und Tuck hatte nicht die geringste Ahnung, worum es sich dabei handeln mochte.

Sie ritten am Rande des Waldes entlang und ließen die Wellenhörner erklingen, so daß es auch noch tief im dunklen Dickicht zu hören sein mußte.

Schließlich erhielten sie Antwort auf ihre Signale, und Tuck konnte die Umrisse von Pferden und Menschen sehen, die sich durch den Wald bewegten und auf die Straße zuhielten. Und dann entdeckte er auch kleinere Gestalten: *Wichtel*!

Kurz darauf machte die Kolonne halt, und mit klopfendem Herzen sprang Tuck zu Boden und lief auf die anderen Jungwichtel zu. Und da erblickte er einen, der größer war als die anderen: *Danner!*

»Danner!« rief er und rannte jetzt, so daß er in seiner Hast fast gestolpert wäre. »Danner!«

Als sie die Stimme Tucks hörten, drehten sich die Wichtel um.

Und auch Patrel war unter ihnen!

Dann aber fiel der Blick Tucks auf eine weitere kleine Gestalt, die sich wie zögernd zu ihm hin bewegte und dann auf ihn zulief. »Tuck, oh, Tuck!« rief die junge Frau, und er erkannte *Merrilee*! Und dann hatte sie ihn erreicht und umarmte und küßte ihn, und Danner und Patrel klopften ihm jubelnd auf den Rücken. Sie alle begannen vor Freude zu weinen, während Vidron auf seinem Roß sitzen blieb und lächelnd auf die Wichtel herabsah, obwohl es auch in den Augen des Hrosmarschalls feucht glitzerte.

Was machst du hier? Wie bist du im Bereich der Challerainfeste den Ghûlen entkommen? Weißt du, daß Aurion ums Leben kam und Galen jetzt Hohekönig ganz Mithgars ist? Stammen die anderen Wichtel aus dem Waldland? Fragen über Fragen, und nur wenige von ihnen wurden gleich beantwortet.

Schließlich hob Tuck die Arme. »Wartet!« rief er. »Eine lange Reise liegt vor uns, und wir dürften Zeit genug haben, uns alles zu erzählen. Folgendes aber liegt mir ganz besonders auf dem Herzen: Merrilee, ich weiß zwar nicht, warum du hier bist und was dich hierher geführt hat, aber bestimmt hast du dich noch kürzlich im Waldland aufgehalten. Was ist mit Waldnieder? Wie geht es meinen Eltern?«

Als sie diese Frage vernahm, senkte Merrilee den Kopf und wurde bleich, und Tränen des Kummers rannen ihr über die Wangen. Sie nahm Tuck bei der Hand und führte ihn von den anderen fort. Danner und Patrel beobachteten sie von weitem und sahen, daß Merrilee leise auf Tuck einsprach und ihm von den letzten Stunden Berts und Tulpes berichtete – und auch von ihrem Begräbnis in Schluchtwald. Schließlich weinte sie, strich ihm durchs Haar und drückte ihn fest an sich, während sich Tucks Schultern ruckartig hoben und senkten, denn er schluchzte laut.

Die Signalhörner heulten wieder und Trompeten schmetterten, um die Krieger und Soldaten zum Aufsitzen aufzufordern. Sie durften nicht noch mehr Zeit verlieren, denn es dauerte nicht mehr lange, bis der Sonnentod bevorstand. Erneut setzte sich die Reiterschar in Bewegung, und Späher und Kundschafter machten sich auf und übernahmen die Sicherung der Spitze und der Flanken, und einige Späher ließen sich auch zurückfallen, um dafür zu sorgen, daß dem Heer kein Überraschungsangriff von hinten drohte.

Gildor sah zu der Sonne auf, die nun im Zenit stand, trieb sein Pferd an und lenkte es an die Seite des Rosses, das Galen trug. »König Galen, der Eiserne Turm befindet sich fern im Norden und ist noch rund dreihundert Längen entfernt. Und in genau zwanzig Tagen von heute ab wird der Mond die Sonne verschlingen, und dann bricht der Schwärzeste Tag an: Dann wird das Licht der Sonne verblassen, und in ganz Gron herrscht völlige Finsternis. Wir müssen uns sehr beeilen, König Galen. Ich weiß zwar nicht, wie wir die Plane Modrus vereiteln sollen, aber es muß uns gelingen, bevor sich der Mond vor die Sonne schiebt.« Gildor schwieg daraufhin.

»Ich habe nicht die Absicht, Zeit zu verlieren, Gildor«, erwiderte Galen. »Doch wir dürfen unsere Pferde nicht vorzeitig überanstrengen, denn sonst haben wir überhaupt keine Möglichkeit, den Feind in Gron direkt anzugreifen. Die Wellenkrieger haben zudem bereits mehr als eintausendzweihundert Kilometer bis hierher zurückgelegt, vielleicht schaffen sie es nicht einmal, unser jetziges Tempo zu halten und rechtzeitig nach Gron zu gelangen, um den Eisernen Turm zu erreichen.« Galen hob die eine Hand, um den Einwänden Lord Gildors zuvorzukommen. »Ja, Goldzweig, ich weiß. Und wenn es sein muß, setzen wir den Weg auch ohne die Armee fort, die Vidron aus dem fernen Süden hierher führte. Aber ich würde diese Streitmacht lieber bei mir wissen, wenn wir die Bastion des Dieners Gyphons erreichen.«

Gildor neigte kurz den Kopf und ließ sich dann zurückfallen, bis er an die Seite Bregas gelangte. Aber es ist nicht bekannt, worüber der Elf mit dem Zwerg sprach.

Das Heer der Krieger und Soldaten wandte sich nach Norden über die Gassenstraße und auf die Gûnarschlucht zu. Es handelte sich dabei um einen tiefen Einschnitt im Grimmwall, auf dessen einer Seite sich der Verlauf des Gebirges von dieser Stelle aus nach Westen richtete, während die Granitfelsengrate auf der anderen Seite nach Norden zeigten.

Die Sonne war schon hinter dem westlichen Horizont versunken, als sie in den Ausläufern eines lichten Waldes zu beiden Seiten der Gassenstraße ihr Lager aufschlugen. Die Wichtel versammelten sich an ihrem eigenen Lagerfeuer, und Tuck hielt die Hand Merrilees, während er ihr, Danner und Patrel seine Geschichte erzählte und die anderen Jungwichtel von den im Waldland stattgefundenen erfolgreichen Kämpfen gegen die Ghûle berichteten. Dann und wann nahm Tuck sein Tagebuch zur Hand und schlug nach, wenn er sich an eine bestimmte Einzelheit nicht mehr genau zu erinnern vermochte. Alle Zuhörer starrten ihn groß an und waren gespannt, als er von der Flucht vor den Ghûlen sprach, die ihn und die Gefährten bis zum Dämmertor verfolgt hatten, und als er den im Dunklen See hausenden Kraken erwähnte und auch erzählte, wie sie dem in den Grimmengrotten lauernden Gargon den Garaus gemacht hatten.

Aber Tuck hörte seinerseits auch zu und erfuhr von den Kämpfen: von den Ghûlen, die das Waldland durchstreiften, von der Errettung Danners und Patrels durch Merrilee, von den Schlachten, die in Lammgerb und Adlerfarn ausgefochten und von den Wichteln gewonnen worden waren. Manchmal bildeten sich große und glitzernde Tränen in seinen Augen, und einmal stand er sogar auf, ging fort, schmiegte sich an Merrilee und weinte in der Dunkelheit der Nacht. Und als er ans Feuer zurückkehrte, nahmen die Jungwichtel ihr Gespräch wieder auf und führten es von dem Punkt aus weiter, an dem sie es unterbrochen hatten.

Und während sie miteinander sprachen und von ganzem Herzen hofften, daß die Lücken im Dornenwall inzwischen geschlossen worden waren, stürmte die Horde durchs Waldland und wütete und zerstörte und verwüstete, und die Wichtel flohen vor der Übermacht der Schergen Modrus.

Am nächsten Tag ritten sie in die tiefe Schlucht, die an der breitesten Stelle gut zwanzig Kilometer und an der schmalsten immer noch mehr als zehn Kilometer maß. Rechts und links von ihnen ragten die Wände steil empor, und es war, als sei dieser gewaltige Einschnitt im Grimmwall von der Axt eines Titanen geschaffen worden. Über viele Kilometer hinweg wuchsen die Bäume entlang der Straße dicht an dicht, aber manchmal fielen die Blicke der Soldaten und Krieger auch auf nackten und eisverkrusteten Fels. Mehr als hundert Kilometer weit führte die Gassenstraße durch die Gûnarschlucht, und da es unmöglich war, das Gebirge noch in dieser Nacht zu durqueren, lagerte das Heer in der Schlucht.

Am folgenden Tag trieben sie wieder die Pferde an. Um die Mittagszeit erreichten sie das nördliche Ende der Schlucht, und von dort aus schwenkten sie in westliche Richtung und hielten auf die Furt des Hâthflusses zu. Und Brega knurrte und brummte, er habe den Eindruck, sich immerfort nur im Kreise zu bewegen: Dies war nämlich die Strecke, die er vor rund fünf Wochen schon einmal zurückgelegt hatte.

Am Abend schlugen sie südlich der Hâthfurt ihr Lager auf, an der Stelle, wo die Gassenstraße auf den Alten Rellweg traf. Nicht weit vor ihnen erhob sich die Schwarze Wand, und unmittelbar vor dem Düsterdunkel fauchten Böen und wirbelten Schnee empor. Am nächsten Tag würden sie erneut in die gräßliche Winternacht eintauchen, und schon bei dem Gedanken daran breitete sich unter den Kriegern und Soldaten rasch eine düstere Stimmung aus. Viele blieben bis spät in die Nacht wach, sahen zu den Sternen empor und beobachteten, wie der Mond übers Firmament eilte. Sie alle wußten, daß sie diesen Anblick lange nicht mehr genießen würden.

Und Tuck und Merrilee saßen Arm in Arm, schauten den Mond an und flüsterten sich Zärtlichkeiten ins Ohr. Die perlmutterfarbene Scheibe über ihnen glitt durch ein Meer aus Sternen und ließ ihr silbriges Licht auf die beiden jungen Wichtel tropfen.

Auch Gildor beobachtete den Mond, aber ihm gingen dabei ganz andere Gedanken durch den Kopf, denn er hatte das Gefühl, als lege sich ein schweres Gewicht auf seine Schultern. Er wußte, daß in nicht mehr als fünfzehn Tagen die unsichtbare Scheibe des Neumonds das Licht der Sonne verschlingen würde: Dann wird in Gron der Schwärzeste Tag anbrechen und den Sonnentod für ganz Mithgar bringen.

Als der Morgen graute, durchritten sie die Zone fauchender Sturmböen und wirbelnden Schnees und gelangten ins Düsterdunkel. Dort waren die Krieger und Soldaten auf die scharfen Wichtelaugen angewiesen, um rechtzeitig vor dem dämonischen Feind gewarnt zu sein. In der Winternacht angelangt, folgten sie dem Verlauf des Alten Rellwegs und ritten weiter nach Norden.

Um die Mittagszeit dieses Dunkeltages passierte die Streitmacht den Zugang des Tales, durch das man ans Dämmertor gelangen konnte, und Tuck richtete einige Worte an Merrilee und deutete dann in die Richtung, in der sich die Felswand des Dämmertors befand. Und Merrilee schauderte, denn sie wußte ja, daß in dem Dunklen See ein Ungeheuer hauste: der monströse Krake Madûk.

Am zweiten Dunkeltag setzte das Heer seinen Weg nach Norden fort, vorbei an der Straße, die zum Quadranpaß führte, und weiterhin dem Verlauf des Alten Rellwegs folgend. Bald darauf erreichten die Krieger und Soldaten jenen Ort, an dem sich die Zwergeneinheit Bregas gegen die Vorhut der Horde zur Wehr gesetzt hatte. Merrilee senkte den Kopf, blickte zur Seite und weinte leise. Brega aber sah sich mit weit geöffneten Augen um und zitterte vor Wut. Als die anderen Schergen Modrus später an diesem Ort angelangt waren, hatten sie die toten Zwerge verstümmelt: Hände, Arme, Füße und Beine waren abgetrennt worden, und die Köpfe waren an Pfählen befestigt, welche die Ungeheuer in kleine Felsspalten getrieben hatten. Leere Augenhöhlen starrten nun den Kriegern und Soldaten entgegen, als die Armee vorbeiritt, und selbst den erfahrenen und kampferprobten Vanadurin und Wellen drehte sich bei diesem schrecklichen Anblick der Magen um. Brega legte den Kopf jedoch in den Nacken, sah wütend ins Düsterdunkel empor und schrie: *»Châkka djalk aggar theck!«* Darauf stülpte er sich die Kapuze über den Kopf und gab keinen Ton mehr von sich. Und niemand vermochte zu sagen, ob es sich bei seinen Worten um einen Racheschwur oder einen Ausruf ohnmächtigen Zorns gehandelt hatte.

Während der folgenden Dunkeltage ließ die Kraft der Pferde aus Wellen allmählich nach. In den vergangenen fünfundzwanzig Tagen hatten diese Rösser eine enorme Entfernung zurückgelegt: insgesamt mehr als eintausendsechshundert Kilometer, von Wellen durchs Waldland und von dort aus nach der Gûnarhöhengasse; dann durch die Gûnarschlucht und am Quadranpaß vorbei. Und das alles mit der Geschwindigkeit eines Valanmarkengalopps, der die Pferde zwar nicht vorzeitig erschöpfen ließ, deren

Kräfte aber dennoch nicht unerheblich beanspruchte. Mit jedem Dunkeltag ritt die Heerschar weiter nach Norden und legte dabei jedesmal rund achtzig Kilometer zurück. Die Pferde aus Wellen wurden deutlich schwächer, als sie an den Ausläufern des Grimmwalls entlangkamen, durch die sich weiter voraus der Alte Rellweg wand. Auf der einen Seite wichen die Grate zurück und machten der Rhânfurt über den Stolperfluß Platz. König Galen hatte beschlossen, sich an dieser Stelle vom Alten Rellweg abzuwenden, denn diese Route, so erinnerte ihn der Herr von Gildor, wurde von den Schergen Modrus benutzt, um in die Region des Crestanpasses am westlichen Rand des Grimmwalls zu gelangen. Zwar waren die Krieger bisher auf keine Spuren gestoßen, die auf die Anwesenheit des Feindes hindeuteten, aber man wollte trotzdem jedes Risiko vermeiden, auf eine nach Süden vorrükkende Horde zu treffen. Deshalb nahmen die Krieger und Soldaten die über den Fluß führende Furt und brachten noch einige weitere Kilometer hinter sich, ehe sie ihr Lager aufschlugen.

Bei Anbruch des nächsten Dunkeltages bereits machte sich die Legion wieder auf den Weg und erreichte bald darauf einen im Frost erstarrten Wald westlich des Stolperflusses. Von hier aus wandten sich die Kämpfer wieder nach Nordosten, bis sie zu den südlichen Ausläufern des Trübwaldes gelangten, wo sie ein weiteres Mal lagerten. Und jetzt drehten sich die Gespräche an den Lagerfeuern vor allen Dingen um die Wellenkrieger und die Frage, ob sie die Reise nach Norden fortsetzen konnten: Ihre Rösser zeigten nun unübersehbare Anzeichen der Erschöpfung und brauchten unbedingt eine längere Ruhepause.

Am folgenden Dunkeltag aber brach das große Heer erneut durch die schmale Ebene zwischen dem Trübwald und dem Stolperfluß auf. Nördlich der Querlandstraß machten sie halt, nur einige Kilometer von der Stelle entfernt, an der die Querlandstraße an der Ardenfurt über den zugefrorenen Stolperfluß führte. Galen besah sich die Pferde der Wellenkrieger lange Zeit, und als er zurückkehrte, um sich zur Ruhe zu legen, machte er einen sehr nachdenklichen und besorgten Eindruck.

Tuck saß am Lagerfeuer und schrieb in sein Tagebuch, und oftmals hob sich der Blick seiner saphirfarbenen Augen und richtete sich auf Merrilee, die in der Nähe schlief. Am Rande des Lagers hielten zwei Wichtel zusammen mit den Menschen Wache, und mit ihrem scharfen Utruniblick starrten sie weit durch das Düsterdunkel und hielten nach dem Feind Ausschau.

Am nächsten Dunkeltag ritten sie an der hohen Ardenklippe entlang, von der jenseitig das Ardental lag, und Tuck fragte sich, wie es den dort lebenden Elfen wohl erging. Er erzählte Merrilee, wie sie dort gespeist, gebadet und sich ausgeruht hatten, und er vergaß nicht zu erwähnen, wie sehr es Galen in der Verborgenen Zuflucht gefallen hatte. Bei diesen Worten Tucks erinnerte sich Merrilee daran, daß sie seit fast vier Wochen kein Bad mehr hatte genießen können. Das letzte – es war in aller Eile in einem Nebenraum von Weißlings Stall erfolgt, in nur lauwarmem Wasser und ohne große Bequemlichkeit – hatte sie drei Tage nach der Schlacht von Lammgerb genommen. Und Merrilee sehnte sich danach, wieder einmal in eine hölzerne Wanne steigen zu können, die mit heißem und dampfendem Seifenwasser gefüllt war.

An jenem Dunkelabend schlugen sie ihr Lager bereits in den nördlichen Ausläufern des Trübwaldes auf. An diesem Winternachtstag hatten sie nur gut fünfzig Kilometer zurückgelegt, denn die Wellenrösser waren am Ende ihrer Kräfte angelangt.

»Die Pferde sind so gut wie erledigt«, erklärte Vidron. »Oh, einige von ihnen können den Ritt durchaus noch fortsetzen – eigentlich sogar alle. Aber eben nicht mehr in dem Tempo eines Valanmarkengalopps. König Galen, ich mache mir große Sorgen, denn die Wellenkrieger stellen fast ein Viertel unserer Streitmacht dar. Und Ihr solltet dem Feind in Gron nur mit der ganzen Streitmacht gegenübertreten. Ich möchte daher folgenden Vorschlag machen: Wir verringern das Tagespensum auf jeweils acht Längen – sagen wir, höchstens vierzig Kilometer am Tag, mehr nicht. Dann können meine Krieger und ich Euch nach dem Eisernen Turm begleiten, und somit stehen Euch nicht nur fünftausend, sondern sechstausendfünfhundert Soldaten zur Verfügung.«

»Ja, das Heer wäre sicherlich bedeutend größer«, bestätigte der Herr von Gildor, »aber wir kämen zu spät. Der Mond wird das Licht der Sonne in nur neun Tagen schlucken. Die Wellenkämpfer sollen uns folgen, König Galen, aber in dem Tempo, das sie ihren ausgelaugten Rössern noch abverlangen können. Es könnte durchaus sein, daß wir sie in dem bevorstehenden Kampf brauchen, und wenn wir den Eisernen Turm erreichen, haben wir wenigstens Aussicht auf bald eintreffende Verstärkung. Wir aber müssen weiter, denn wir dürfen keine Zeit verlieren. Es bleibt uns keine andere Wahl.«

Galen sah von den Flammen des Lagerfeuers auf, aber er hatte keine Gelegenheit, auf die Worte Vidrons und Gildors zu antworten, denn in diesem Augenblick kam ein Soldat herbeigeritten. »Herr!« rief der Krieger. »Der Waldbewohner an der Nordwache meldet, eine kleine berittene Gruppe nähere sich uns! Er meint, es seien Elfen!«

Es war Talarin! Und er kam mit einer aus sechs Lian bestehenden Eskorte. Und neben ihm, auf einem rostbraunen Roß, ritt Igon! Als der Prinz König Galen am Lagerfeuer entdeckte, gab er seinem Falben die Sporen und stürmte in vollem Galopp heran. Mit einem freudigen »*Hai*, Igon!« sprang Galen auf, als das rostbraune Pferd herandonnerte. Der Prinz zügelte sein Roß, sprang zu Boden, und die beiden Brüder umarmten sich. Der fünfzehn Jahre junge Prinz schien sich vollkommen von seiner Verletzung erholt zu haben. Die Elfenarzneien hatten ihm geholfen, rasch wieder zu Kräften zu kommen.

»Mein Bruder«, begrüßte ihn Galen, »deine Augen sind wieder klar und dein Griff fest, und dafür danke ich Adon von ganzem Herzen. Bestimmt hast du inzwischen eine Ghûl-Attrappe mit deinem Schwert in Fetzen gehauen oder mit deiner Lanze durchlöchert.«

Igon lachte. »Du hast recht, Galen. Talarins Handwerker hatten alle Hände voll damit zu tun, neue Puppen herzustellen. Aber jetzt hat es damit ein Ende, denn ich habe die Absicht, mich deiner Streitmacht anzuschließen und gegen die Schergen Modrus in den Kampf zu ziehen.«

Galens Miene wirkte plötzlich besorgt. »Igon, ich begebe mich in große Gefahr. Und ich möchte vermeiden, daß beide Erben Aurions in einer einzigen Schlacht dem Feind in Gron zum Opfer fallen. Wenn wir zusammen sind, gehen wir indes das Risiko ein, beide zur gleichen Zeit ums Leben zu kommen.

Getrennt aber muß Modru gegen jeden von uns antreten und zweimal den Sieg erringen, bevor er die Königsfamilie Aurions ausgelöscht hat. Es wäre mir daher lieber, wenn du im Ardental und damit in Sicherheit bliebest.«

»Mein geliebter Bruder«, erwiderte Igon, »du sprichst zu mir wie unser Vater.« Bei diesen Worten verdunkelte sich sowohl das Gesicht Galens als auch das Igons. Der Prinz zögerte kurz und fuhr dann fort: »Höre mich an: Er schickte mich nach Süden, weil er glaubte, mich dort in Sicherheit zu wissen, doch bei dem Überfall der Ghûle wäre ich fast umgekommen. Doch das Glück erwies sich mir als ein wertvoller Verbündeter, und so kam ich mit nur einer Verwundung davon.

Ich bin folgender Ansicht, König Galen: Nirgends in Mithgar kann man jetzt noch sicher sein, denn der Feind ist überall. Du möchtest mich zurückschicken ins Ardental, auf daß ich dort vor dem Feind in Gron geschützt sei, aber sicher bleibt auch die Heimat der Elfen nicht lange von den Schergen Modrus verschont. Deshalb erbitte ich diese Gnade von dir: Laß mich dich begleiten! Doch ehe du mir eine endgültige Antwort auf diese Bitte gibst, solltest du meinen Gastgeber Talarin anhören, denn er hat wichtige Nachrichten für dich, und vielleicht erweisen sie sich auch in Hinsicht auf deine Entscheidung als bedeutsam.«

Der König nickte dem Prinzen zu und drehte sich dann zu Talarin und den anderen Lian um, die nun ebenfalls das Lagerfeuer erreicht hatten. »*Hàl,* Wächter der Nördlichen Marken von Rell!« rief Galen zum Gruß.

»*Hàl,* König Galen!« lautete die Antwort Talarins, und er verbeugte sich. Als der Hohekönig die Ehrerbietung des Elfen mit einem Nicken zur Kenntnis genommen hatte, richtete sich der Blick Talarins auf seinen Sohn Gildor, und die beiden Lian lächelten sich an. Talarin legte Tuck eine Hand auf die Schulter. »Gut, Waerling, wir kennen uns ja schon.«

Unter den Elfen, die nun in den Schein des Königsfeuers traten, befand sich ein Lian, den Tuck sofort wiedererkannte: Inarion! Inarion aus Weiunholz!

Aber dann erlebte der Wichtel eine noch größere Überraschung, denn einer der anderen Elfen trat vor, und Tuck sah ... *Flandrena!* Jenen Flandrena, der sich zusammen mit Vanidor, Duorn und Varion auf den Weg nach Gron gemacht hatte! Und jetzt war er hier! Es verblüffte Gildor und Galen ebenfalls, diesen Lian zu erblicken. Aber keiner von ihnen gab einen Laut von sich, denn Inarion sprach, während an einer Leine ein graues Pferd herbeigeführt wurde. Und Tränen quollen dem Wichtel aus den Augen, denn es war Wirbelwind, das Roß des im Kampf am Nordtor der Challerainfeste gefallenen Königs Aurion.

»König Galen, ich bringe Euch hier das Pferd Eures Vaters, obgleich ich das eigentlich gar nicht beabsichtigte, als ich Weiunholz verließ, denn ich konnte ja nicht ahnen, Euch hier vorzufinden. Es ist ein schnelles Roß, und ich hatte es sehr eilig, in die Verborgene Zuflucht zu gelangen, denn ich brachte wichtige Nachrichten und brauchte deshalb ein Ersatzpferd, das ebenso schnell ist wie mein Schwingenhuf. Nun aber möchte ich Euch das Pferd Wirbelwind übergeben – vom Vater für den Sohn, vom König zum König. Dieses prächtige Roß steht nur Euch zu. Behandelt den Hengst gut, denn er ist nur dem Hohekönig ganz Mithgars angemessen.« Inarion reichte Galen die Zügel Wirbelwinds und verneigte sich.

Galen trat auf das Pferd zu und strich dem Hengst übers Maul, und Stolz flammte in den Augen des Königs auf. Wirbelwind sah ihn an und senkte kurz den Kopf – als ob sich auch das Roß vor Galen verbeuge.

»Wir werden uns bestimmt gut miteinander vertragen, du und ich«, wandte sich Galen mit leiser Stimme ihm zu. »Bestimmt möchtest du jetzt ein wenig Futter, und vielleicht sehnst du dich auch nach der Gesellschaft anderer Pferde. Aber den größten Gefallen, so schätze ich, fändest du gewiß daran, in der Sonne über eine Wiese mit üppigem saftigem Gras zu stürmen oder dich auf einer Weide auszuruhen, über welcher der Mond leuchtet. Eines Tages werde ich dir diesen Wunsch erfüllen. Wenn ich kann ...«

Auf einen Wink des Königs hin eilte ein Bediensteter herbei, griff nach den Zügeln des Pferdes und führte das Roß fort, und Galen geleitete Talarin und die Begleiter des Elfen ans Lagerfeuer. Als sich alle in einem großen Kreis niedergelassen hatten, wandte sich Talarin an Galen. »Ich wurde von Kurieren von Eurem gestrigen Lager an der Ardenfurt unterrichtet, und die Wächter auf der Ardenklippe beobachteten Euren Vormarsch. Es ist mir allerdings ein Rätsel, warum Ihr ausgerechnet in dieser Richtung unterwegs seid, und ich wäre Euch sehr dankbar, wenn Ihr mir den Grund hierfür nennen könntet.«

»Unser Ziel ist der Eiserne Turm in Gron«, antwortete Galen, und bei diesen Worten machte Talarin große Augen und sah Inarion an. »Genau! Das erklärt vielleicht Eure Nachricht, Alor Inarion.«

Dann wandte sich Talarin wieder an Galen. »Es gibt vieles, worüber wir sprechen müssen, König Galen. Aber zunächst einmal möchte ich angesichts Eures verwegenen Plans meiner großen Sorge Ausdruck geben. Eurer Heerschar gehören weniger als siebentausend Krieger an – das berichten jedenfalls meine Späher. Um Gron anzugreifen, besonders den Eisernen Turm, wäre eine *siebenmal* so große Streitmacht erforderlich. Und selbst dann gäbe es keine Garantie dafür, daß es gelänge, die Mauern der dunklen Festung Modrus zu bezwingen.«

»Es bleibt uns keine andere Wahl, Vater«, wandte Gildor ein. »Vanidor ...«

Talarins Gesicht verdüsterte sich.

»Als Vanidor starb, rief er meinen Namen«, fuhr Gildor fort. »Und er ließ mir folgende Warnung zukommen:

›Der Schwärzeste Tag,
Das Größte Unheil ...‹

Wir wissen zwar nicht ganz genau, was damit gemeint ist, aber wir befürchten folgendes: Der Schwärzeste Tag wird in neun Tagen in Gron anbrechen, dann, wenn der Mond die Sonne verschlingt. Und das Größte Unheil – damit ist Gyphon gemeint.« Talarin stockte unwillkürlich der Atem, und die Lian in seiner Begleitung zeigten finstere Mienen. Gildor fuhr fort: »Wir glauben, Vanidor wollte uns vor einem Verderbensplan Modrus warnen, vor der Absicht des Feindes in Gron, Gyphon die Rückkehr nach Mithgar zu ermöglichen.«

»*Das* war also die Botschaft, welche die schöne Rael wie einen Hauch an sich vorbeistreichen spürte!« stieß Talarin hervor. »Und wenn Ihr wirklich recht habt – dann droht ganz Mithgar größte Gefahr. Aber – wie soll dies möglich sein? Immerhin wurde Gyphon von Adon jenseits der Sphären verbannt.«

»Und doch sind die Lakh aus Hyree und die Piraten von

Kistan davon überzeugt, daß das Große Böse zurückkehren wird«, gab Gildor zur Antwort. »Wir müssen nach Gron gelangen, den Eisernen Turm angreifen und Modrus Kräfte binden, bevor es ihm gelingen kann, für Gyphon einen Weg nach der Mittleren Ebene zu bereiten.«

»Warum habt Ihr dann nicht mehr Krieger zusammengerufen?« fragte Talarin.

»Eben jetzt«, antwortete Gildor düster, »durchstreift der alte Feind aus Hyree und Kistan den Süden. Er hat bereits Hoven und Pellar erobert, und derzeit finden Kämpfe statt, die darüber entscheiden, ob auch Jugo und Valon verlorengehen. Alle Soldaten werden für jene Schlachten gebraucht, und die Verteidiger können nicht einen Mann entbehren. Aus diesem Grund konnte ich nur diese aus Vanadurin und Wellenkriegern bestehende Heerschar zusammenstellen, und wir hoffen, den Eisernen Turm noch vor dem Sonnentod zu erreichen.«

»Aber ich habe großen Zweifel daran, ob es einer Streitmacht aus rund siebentausend Kämpfern gelingen kann, die Bastion des Feindes in Gron zu stürmen«, erwiderte Talarin. »Was meinst du, Flandrena?«

»Oh, ich weiß ebenfalls keine Antwort auf diese Frage, Alor Talarin«, erwiderte der schlanke Elf nach längerem Überlegen. »Selbst wenn die Wälle der Festung Modrus nicht von den *Rûpt* bewacht würden – es ist in jedem Fall ein verwegenes Unterfangen, den Feind in Gron direkt anzugreifen, und auch meiner Meinung nach wäre ein wesentlich größeres Heer erforderlich, um den Herrn der Winternacht zu besiegen.«

»Woher willst du das wissen, Elf?« knurrte Brega.

»Ich war schließlich dort, Zwicht«, entgegnete Flandrena. In seinen Augen spiegelte sich das Licht des Lagerfeuers wider, und seine Stimme war nur ein Hauch. »Zusammen mit Vanidor, Duorn und Varion.«

Eine Weile blieb es still, und dann meinte Gildor: »Sprich weiter, Flandrena, denn ich würde gern erfahren, wie es meinem Bruder erging.«

Tuck schlang den Arm um Merrilee und zog die Dornenläuferin an sich, während Flandrena seine Geschichte erzählte:

»Vor gut einer Dunkelwoche verließen wir das Ardental und ritten nach Norden. Im vollen Galopp durchquerten wir das

Frostland von Gron, und manchmal verließen wir die Straße und versteckten uns, um Patrouillen Modrus zu entgehen. Schließlich erreichten wir das Krallenmoor, und von dort aus ritten wir weiter nach der Bastion des Feindes in Gron.

Lange Zeit verbargen wir uns im Düsterdunkel und beobachteten die dunklen Mauern aus sicherer Entfernung. Wir zählten die Dämonendiener, die wir hinter den Zinnen erkennen konnten, und zogen unsere Rückschlüsse auf die Stärke der gesamten Streitmacht, die dem Herrn der Winternacht in Gron zur Verfügung steht. Modru hat etwa achttausend *Rûpt* als Wächter seines Eisernen Turms zurückbehalten. Wir schlichen uns an dem tiefen Graben entlang, der die ganze Bastion umgibt, und suchten nach einer Möglichkeit, ins Innere der Festung zu gelangen. Schließlich war es unsere Absicht, die Palisaden zu überwinden, Prinzessin Laurelin zu finden und sie zu befreien.

Aber der Graben ist zu tief, und die Wände sind so steil, daß sie nicht einmal einem geübten Kletterer Halt bieten. Und die Zugbrücke wird von Trollen bewacht. Wir gaben trotzdem nicht auf und setzten unsere Suche fort. Schließlich entdeckte Duorn an einer Stelle einen schmalen Riß in der gegenüberliegenden Wand des schluchtartigen Grabens – eine Spalte, die sich vom tiefen Boden bis ganz nach oben erstreckt. Varion meinte, wir sollten versuchen, in dieser Spalte emporzuklettern und auf diese Weise es wagen, in das Innere der Festung zu dringen.

Aber Vanidor war auch der Ansicht, einer von uns müsse sich auf den Rückweg machen und dem Ardental von der Stärke Modrus berichten – dann, so erwog er, hätten wir die weite Reise selbst dann nicht umsonst gemacht, wenn der Versuch, die Prinzessin zu befreien, fehlschlüge.

Vanidor war der Anführer unserer Gruppe, und er entschied, zusammen mit Varion – dem geschicktesten Kletterer von uns – die Schluchtwand zu erklimmen und sich in die Festung zu schleichen. So mußten Duorn und ich übereinkommen, wer von uns in Gron verweilen würde, während der andere sich auf den Rückweg machen sollte. Duorn und ich – wir wollten beide bleiben, und nach einer Weile nahm Vanidor zwei trockene und im Frost erstarrte Grashalme zur Hand und hielt sie uns entgegen. Ich zog den kürzeren Halm von beiden und verlor: Folglich kam mir die Aufgabe zu, nach Arden zurückzukehren und die

Nachricht von der Stärke des Feindes zu überbringen, während meine drei Kameraden sich anschicken würden, unbemerkt ins Innere der Festung zu gelangen.

Wir verabschiedeten uns, und als ich mich zum letztenmal umwandte, ließen sie sich bereits an einem langen Seil in den Schluchtgraben hinab. Ich suchte den Ort auf, an dem wir unsere Pferde versteckt hatten, schwang mich auf den Rücken meines Rosses und ritt nach Süden, in Richtung Arden.

Ich hatte schon viele Kilometer zurückgelegt, aber erst das Krallenmoor erreicht, als ich plötzlich Vanidors Schrei vernahm: *›Reite, Flandrena, reite!‹* Das waren die letzten Worte, die er an mich richtete. *›Reite, Flandrena, reite!‹*« Flandrenas Stimme wurde zu einem kaum mehr verständlichen Flüstern, und er starrte in die lodernden Flammen des Lagerfeuers. Tränen hatten sich in den saphirblauen Augen Tucks gebildet, und Merrilee drückte fest seine Hand, wobei auch ihre großen Juwelenaugen feucht glänzten. Brega hockte still neben ihnen und hatte sich vorsorglich die Kapuze über den Kopf gezogen.

Nach einer Weile fuhr Flandrena fort: »Vanidors letzte Worte kamen einem Befehl gleich, aber dennoch hätte ich mich fast dazu hinreißen lassen, kehrtzumachen und in Richtung der Feste zurückzureiten. Aber sein Ruf hallte in meinem Innern wider, und ich konnte nicht dagegen angehen. Ich weinte vor Wut und Zorn, trieb mein Pferd an und wußte, daß der Versuch, die Prinzessin zu befreien, tatsächlich fehlgeschlagen war. Jetzt war ich der einzige, der dem Ardental von der Stärke Modrus berichten konnte.

Mein Pferd Sturmmähne lief wie nie zuvor, und Länge auf Länge legte es zurück. Wenn ich dem Roß weiter die Sporen gegeben hätte, wäre es wahrscheinlich bis zur völligen Erschöpfung weitergaloppiert – aber ich gab mir alle Mühe, seine Kräfte zu schonen. Dennoch dauerte es nicht einmal vier ganze Dunkeltage, bis wir das Verborgene Tal erreichten.

Das ist meine Geschichte, Alor Gildor und König Galen. Aber noch ist sie nicht ganz zu Ende, denn ich möchte Euch nach Gron begleiten und den Tod meiner Kameraden rächen. Auf welche Weise? Nun, noch sehe ich zwar keine Möglichkeit dazu, denn die Festung Modrus ist ein gewaltiges und schier uneinnehmbares Bollwerk, und auch wenn sie nicht von einer ganzen

Horde verteidigt wird, dürfte es doch fast unmöglich sein, die dunklen Mauern zu bezwingen. Aber ich will auf jeden Fall dabei sein, wenn Ihr einen entsprechenden Versuch unternehmt.« Die Augen Flandrenas kündeten von wilder Entschlossenheit.

»Da dein Herr damit einverstanden ist, nehme ich dich mit Freuden in meine Heerschar auf«, erwiderte Galen, als Talarin zustimmend den Kopf neigte.

»Mein König«, gab Vidron zu bedenken, »damit habt Ihr zwar einen Krieger gewonnen, aber Ihr droht eintausendfünfhundert zu verlieren: Die Wellenpferde können das Tempo nicht mehr halten. Vielleicht sind die Lian von Arden in der Lage, uns neue und frische Pferde zur Verfügung zu stellen.«

Galen wandte sich an Talarin, als der Elf auch schon entgegnete: »König Galen, bevor ich Eure unausgesprochene Frage beantworte, solltet Ihr die Nachrichten hören, die Alor Inarion bringt, denn ich glaube, sie dürften von großer Bedeutung sein in Hinsicht auf die Entscheidungen, die es nun zu treffen gilt.«

Daraufhin richteten sich alle Blicke auf Inarion. »Vor sechs Dunkeltagen«, begann der Elf, »brach die Horde, die Modru ausschickte, um Weiunholz zu erobern und das Bündnis zu zerschlagen, ihren Angriff ab und setzte sich über die Querlandstraße nach Osten in Bewegung. Mehr als sechzig Kilometer legten die Schergen des Feindes in Gron an jedem Dunkeltag zurück, und ...«

»Mehr als sechzig Kilometer pro Tag!« platzte Vidron heraus. »Aber sie sind doch zu Fuß unterwegs! Zumindest die Drōkha und Rutcha. Befinden sich auch Guula bei ihnen, oder sind diese Ungeheuer vorausgeritten?«

»Die Ghûlka halten sich hinter der Teufelsbrut und treiben die anderen Dämonenwesen erbarmungslos vor sich her«, erwiderte Inarion. »Niemand weiß, welchen Grund der Feind für dieses sonderbare Verhalten hat. Wir vermuteten, Modru habe die Absicht, einen Schlag gegen das Ardental zu führen, um die Verborgene Zuflucht zu zerstören. Aber jetzt haben wir unsere Meinung geändert. Jetzt vermuten wir, die Horde hat den Auftrag, Eure Streitmacht daran zu hindern, nach Gron vorzustoßen, König Galen.«

»Ihr sagtet, die Horde sei vor sechs Dunkeltagen aufgebrochen ... tja, zu dem betreffenden Zeitpunkt sind wir gerade ins

Düsterdunkel eingedrungen, an der Hâthfurt«, überlegte Galen. »Aber wie kann Modru erfahren haben, daß wir ...«

»Spione!« knurrte Brega. »Wahrscheinlich läßt er alle Straßen und Wege von Spähern bewachen.«

»Aber wie hat die Steinhügel-Horde von unserer Streitmacht Kenntnis erhalten?« fragte Patrel.

»Nichts als Marionetten Modrus«, erwiderte Tuck, und Gildor nickte. Patrel schauderte: Tuck hatte ihm, Danner und Merrilee von der schrecklichen Macht Modrus berichtet, von anderen Seelen *Besitz zu ergreifen*. »Aber warum ausgerechnet die Horde von Steinhügel?« überlegte Tuck. »Warum nicht die in den Grimmgrotten? Jene Armee Modrus hätte nur den Weg durch den Quadranpaß nehmen und auf dem Alten Rellweg Stellung beziehen müssen, um uns den Weg zu versperren. Ich verstehe nicht, warum Modru nicht jener Horde den Befehl gegeben hat, unsere Schar abzufangen.«

»Vielleicht sitzen die betreffenden Schergen des Feindes aus Gron noch immer in Kraggen-cor fest«, vermutete Brega. »Vielleicht können sie nicht die Große Dēop überqueren, da wir die Brücke zerstört haben.«

Talarin sah den Zwicht neugierig an, denn hier gab es eine Geschichte, die der Lian aus dem Ardental noch nicht kannte. Aber bevor der Elf eine entsprechende Frage stellen konnte, sagte Galen: »Ich nehme an, es war der Vermittler Modrus, den wir in dem Schwarzen Loch umbrachten. Aber ganz sicher bin ich mir nicht, ob der Feind in Gron dadurch keine oder nur noch eine eingeschränkte Möglichkeit hat, der Horde in den Grotten Befehle zu erteilen.«

»Was ist mit dem Heer des Feindes, das die Challerainfeste eroberte?« fragte Danner. »Hat sich diese Streitmacht inzwischen ebenfalls nach Süden in Bewegung gesetzt?«

Inarions Züge verzerrten sich. »Ich bin sehr betrübt, euch Bewohnern des Waldlandes eine besonders traurige und schmerzliche Mitteilung machen zu müssen: Die Horde von Challerainfeste ist inzwischen ins Land der Dornen vorgedrungen.«

Danner, Patrel und Tuck sprangen jäh auf, und Merrilee schlug die Hände vors Gesicht.

»Im Waldland?« hauchte Danner. »Die Horde ist im Waldland?« Er ballte die Fäuste und begann vor Wut am ganzen Leib zu beben. Seine Worte waren jedoch nur ein heiseres Knurren und kaum zu verstehen.

»Ich fürchte, ja.« Inarions Augen glänzten kummervoll. »Der Vorstoß des Feindes erfolgte vor drei Wochen.«

»Vor drei Wochen?« Tuck knickte in den Knien ein und ließ sich neben die bitterlich weinende Merrilee auf den Boden sinken.

Patrel schlug sich mit der Faust auf die flache Hand. »Danner, wir müssen sofort zurückkehren. Wir hätten unsere Heimat nie verlassen sollen. Die anderen Wichtel brauchen uns jetzt mehr denn je.«

Danner preßte die Lippen so fest aufeinander, daß sie nur noch einen dünnen weißen Strich bildeten, und nickte knapp und ruckartig. In diesem Augenblick sah Merrilee auf und schluchzte: »Nein! Das ist nicht der richtige Weg! Nach Westen dürfen wir nicht reiten!« Ihre Stimme brachte wieder Licht in die Dunkelheit des Zorns, die tief in Danner entstanden war. Patrel drehte sich ebenfalls langsam um und starrte die Dornenläuferin an. »Nach Norden!« kam es zornentbrannt von den Lippen Merrilees. »Unser Ziel liegt im Norden!« Und dann fügte sie ganz ruhig und leise hinzu. »In Gron befindet sich das Zentrum des Bösen. Brega hat recht: Man tötet eine Schlange, indem man ihr den Kopf abschlägt. Und genau das muß uns gelingen: Wir werden die Viper finden und den Kopf von ihrem langen, sich windenden Leib trennen.

Aus welchem Grund schickt uns Modru wohl eine seiner Horden entgegen? Er *fürchtet* sich! *Das* ist der Grund! Wir machen ihm angst. Vielleicht besteht seine Sorge nur darin, es könnte uns gelingen, seinen Plan zu vereiteln – was ja auch die erklärte Absicht des Herrn von Gildor ist. Aber welchen Grund der Feind in Gron auch immer für seine Furcht haben mag: Wir sollten um so entschlossener und unerbittlicher vorgehen. Und deshalb schlage ich vor: Laßt uns so schnell wie möglich weiterreiten und den Eisernen Turm angreifen. Durch nichts dürfen wir uns von dieser Absicht abbringen lassen. Es gilt, der Schlange den Kopf abzuschlagen!« Merrilee schwieg, und sowohl Talarin als auch König Galen und die anderen musterten die junge Dornenläuferin mit großem Erstaunen. Im Gegensatz zu Patrel und Danner sahen sie erstmalig eine Frau vor sich, die wie ein

Krieger sprach. Zunächst war es Patrel, der sich widerstrebend der Logik von Merrilees Worten beugte, und dann folgte Danner seinem Beispiel. Die beiden Jungwichtel waren sehr nachdenklich geworden, als sie wieder Platz nahmen.

Vidron aber sprach einen Zweifel aus, den er immer noch hegte: »Vielleicht hast du recht, Mädchen. Vielleicht fürchtet sich Modru *wirklich* vor uns und schickt uns aus diesem Grund eine seiner Horden entgegen. Es gibt aber auch noch andere Erklärungen. Möglicherweise marschierte die Teufelsbrut gegen das Ardental, wie Inarion zunächst annahm. Denkbar ist auch, daß die Armee des Feindes ein ganz anderes Ziel hat, eines, das auf der anderen Seite des Grimmwalls liegen mag. *Oder sie soll uns in den Rücken fallen, wenn wir nach Gron vorgedrungen sind – um uns, wenn wir versuchen, die dunklen Mauern des Eisernen Turms zu bezwingen, von hinten anzugreifen.*«

»Doch in diesem Fall, Hrosmarschall Vidron«, wandte Galen ein, »müßte Modru wissen, daß wir nach Gron unterwegs sind. Wie aber soll er von unserem Ziel erfahren haben?«

»Modru ist durch und durch böse und mißtrauisch«, erwiderte Gildor. »Ich glaube, es hat ihn überrascht, daß Ihr diese Streitmacht nach Norden führt. Bestimmt hat er nicht damit gerechnet, daß seine Schergen die Kontrolle über die Gûnarhöhengasse wieder aufgeben müßten, und ebensowenig dürfte er erwartet haben, daß irgendwelche Verteidiger aus dem Süden nach Norden ziehen, ins Düsterdunkel hinein – zumindest aber so lange nicht, wie Pellar, Valon und die anderen Länder sich den heftigen Angriffen der Lakh aus Hyree und der Piraten von Kistan ausgesetzt sehen. Und ich gebe auch noch folgendes zu bedenken: Welches andere mögliche Ziel als Gron könnten wir haben? Gewiß hat sich Modru diese Frage ebenfalls gestellt, und die Antwort, die er darauf fand, gefiel ihm offenbar nicht. Und so hat er rasch gehandelt und schickt uns eine Streitmacht entgegen, die wiederum *unseren* Plan vereiteln soll.«

Im Anschluß an diese Worte schwieg Gildor, und Talarin, dessen Augen sich geweitet hatten bei der Erwähnung des Feindes, der lange Zeit die Gûnarhöhengasse gehalten hatte, machte Anstalten zu einer Erwiderung. Dann aber überlegte er es sich anders, und Galen erhob die Stimme: »Bester Inarion, wo befindet sich die Horde jetzt? Und wie stark ist die Streitmacht?«

»Vor fünf Dunkeltagen verließ ich mit Wirbelwind und Schwingenhuf die Gegend von Weiunholz und ritt der Horde entgegen«, antwortete Inarion. »Ich sah die *Rûpt* am Leuchtgipfel. Dort lagerte der Gegner, doch ich hielt mich außerhalb seiner Sichtweite und beobachtete den Feind genau. Ich schätze die Stärke der Streitmacht auf zehntausend Schergen Modrus. Ich blieb so lange in der Nähe, bis ich ganz sicher sein konnte, daß es sich bei dem Aufbruch der Horde nicht um eine Kriegslist handelte. Ich wartete, um zu sehen, ob sie weiterziehen würden oder vielmehr die Absicht hatten, einen erneuten Angriff auf Weiunholz zu unternehmen.

Am nächsten Dunkeltag brach der Feind wieder auf und stürmte nach Osten über die Querlandstraße. Am Ende jenes Tages wußte ich, daß es sich tatsächlich nicht um eine Finte handelte. Überraschenderweise wandte sich die Horde tatsächlich von Weiunholz ab und nach Osten.

Ich folgte der Streitmacht bis zu den Schroffen Bergen, und von dort aus ritt ich in Richtung der Trüben Furt, überquerte den Rhanstrom und machte mich auf den Rückweg ins Ardental, um die Verborgene Zuflucht zu warnen. Zwar habe ich unterwegs keine weiteren *Rûpt* entdecken können, aber wenn der Vormarsch des Feindes über die Querlandstraße in gleich langen Etappen erfolgte, dürfte sich die Horde nunmehr mitten im Trübwald befinden.«

Vidron atmete schwer. »Und das bedeutet, daß die Schergen Modrus nur noch zwei Tagesreisen von uns entfernt sind – wenn sie weiterhin ihr Tempo halten!«

»So ist es«, bestätigte Ubrik. »Aber wenn wir unseren Weg mit der Geschwindigkeit eines Valanmarkengalopps fortsetzen, dürfte sich die Entfernung zwischen uns und der Horde allmählich vergrößern ...«

»Aber die Wellenpferde!« gab Vidron zu bedenken. »Sie sind am Ende ihrer Kräfte! Sie können unmöglich mehr als noch einen harten Ritt überstehen, und anschließend müssen sie sich lange Zeit ausruhen. Jetzt erst recht, Elf Talarin: Wir brauchen dringend frische Pferde. Könnt Ihr uns darin helfen?«

»Wir haben nicht genügend Rösser für eintausendfünfhundert Krieger«, lautete die Antwort Talarins. »Nein, nicht einmal für ein Drittel. Die Lian von Arden kämpfen ebenfalls und unternehmen Überfälle auf die Teufelsbrut – sowohl im Bereich des Alten Rellwegs als auch des Crestanpasses. Wir haben gerade Kuriere ausgeschickt, die unsere Kämpfer zurückholen sollen, auf daß wir unsere eigene Heimat verteidigen können, sollte sich die Horde zu einem Angriff auf das Ardental entschließen. Und auch wenn sie alle bereits hier wären – sogar dann hätten wir nicht genügend Pferde.«

Enttäuscht wandte sich Vidron an Galen. »Herr, da die Wellenpferde das Tempo unmöglich halten können, haben meine Krieger keine andere Wahl, als zurückzubleiben und Euch zu folgen. Sie werden ebenfalls in Gron eintreffen, ja – aber vielleicht zu spät, um Euch von Nutzen sein zu können.«

»Hrosmarschall Vidron, ich stehe unter zweifachem Druck«, erwiderte der Hohekönig. »Zum einen dürfen wir einfach keine Zeit mehr verlieren, da bald der Schwärzeste Tag anbricht, und zum anderen wissen wir nun, daß uns eine starke Streitmacht des Feindes im Nacken sitzt. Es muß unter allen Umständen vermieden werden, daß wir während des Angriffs auf den Eisernen Turm in die Zange genommen werden.« Galen zögerte kurz und sah dem Königsgeneral fest in die Augen. »Ich habe eine sehr schwierige Aufgabe für dich, eine, die nur du bewältigen kannst, denn du bist der einzige, der die nötige Kampferfahrung hat, um die Krieger aus Wellen anzuführen: Ich möchte, daß du mit deinen Soldaten die Horde so viele Dunkeltage wie möglich aufhältst und ihre Kräfte hier bindest.«

Tuck riß die Augen auf. »Aber König Galen«, wandte er ein, »eintausendfünfhundert Wellenkrieger können es doch unmöglich mit zehntausend Ungeheuern Modrus aufnehmen!«

»Das weiß ich auch, Waerling«, gestand Galen ein. »Aber die Horde ist nur noch zwei Tagesreisen von uns entfernt, und wenn wir den Valanmarkengalopp fortsetzen und bis wir den Eisernen Turm erreichen, dürfte sich diese Distanz auf insgesamt vier Tagesreisen vergrößert haben. Und sollte Vidron gelingen, die Horde aufzuhalten und ihre Kräfte zu binden, gewinnen wir weitere Dunkeltage, die uns die Möglichkeit geben, die Festung Modrus anzugreifen und den Feind in Gron zu schlagen. Erst dann sollten wir gezwungen werden, uns von der Bastion abzuwenden und es mit dem Gegner aufzunehmen, der uns nach Gron folgt.«

Galen sah Vidron an. »Hrosmarschall, ich mache folgenden Vorschlag: Postiere deine Wellenkrieger am Grūwenpaß. Er ist schmal und lang, und es wird den Yrm sicher schwerfallen, dort den Vorteil der Übermacht zu nutzen. Eure Schwerter und Lanzen und Säbel werden eine Barriere aus Eisen bilden, die der Feind nur schwer durchdringen kann.«

»Schon recht, Herr«, erwiderte der Königsgeneral. »Ein guter Plan ist es, den Ihr mir nahelegt, doch leider sind die Pferde meiner Soldaten sehr erschöpft.« Mit der Faust hieb sich der Hrosmarschall auf die flache Hand. »Aber beim Schleim Kriechflinks – wir *halten* dennoch die Horde auf!«

Bei der Erwähnung des Frosterpels knurrte Brega leise, machte aber keine Einwände.

»König Galen«, ergriff nun Talarin das Wort, »vor nicht allzu langer Zeit versprach ich Euch im Namen aller Lian des Ardentals, wir würden Euch helfen, wenn Ihr uns braucht. Jetzt ist es soweit, und wir sind bereit, Euch nach Kräften zu unterstützen. Meine Lianwächter und ich werden uns der Streitmacht des Königsgenerals Vidron anschließen und ihm dabei behilflich sein, den Kregyn zu halten – den Grūwenpaß –, auf daß Ihr ausreichend Zeit gewinnt. Unsere Pferde sind noch frisch und ausgeruht – und wir brennen ebenso darauf, dem Feind eine Lektion zu erteilen.«

Galens Augen strahlten im hellen Schein des Lagerfeuers. Die Worte des Elfen bewegten ihn ganz offensichtlich, so daß er eine Zeitlang keinen Ton hervorbringen konnte. Vidron sprang auf, riß das Schwert aus der Scheide, richtete die Spitze auf den schwarzen Himmel der Winternacht und rief in der alten Kriegssprache Valons: *»Hàl, Deva Talarin! Vanada al tro da halka!«* (Heil, Elf Talarin! Zusammen werden wir siegen!)

Talarin hob dankend die Hand und wandte sich lächelnd an einen der Lian. »Feron, reite zurück in die Verborgene Zuflucht. Stell die zurückkehrenden Krieger zu einer kleinen Streitmacht zusammen und bereite alles vor, um mit ihr nach Kregyn zu reiten und dort zu helfen, den Paß angesichts des bevorstehenden Angriffs zu verteidigen. Die Späher auf der Ardenklippe sollen den Vormarsch der Horde beobachten. Reite mit allen Lian dorthin los, wenn die Schergen Modrus nur noch eine Tagesreise vom Paß entfernt sind.«

Feron sprang auf und wollte sogleich die Anweisung ausführen, aber Talarin winkte noch und rief: »Warte!« Daraufhin drehte sich Feron erneut zu ihm um. »Ich habe auch noch einen zweiten Auftrag für dich, Feron. Suche die schöne Rael auf und berichte ihr von der Warnung, die Vanidor seinem Bruder Gildor übermittelte:

›Der Schwärzeste Tag,
Das Größte Unheil...‹

Vielleicht versteht sie die Bedeutung dieser Worte, denn in solchen Dingen ist sie bewandert.«

Natürlich! dachte Tuck. *Man sollte die Elfin Rael von der Warnung Vanidors unterrichten und ihre Meinung dazu in Erfahrung bringen. Vielleicht ist sie ja dazu in der Lage, ein wenig Licht in das Dunkel dieses Mysteriums zu bringen.*

Talarin nickte Feron zu, und nun machte sich der Lianherold sofort auf den Rückweg ins Ardental.

Und als kein Hufschlag im Norden mehr zu vernehmen war, wandte sich Prinz Igon an Galen. »König Galen«, sagte er, »jetzt bitte ich dich darum, mir meinen Wunsch zu erfüllen: An deiner Seite möchte ich kämpfen. Wie du weißt und eben gerade erneut bestätigt bekommen hast, gibt es in ganz Mithgar keinen Ort mehr, an dem man vor dem Feind in Gron sicher ist – weder das Ardental bietet Schutz noch Rian oder Pellar. Sogar das Waldland, die Heimat des Winzigvolkes, wird nun von den Schergen Modrus verwüstet. Nach Gron möchte ich dich und deine Streitmacht gerne begleiten, denn dort drohen keine größeren Gefahren als in anderen Regionen Mithgars. Und wenn es tatsächlich noch irgendwo eine Zuflucht geben sollte, so wird sie ebenfalls bald von dem dämonischen Gegner bedroht werden.

Du brachtest zwar zu Recht vor, es sei besser, wenn wir beide uns trennten, denn dann müsse Modru zweimal zuschlagen und siegen, um die Königsfamilie auszulöschen. Aber hör auch diese Worte: Wenn deine Vermutung stimmt, dann könnte es dem Größten Unheil am Schwärzesten Tag gelingen, nach Mithgar zurückzukehren. Und wenn mit dem Größten Unheil Gyphon gemeint ist, dann hat das Königshaus Aurions ohnehin keine Chance mehr, denn kein Sterblicher kann es mit Gyphon aufnehmen – auch nicht die Elfen.

Deshalb mein Angebot: Wenn wir tatsächlich der Bösen Macht unterliegen sollen, so wollen wir Schulter an Schulter in den Tod gehen. Wenn uns aber die Schicksalsgötter wohlgesonnen sein sollten, so wollen wir auch den Sieg gemeinsam erringen.«

Galen starrte lange Zeit ins Feuer und dachte nach. Schließlich hob er den Kopf und nickte zustimmend. Igon sprang auf und rief *»Hai!«*, tanzte jubelnd umher, und die anderen Mitglieder des Kriegsrates musterten den jungen Krieger nachsichtig, den fünfzehnjährigen Prinzen, der nun fast zum Mann herangereift war. Nach einigen Augenblicken ließ sich Igon jedoch abrupt wieder zu Boden sinken und wurde wieder ernst.

Talarin sah Galen an. »Und jetzt, König Galen, müßt Ihr mir Eure Geschichte erzählen, denn ich habe mich heute abend schon des öfteren darüber gewundert, daß Ihr einen so langen Weg hinter Euch gebracht habt, nur um wieder hierher zurückzukehren.«

Galen warf Gildor einen kurzen Blick zu, und daraufhin wandte sich Gildor an Talarin und sagte: »Zuerst, Vater, habe ich folgende Nachricht für dich: *Va Draedan sa nond…*«

Nachdem die Mitglieder des Kriegsrates auseinandergegangen waren, schlüpfte Tuck müde in seine Schlafdecke. Und obgleich er sehr erschöpft war, fand er innerlich doch keine Ruhe: *Die Horde befindet sich im Waldland. Ai! Was für eine unheilvolle Nachricht! Und Danner und Patrel empfinden ebenso wie ich: Sie würden, falls nötig, die vielen hundert Kilometer, die uns von der Heimat trennen, zu Fuß zurücklegen, nur um zurückzukehren und den anderen Wichteln zu helfen – ob das nun einen Sinn hat oder nicht. Aber ich war regelrecht erschrocken, als ich den Gesichtsausdruck Danners sah – er konnte seinen Zorn kaum im Zaum halten. Eines Tages könnte seine überschäumende Wut ihn ins Verderben bringen.*

Und wenn wir recht haben mit unserer Vermutung, was den Sonnentod und das Größte Unheil angeht? Dann wird es Gyphon bald gelingen, irgendwie nach Mithgar zurückzukehren – und das ist das Ende der Welt. Zumindest jener Welt, die wir alle kennen und lieben. Und wenn es Modru gelingt, diesen Plan in die Tat umzusetzen, so spielt es eigentlich keine Rolle, ob es Vidron schafft, mit seinen Wellenkriegern die uns folgende Horde aufzuhalten – mit der Rückkehr Gyphons wird ein Schwarzes Zeitalter anbrechen, eine Epoche, in der das Gute keinen Platz mehr hat. Bedeutet das, daß Vidron den Grūwenpaß für nichts und wieder nichts verteidigt? Vielleicht. Aber wenn wir uns geirrt haben und der Schwärzeste Tag nicht anbricht? Dann verschafft uns der Kampf Vidrons und seiner Soldaten genügend Zeit, um den Eisernen Turm Modrus zu bezwingen. Doch wenn es uns nicht gelingt, die dunkle Bastion zu erobern, oder wenn sich herausstellt, daß Modrus Macht größer ist, als wir alle vermuteten …

Tuck fiel in einen unruhigen und von düsteren Visionen erfüllten Schlaf. Er träumte von Jahren, in denen es keinen Sommer gab. Er sah im Traum, wie Bäume unter schweren Schneelasten zerbrachen, wie das Korn auf den Feldern verfaulte, wie alles grau und farblos wurde. Kleine Kinder – oh, das Aussehen der kleinen Kinder: die Bäuche angeschwollen, die großen Augen traurig und schmerzerfüllt. Plagen, Seuchen, grausame Sklaverei … elender Tod. Und Tuck erwachte und war froh, den Alpträumen zu entkommen. Doch als er wieder zurücksank und einschlief, formten sich erneut die Schreckensbilder in ihm. Und ganz in der Nähe lag Merrilee, und auch sie wälzte sich hin und her und stöhnte im Schlaf.

Als sie am nächsten Dunkeltag das Lager abbrachen, hockten sich Danner, Patrel, Merrilee und die anderen Wichtel nicht wieder auf die Rücken der Packtiere – infolge des langen Ritts hatten sich die Lasten dieser Pferde bereits beträchtlich verringert –, sondern schwangen sich statt dessen auf Rösser von Valon. Und anschließend setzte sich die Heerschar Galens erneut in Bewegung, und die fünftausend Harlingar ließen Vidron und seine fünfzehnhundert Wellenkrieger zurück. Tuck hatte zwar das Gefühl, als ließen sie den bärtigen Hrosmarschall und seine Soldaten irgendwie im Stich. Es war ihm, als sei es ein Abschied für immer. Nach Norden ritten die Vanadurin in Begleitung einiger Dornenläufer, zweier Elfen und eines Zwerges.

Drei Stunden später trafen sie auf die schöne Rael und ihre Eskorte aus Lianwächtern. Die Reitergruppe wartete dort auf die Krieger, wo die Kolonne auf dem Weg nach Norden dicht an dem versteckten Zugang vorbeikam, der ins Ardental führte.

Galen und die Mitglieder seines Kriegsrates sprachen kurz mit Rael, und währenddessen ritten die Soldaten weiter.

Und die Augen von Rael weiteten sich, als sie Merrilee inmitten der Reihen der Krieger erblickte. Und auch Merilee war verblüfft, denn nirgends sonst hatte sie je eine Frau gesehen, die sich auch nur annähernd mit der Schönheit Raels messen konnte. Angesichts der Anmut der Elfin fühlte sich die junge Dornenläuferin recht unscheinbar, doch Rael nahm sie bei der Hand, und es dauerte nicht lange, bis Merrilee ihre gewohnte Sicherheit zurückgewann und lächelte.

»König Galen«, begrüßte Rael ihn und neigte höflich und ehrerbietig das Haupt, als Galen vom Rücken Wirbelwinds sprang, auf sie zutrat und sich verbeugte.

»Schönste Rael«, erwiderte Galen, »zwar widerstrebt es mir, düstere Erinnerungen zu wecken, aber ich muß Euch diese Frage dennoch stellen: Wißt Ihr, was es mit der Warnung Vanidors auf sich hat?«

»Nein, König Galen«, antwortete Rael, und in ihren Augen mischte sich Kummer mit Trauer. »Hätte Vanidor Silberzweig im Augenblick seines Todes meinen Namen genannt und nicht den seines Bruders Gildor Goldzweig, so wäre seine Botschaft mir zuteil geworden. Zwar hätte ich meinem ersten Sohn gerne großen Schmerz erspart, aber ich bezweifle, daß ich mehr in Erfahrung hätte bringen können als er. Nein, ich vermag Eurer Interpretation nichts hinzuzufügen. Der Schwärzeste Tag beginnt in acht Dunkeltagen. Und mit dem Größten Unheil ist tatsächlich Gyphon gemeint, der Hohe Vûlk.«

Als sie wieder losritten, blickte Tuck zurück und winkte Talarin und Rael, die der Kriegerschar traurig nachsahen, zum Abschied. Ein ganzes Stück weiter entfernt im Süden – jenseits der Sichtweite Tucks – befanden sich Hrosmarschall Vidron und seine Wellenkrieger, die ihre Pferde nicht so antreiben konnten, wie es die Vanadurin mit ihren Rössern taten. Und noch weiter zurück, irgendwo in der Winternacht des Düsterdunkels, stürmte die Horde Modrus durch das Schattenlicht.

Den ganzen Dunkeltag über war die Heerschar unterwegs und erreichte bald die Region der Vorberge. Sie waren jetzt nicht mehr allzu weit vom Grûwenpaß entfernt, und Felsen ragten rechts und links von ihnen immer höher empor und bildeten weiter im Norden die Riggagipfel.

Sie ritten durch die Schlucht in Richtung des durch das Gebirge führenden Passes, und im Schattenlicht ragten die Konturen eisverkrusteter Granitblöcke auf.

Ins Gebirge ging es empor, und merkliche Kälte umfing sie. Die Luft wurde nach und nach dünner, und die Pferde begannen zu keuchen und zu schnaufen. Aber die Reiter trieben ihre Rösser weiter an, denn in diesen Höhen konnten sie nicht zur Nacht lagern.

Weiter ging es durch die frostige Höhe des Grûwenpasses, und der weiße Atem der Krieger formte sich zu einer Dunstwolke. Rechts und links von ihnen blieben schroffe Felszacken zurück. Stunden vergingen, und der Verlauf des Passes wandte sich nach Norden, und bald darauf führte der Weg in die Tiefe. Weiterhin trommelten die Hufe der Pferde über den harten Fels, und das Pochen und Dröhnen hallte laut von den Granitwänden des Passes wider.

Und schließlich war der Paß überwunden, und vor ihnen erstreckte sich im finsteren Düsterdunkel die Öde von Gron. Pferde und Reiter waren erschöpft, denn allein an diesem Dunkeltag hatten sie rund neunzig Kilometer zurückgelegt – und das war selbst für einen Valanmarkengalopp eine ganze Menge!

Nachdem er sich um sein Roß gekümmert und eine Mahlzeit eingenommen hatte, sprach Tuck kurz mit Merrilee und den anderen Wichteln. Und er schrieb noch einige Sätze in sein Tagebuch, bevor er in tiefen Schlaf fiel.

Während der nächsten drei Tage ritt die Streitmacht unverdrossen nach Norden, durch die weite Frostebene von Gron. König Galen hatte die Tagesetappen ein wenig verkürzt, um den Pferden so die Möglichkeit zu geben, sich von dem anstrengenden Galopp durch den Grûwenpaß ein wenig zu erholen, und am Ende des dritten Dunkeltages lagerten sie am südlichen Rand des Großen Sumpfes. Von den im Osten aufragenden Gronspitzen wehte ein bitterkalter Wind, und die Krieger hockten sich an Lagerfeuer und zitterten dennoch vor Kälte.

»He!« rief Danner. »Ich mußte gerade an etwas denken. Wenn

Modru der Herr des Frostes ist, warum hat er dann nicht... nun, warum *beschwört* er dann keinen Sturm, der uns hier festhält? Er könnte uns doch einfach einfrieren lassen. Hier draußen gibt es weder Feuerholz noch eine Möglichkeit, sich vor dem Wind zu schützen. Oder hat der Feind in Gron vielleicht gar nicht die Möglichkeit, über den Frost zu gebieten? Handelt es sich dabei nur um eine Legende furchtsamer Weiber?«

Merrilee warf Danner einen durchdringenden Blick zu und erwiderte: »Vielleicht, Danner, wird diese Legende vorwiegend von furchtsamen *Jungwichteln* erzählt – dann, wenn sie in Einaugkrähe ein paar Gläser zuviel getrunken haben.«

»Ach, Merrilee, du weißt doch ganz genau, was ich meine«, brummte Danner.

»Und ich glaube, du hast mich ebenfalls ganz gut verstanden«, erwiderte Merrilee.

»Schluß damit«, warf Tuck ein. »Wir sind müde, und uns allen ist kalt. Wir sollten uns nicht streiten. Dadurch wird nichts besser.«

»Danner hat da jedoch einen interessanten Punkt angesprochen«, wandte Patrel ein. »Ich meine seine Bemerkung über Modru und seinen Ruf, der Herr des Frostes zu sein. Warum *beschwört* er nicht einfach einen Schneesturm? Oder stimmt es vielleicht nicht, was man sich über ihn erzählt?«

»Modru verfügt über diese Macht«, erklang die Stimme Flandrenas. »Er *ist* der Herr des Frostes. Und er *könnte* einen Schneesturm beschwören, der uns hier festhält – ein solches Unwetter, das seinem Willen gehorcht, wäre eine schreckliche Waffe. Es ist auch mir ein Rätsel, warum er sie nicht einsetzt. Vielleicht müßte er sich dazu ganz auf diese Aufgabe konzentrieren und hat schlichtweg keine Zeit dazu, weil andere Dinge seine Aufmerksamkeit erfordern. Vielleicht spart er sich seine Kraft auch für den Sonnentod auf.«

Bei diesen Worten Flandrenas entstand eine düstere Vorahnung in Tuck, und er schauderte unwillkürlich. Als er aufblickte, sah er auch in den Augen Merrilees einen Schatten dumpfer Furcht.

»Wie dem auch sei«, beendete Danner die Diskussion und gähnte. »Solange kein Sturm heranzieht, kann mir die Antwort auf diese Frage egal sein, und außerdem bin ich viel zu müde, um noch weiter darüber nachzudenken.« Und mit diesen Worten rollte der Jungwichtel seine Schlafdecke aus und bereitete sich darauf vor, sich zur Ruhe zu legen. Und die anderen folgten seinem Beispiel und krochen ebenfalls unter die Decken.

Ehe Tuck einschlief, vernahm er aus der Ferne noch das Heulen von Vulgs, den Spähern Modrus, die durch die kalte Finsternis der Winternacht eilten.

Fern im Süden, am Zugang des Grûwenpasses, beobachteten Vidron, Talarin, die Wellenkrieger und die Lian die Dämonenhorde, die nach Norden vorrückte, sich der Schlucht näherte und direkt auf sie zukam. Und zweitausend Verteidiger bereiteten sich darauf vor, den Paß gegen zehntausend Angreifer zu verteidigen.

Am nächsten Dunkeltag ritt das Heer unter des Königs Führung erneut durch die Öde von Gron, und am nördlichen Rande des Großen Sumpfes schlug es das Lager auf.

Wieder gellte das Heulen von Vulgs durch das Schattenlicht, und weiter im Norden erklangen daraufhin andere Rufe. Es war, als tauschten die Schergen Modrus auf diese Weise Nachrichten aus und leiteten sie nach dem Eisernen Turm weiter.

Weit im Süden, im Bereich des Grûwenpasses, hatte die Horde an diesem Dunkeltag vier Angriffe auf die Menschen und Elfen unternommen, und viermal war es Vidrons Streitmacht gelungen, den Feind zurückzuschlagen. Das riesige Heer des Gegners wirkte aber wie ein gewaltiger Rammbock, der tief in die Reihen der Verteidiger hineinstieß und das Bündnis von Wellen und Arden dazu zwang, sich weiter in den Paß hinein zurückzuziehen.

Ein weiterer Dunkeltag verging, und die müde Heerschar passierte die Krallenklamm und das Krallenmoor. Immer weiter nach Norden ging es in Richtung der Festung Modrus, ohne daß eine Feindesstreitmacht sich ihnen entgegenstellte. Aber die Späher Modrus – die Vulgs – sausten in sicherer Entfernung an den Flanken der Streitmacht durch die Winternacht, und über das Moor hinweg heulten und kreischten sie sich Nachrichten zu. Ein weiteres Mal schlug man ein Lager auf – das letzte, denn am kommenden Tag würde das Heer sein Ziel erreichen.

Und am Grûwenpaß unternahm die Teufelsbrut an diesem

Dunkeltage erneut drei weitere Angriffe auf die Armee Vidrons. Und drei weitere Male gelang es gleichwohl den ausgelaugten Pferden mit den erschöpften Wellenkriegern und den müden Elfen, die *Rûpt* zurückzuschlagen und den Paß weiterhin zu verteidigen. Die Zahl der Toten und Verletzten stieg rasch an, als der Hammer der Wrg immer wieder die Kräfte des Bündnisses zu zerschmettern suchte. Noch einmal mußten die Verteidiger sich zehn Kilometer weiter in die Schlucht zurückziehen.

Es war Mittag, und nur um diese Zeit konnte man im Zenit die blasse Scheibe der Sonne das Düsterdunkel durchdringen sehen – aber auch nur dann, wenn man genau wußte, wo man nach ihr Ausschau zu halten hatte. Die Blicke der Vanadurin richteten sich gen Himmel, wo die Sonne kaum mehr als ein fahler Fleck im Schwarz der Winternacht war. Hohekönig Galen, der Sohn Aurions, saß auf dem Rücken Wirbelwinds, legte den Kopf in den Nacken und beobachtete die trübe Scheibe hoch oben am Himmel, und hinter ihm hatten die fünftausend Krieger seiner Streitmacht Aufstellung bezogen und rührten sich nicht. Und wie er so den hellen Fleck im Zenit beobachtete, wurde Galen sich bewußt, daß in zwei weiteren Dunkeltagen um diese Zeit der Mond die Sonne verschlingen würde, und damit würde der Schwärzeste Tag anbrechen.

Und Galen senkte das Haupt, sah nach Osten und beobachtete die dunkle Festung, deren Mauern dort aufragten. Erhaben war sie, mächtig und eindrucksvoll, umringt von einem tiefen Schluchtgraben. Die schwere eiserne Brücke war hochgezogen und schien mit der pechschwarzen Wand zu verschmelzen, an die sich weit oben die kantigen Zinnen anschlossen. Und vom höchsten Turm dieser Festung wehte das Sonnentod-Banner: der scharlachrote Feuerring auf schwarzem Grund, ein Symbol, das jetzt eine ganz neue Bedeutung zu gewinnen schien. Galen atmete tief durch, und sein Blick schweifte über die Wälle der Bastion und suchte nach einer günstigen Stelle, die seiner Streitmacht das Eindringen ermöglichte, spähte nach irgend etwas, wo man den Hebel zur Eroberung der Feste ansetzen konnte. Die Heerschar hatte nämlich nun ihr Ziel erreicht und war am Zentrum der Macht Modrus angelangt: Vor ihnen wuchs der berüchtigte Eiserne Turm des Herrn der Winternacht in die Höhe.

Der eiserne Turm

Die auf den qualvollen Tod Vanidors folgenden Dunkeltage waren grauenhaft gewesen für die Prinzessin Laurelin. Wann immer sie sich an diese Zeit erinnerte, die sie hoch oben im Turm Modrus verbracht hatte, schien sie ihr eine Ewigkeit, die erfüllt gewesen war von zischenden Fragen Modrus, dem *Knack*! eines von einem Troll gespannten Streckbettes und den gellenden Schreien des Gefolterten. Wann immer sich Laurelin an die Einzelheiten jener schier endlosen Minuten entsann, sah sie vor ihrem inneren Auge den Elfen mit den goldschimmernden Haaren, und die Gestalt führte sie fort von Schmerz und Entsetzen, hinein in ein Reich aus Trauer, Schwermut und Melancholie. Laurelin litt, aber die innere Qual vermochte nicht mehr ihren Geist zu betäuben oder lahmzulegen. Bei dem Gedanken an das, was in der Folterkammer geschehen war, begann jetzt auch nicht mehr ihr Herz wie wild zu klopfen, ihr Bewußtsein nicht mehr die Notwendigkeit zu spüren, sich zu verstecken und mit Illusionen die Realität zu verdrängen. Sie beweinte den Tod Vanidors, und die Tränen ließen die Wunden in ihrer Seele heilen. Zwar befand sie sich nach wie vor in der Gewalt des Feindes, aber es war Modru nicht gelungen, ihren Willen zu brechen. Langsam streifte sie die Reste von Hoffnungslosigkeit ab und kehrte sich der Wirklichkeit zu, denn allmählich gewannen wieder die Dinge außerhalb ihrer gequälten Seele an Bedeutung für sie.

Die Kammer, in der Laurelin gefangengehalten wurde, lag an einem Hauptkorridor des Eisernen Turms, und manchmal konnte sie durch die dicke Tür Gesprächsfetzen der Yrm hören, die durch den Gang eilten, um ihren dämonischen Pflichten nachzukommen. Oftmals unterhielten sich die Diener Modrus in der kehligen Slûk-Sprache, und die Prinzessin konnte die knurrenden Worte nicht verstehen. Manchmal aber benutzten sie auch einen einfachen Dialekt der Alltagssprache, und dann vermochte Laurelin von den wenigen Silben, die sie zu hören in der Lage war, auf die Bedeutung der Sätze schließen. Aber sie konnte kaum etwas Wichtiges in Erfahrung bringen, denn meistens sprachen die Yrm nur, um sich gegenseitig Beleidigungen und Schmähungen an den Kopf zu werfen.

Der stinkende Rukh, der ihr zu essen und zu trinken brachte und sich um das Feuer kümmerte, das sie leidlich wärmte, konnte überhaupt kein Wissen vermitteln, denn ihm war die Zunge aus dem Maul geschnitten worden, und so konnte er nur ein unverständliches Brummen von sich geben. Wenn er zu ihr kam, bedachte er sie bloß mit gierigen und lüsternen Blicken und ließ sie nicht aus den Augen. Wann immer sich dieses Ungeheuer durch die Tür schob, um ihr einen Napf zu bringen, entsetzte sein Anblick die Prinzessin, und Laurelin gab sich alle Mühe, diesen Lakaien Modrus nach besten Kräften zu ignorieren.

Aber es gelang der Gefangenen trotzdem, etwas über die in Mithgar tobenden Kämpfe des Winterkrieges zu erfahren – von Modru selbst.

Keine zwei Tage war es nach Vanidors Tod her, daß die wütenden Schreie Modrus durch den Turm hallten, und Laurelin lauschte, wie die dämonischen Lakaien brummend und knurrend durch den Gang jenseits der Tür eilten. Kurz darauf kam der abscheuliche Rukh herein, der die Prinzessin jeden Tag aufsuchte, und schloß die Tür hinter sich.

Er zischte Laurelin eine Warnung zu und preßte das Ohr an die Tür. Noch immer wehten die schrillen Zornesschreie Modrus durch den Korridor, ehe jedoch plötzlich wieder Stille einkehrte.

Der Rukh begann zu zittern und lauschte noch konzentrierter, und die jähe Ruhe schien ihm ganz und gar nicht geheuer zu sein.

Mit einem Schlag öffnete sich die Tür, schleuderte den Dämon zurück und warf ihn zu Boden. Und Modru trat in die Kerkerzelle, und hinter seiner gräßlichen Eisenmaske funkelten seine Augen in unbeschreiblicher Wut.

Er schritt auf die Prinzessin zu und blieb dicht vor ihr stehen. Am ganzen Leib bebend floh der stumme Rukh aus der Kammer.

»Das werden sie büßen!« fauchte er der Prinzessin entgegen. »Ja, das werden sie mir büßen!« Dann wurde die Stimme wieder zu dem Laurelin bereits bekannten Schlangenzischen. »Ich finde sie, alle vier ... wenn ich erst der Herr ganz Mithgars bin, und als meine Gefangene werden sie unzählige Qualen erleiden. Für alle Ewigkeit sollen sie bitter bereuen, daß sie die *Dubh*grotten durchwanderten. Oh, und fortan werden sie den Tag verfluchen, an dem sie meinen Negus des Schreckens umbrachten.«

Laurelin hatte aber nicht die geringste Ahnung, wovon Modru sprach. Sie wußte weder, worum es sich bei den *Dubh*grotten handelte, noch was ein Negus des Schreckens war. Aber ganz offensichtlich war es vier ihr bislang unbekannten Helden gelungen, irgendeinen unheilvollen Plan Modrus zu vereiteln. Als sie das begriff, lächelte sie den Herrn der Winternacht triumphierend an.

Der sie überragende Modru bebte vor Wut, fauchte und hob seine in einem schwarzen Handschuh steckende Faust zum Schlag, aber Laurelin wich nicht vor ihm zurück und ließ kein Anzeichen von Furcht erkennen. Und als die Prinzessin schon glaubte, die Faust würde jeden Augenblick auf sie niedersausen, schien sich Modru wieder zu fassen, und er zischte zu sich selbst: »Ohne Makel.« Und ruckartig drehte er sich um und verließ die Kammer wieder, und sein schwarzer Umhang glich einer Fahne im Sturme unbändigen Zornes.

Während der folgenden langen Dunkeltage stattete Modru seiner Gefangenen wiederholt Besuche ab, um sie zu verhöhnen und zu verspotten. Und als er von seinen Siegen in Pellar, Hoven, Aven und besonders im Land Riamon berichtete, das von Laurelins Vater, König Dorn, regiert wurde, erfüllte sein grauenhaftes Schlangenzischen den Raum und hallte unheilvoll von den Wänden wider. »Euer gebrechlicher Vater hat in der Kantenhöhe angesichts meiner starken Streitmacht bereits den Rückzug angetreten. Dael wird bald mir gehören. Vielleicht zünde ich bald die Stadt und den Wald an und lasse die Flammen eines Freudenfeuers emporlodern. Und Euer König Hohlkopf Dorn soll sogar einen Ehrenplatz erhalten: in der Mitte dieses großen Scheiterhaufens!«

Zwar wußte Laurelin genau, daß Modru diese Worte nur an sie richtete, um ihr den Mut zu nehmen und ihre Standhaftigkeit zu brechen, aber sie hörte dennoch aufmerksam zu, denn in all dem Hohn und Spott des Herrn der Winternacht verbargen sich auch Hinweise auf den Krieg weiter im Süden. Sie erfuhr von den *Dubh* – den Zwergen –, die in Zechenbau Nord festsaßen. »Sie glauben, es dort mit *mir* aufnehmen zu können – *sszz!* –, ha!« rief das Scheusal. »Aber schon bald werden diese bärtigen Gnome vor mir kriechen und mich um Gnade anflehen; ich aber kette sie dann an ihre Schmieden, wo sie essen und schlafen und für mich unermüdlich schuften müssen, und fortan werden ihre Hämmer und Ambosse nur noch Gron dienen.« Sie hörte von den Baeron – den Waldbewohnern, deren Heimat das Große Grün war –, die in den steilen und unwegsamen Bergen des Grimmwalls kämpften und versuchten, die an den Hängen befindlichen verborgenen Rückentore zu schließen. »Jämmerliche Idioten sind es alle, die zutiefst bedauern werden, daß sie sich *mir* entgegenstellten – *sss*! Wenn ich sie erst geschlagen und in Fesseln gelegt habe, zwinge ich sie, neue Tore und neue Kammern für mich in den Granit der Berge zu meißeln. Wie ich hörte, wandern die Baeron gern unter freiem Himmel und im Grün weiter Wälder, und daher glaube ich, die mühselige Arbeit in dem dunklen Labyrinth unter den Gipfeln der Berge wäre alles andere als eine überaus willkommene Arbeit für sie ... *tsss, sss*!« Und sie erfuhr auch von den *Dolh* – den Elfen, die sich von ihren schnellen Pferden durchs Land tragen ließen und mit glänzenden Schwertern gegen das Böse kämpften. »Verabscheuungswürdige Kreaturen – *sszz* –, die meinem Fluch nicht entkommen können, denn bald wird selbst Adonar ihnen keine Zuflucht mehr sein. Oh, ich werde sie an ihren goldenen Haaren packen und sie zurückbringen nach Mithgar, und mit größtem Vergnügen werde ich zusehen, wie sie sterben und ihre Körper langsam verwesen, sowie auch ihre großen und von ihnen so geliebten Bäume gefällt und verfaulen werden. Und diejenigen, denen ich das Leben schenke, schaffe ich nach Norden. Ich bin neugierig – *sss* –, ob sie es wohl schaffen, sich ganz durch den Schlamm und Morast zu graben und den Grund des Großen Sumpfes zu finden.«

Und so fuhr die höhnische Schlangenstimme Modrus fort, Laurelin zu verspotten. Doch sie schöpfte immer dann neuen Mut, wenn sie Modru in der Ferne vor Wut heulen hörte, denn diese Zornesausbrüche deuteten klar darauf hin, daß etwas geschehen war, das den Plänen des Herrn der Winternacht zuwiderlief.

Zwei Dunkeltage nach seinem letzten Besuch – zu jenem Zeitpunkt war er in die Kammer Laurelins gestürmt und hatte sich über den Tod des Negus' des Schreckens ereifert – hallte erneut der Wutschrei Modrus durch den Eisernen Turm, und etwas später nochmals. Und als er seine Gefangene das nächste Mal aufsuchte und sie dem zischenden Klang seiner Schlangenstimme lauschte, gewann Laurelin den Eindruck, daß es den vier früher erwähnten Helden irgendwie gelungen war, den Schergen Modrus zu entwischen. Und die Gestalt mit der Maske vor dem Gesicht wütete und versprach, den »stinkenden Abschaum«, der seine Lakaien zweimal in einen Hinterhalt gelockt hatte, besonderen Folterqualen zu unterwerfen.

Die Prinzessin schmunzelte zufrieden, denn hier gab es gleich zwei Dinge, die ihr neue Hoffnung gaben. Leider aber konnte sie nicht in Erfahrung bringen, ob eben jener »Abschaum« in irgendeinem Zusammenhang stand mit den vier ihr unbekannten Helden.

Vier Dunkeltage später fand Laurelin heraus, um wen es sich bei dem »stinkenden Abschaum« wohl handeln möge, denn erneut trat Modru in ihre Kerkerzelle und höhnte spöttisch, während er berichtete, die Horde, die Challerainfeste erobert habe, überwinde nun den Dornenwall und rücke ins »Land des Abschaums« vor.

Und Kälte erfaßte die Prinzessin, und vor ihrem inneren Auge sah sie die Gesichter Tucks, Danners und Patrels, und ihre Seele schrie laut auf und bat die Schicksalsgötter, den freundlichen kleinen Bewohnern des Waldlandes wohlgesonnen zu sein.

Und als Modru die Kammer wieder verließ, hockte sich Laurelin am Feuer nieder und weinte voller Gram.

Zu dieser Zeit dachte Laurelin erstmalig an Flucht und begann damit, sorgfältig ihre Umgebung daraufhin zu untersuchen.

Offensichtlich gab es zwei Öffnungen, durch die man die Kerkerzelle verlassen konnte. Einmal war da die Tür zum Korridor, doch ständig eilten Schergen Modrus durch den breiten Gang. Außerdem war sie von außen durch einen großen Metallbolzen verriegelt. Dann gab es da noch jenes schmale Fenster, durch das man auf den Vorhof blicken konnte. Aber ein eisernes Gitter machte es ihr unmöglich, sich hindurchzuzwängen, und hinzu kam, daß das grobe Kopfsteinpflaster mehr als acht Meter weiter unten lag.

Es schien sich also kaum eine Chance für sie zu bieten. Und sogar *wenn* sie die Kammer verlassen konnte – was dann? Wie sollte sie den Yrm in der Festung Modrus aus dem Weg gehen, auf welche Weise ungesehen den Vorhof überqueren? Wie sollte es ihr gelingen, die hohen Mauern zu überwinden und über die Zugbrücke zu gelangen? Wie mochte sie dann die Öde von Gron durchqueren? Mit einem Pferd etwa? Nein, die Teufelsbrut benutzte doch Hôllrösser. Zwar hatte sie auf dem langen Weg nach dem Eisernen Turm auf dem Rücken eines dieser dämonischen Reittiere gehockt, aber es war von einem Ghol geführt worden, und Laurelin bezweifelte, ob sich ein Hôllroß von ihr reiten ließ, ohne daß ein Scherge Modrus die Zügel in der Klauenhand hielt. Und woher sollte sie Proviant nehmen? Und sie mußte auch an warme Kleidung denken, denn mit den Lumpen, die ihr von dem stummen Rukh zur Verfügung gestellt worden waren, konnte sie die bitterkalte Winternacht in der Frostöde von Gron nicht überleben.

Laurelin fand weder Antworten auf diese Fragen noch auf die anderen, die ihr in den Sinn kamen. Aber trotz ihres verletzten Arms machte sie sich behutsam daran, einen Eisenstab aus dem Fenstersims zu lösen. Sie benutzte dazu einen Feuerhaken, um Felssplitter abzuschaben, und hoffte, daß die dicken Mauern das Pochen dämpfen würden. Sie wußte um die Gefahr: Jederzeit konnte sich die Tür öffnen und der stumme Rukh oder gar Modru selbst eintreten. Doch sie setzte trotzdem ihr Werk fort, und nach und nach wurde die Mulde, die sie in den Granit trieb, tiefer, und es dauerte schier eine halbe Ewigkeit, bis sich der Eisenstab ein wenig bewegen ließ.

Fünf weitere Dunkeltage verstrichen, und Laurelin fuhr ständig fort, mit dem Schürhaken dort über den Fels zu schaben, wo der Eisenstab im Granit verankert war. Nur wenn sie hörte, wie draußen der Messingriegel zurückgezogen wurde, hielt sie rasch inne. Beim Eintreten des Rukh oder von Modru hockte sie dann am Feuer und stocherte achtlos in der Glut.

Das war auch der Fall, als am fünften Dunkeltag der Herr der Winternacht ihr einen neuerlichen Besuch abstattete. Sie stocherte scheinbar untätig in der glühenden Asche des Feuers und drehte sich bloß um, als die zischende Schlangenstimme Modrus ertönte. Und sie entnahm seinem fauchenden Hohn, daß zwischen den Vanadurin und den Lakh aus Hyree ein heftiger Kampf entbrannt war.

Am folgenden Dunkeltag gelang es Laurelin, das untere Ende des Eisenstabs aus der Verankerung zu lösen. Und während sie weiterarbeitete, bedachte sie die Möglichkeit, aus Kleidungsstükken ein Seil zu fertigen, an dem sie sich auf den Vorhof hinablassen konnte.

Kurze Zeit später kam Modru ein weiteres Mal zu ihr, um sie zu verspotten. Und Laurelin erfuhr dabei, daß die Schlacht zwischen den Vanadurin und den Lakh noch immer im Gange war und im Bereich der Gûnarhöhengasse stattfand. Und der Herr der Winternacht prahlte damit, wie klug es von ihm gewesen sei, den Paß bei Ausbruch des Krieges unter seine Kontrolle zu bringen.

Seine zischende Hohnesstimme erklang weiter, und er erzählte auch noch von anderen Dingen. Laurelin war entsetzt, als sie hörte, welche Pläne Modru für die Zukunft Mithgars hatte, aber sie ließ sich ihr Grauen nicht anmerken.

Und als Modru schließlich schwieg und Anstalten machte, die Kerkerzelle zu verlassen, sprach Laurelin ihn an, und es war erst das zweite Mal seit ihrer Ankunft im Eisernen Turm, daß sie Worte an den Feind in Gron richtete:

»Herr über die Dämonen, deine Yrm mögen sich in einer engen und stickigen Kammer wohl fühlen, doch ich brauche frische Luft und muß mich freier bewegen können.« Laurelin war aufgestanden und hatte im festen Tonfall einer Prinzessin gesprochen. Nach außen wirkte sie zwar gelassen, doch im Innern war sie äußerst gespannt, denn Modru sollte doch ihrer Forderung nachkommen. Ihr einziges Wissen über die Räumlichkeiten der Festung Modrus bestand nur aus unzusammenhängenden Bildern der Erinnerung an jenen nunmehr schon drei Wochen zurückliegenden Dunkeltag, an dem man sie in den Eisernen Turm geführt hatte. Doch wenn sie bezüglich ihrer Fluchtpläne auch nur den Hauch einer Chance haben wollte, mußte sie sich in der Bastion einigermaßen auskennen.

Hinter den Augenschlitzen der eisernen Maske Modrus blitzten böse Augen, und er starrte sie an. *»Sszz!* Vielleicht sollte ich dich viel eher erneut in dem finsteren Verlies tief unten in meiner Feste unterbringen.« Und als Laurelins Herz bei diesen Worten heftig zu klopfen begann, fügte Modru hinzu: »Aber in einem Punkt – *sss* – habt Ihr recht: Euer Wohlergehen ist *tatsächlich* von nicht unbeträchtlicher Bedeutung.« Der Herr der Winternacht drehte sich wortlos um und verließ die Kammer.

Rund eine Stunde später wurde der Messingriegel der Tür erneut beiseite geschoben, und der schmutzige und stinkende Rukh schlurfte in die Kerkerzelle und schleppte gefütterte Rükkenkleidung, Stiefel und einen Mantel herbei. Er warf die Sachen in eine Ecke des Raumes und humpelte wieder hinaus auf den Korridor.

Die Kleider waren zwar voller Ungeziefer, aber Laurelin preßte sie freudig an sich. Aufregung belebte sie, denn dies waren genau die warmen Sachen, die sie brauchte, um nach einer gelungenen Flucht in der Kälte der Winternacht überleben zu können.

Sie wusch die Stoffe mit der Seife, die sie für ihr Bad erhalten hatte, und hängte sie über dem Feuer zum Trocknen auf.

Am nächsten Dunkeltag traten zwei mit eisernen Helmen versehene Lōkha in die Kammer und befahlen ihr knurrend, sich anzukleiden und ihnen dann nach draußen zu folgen. Und während sie umherwanderten, unterhielten sich die beiden Lakaien Modrus in einem ihr verständlichen Dialekt, aber sie berieten sich nur darüber, wie sie sich an einem anderen Schergen Modrus rächen konnten, und so schenkte ihnen Laurelin bald keine Aufmerksamkeit mehr. Statt dessen schweifte ihr Blick umher und suchte nach einem Weg aus der Festung.

Die beiden Lōkha führten die Prinzessin über das grobe Kopfsteinpflaster in Richtung der eindrucksvollen Verteidigungsanlagen, und überall erblickte sie die abscheulichen Gestalten der Yrm. Die schmutzigen und in Lumpen gekleideten dämonischen Diener knurrten sich gegenseitig an und stritten miteinander. Laurelin erblickte die dunklen und gedrungenen Gestalten von Rukha, die etwas größeren und schlankeren Lōkha und auch die leichenblassen Ghola. Ein großes eisernes Fallgatter wurde von Trollen bewacht und versperrte den Weg nach der Zugbrücke.

Als sie die Rampen in Richtung der Zinnen in die Höhe stieg, sah Laurelin auch die Ställe, in denen die Hôllrösser untergebracht waren, direkt neben dem Tor. Und auch dort befand sich ein Trollwächter – ein riesiges Oger, der trotz der Kälte nur eine dünne Hose aus Leder trug. Beim Anblick dieser abscheulichen Kreatur schnürte es Laurelin unwillkürlich die Kehle zu, denn es war eben jener Troll, der in der Turmkammer das Rad des Streckbretts gedreht und Vanidor zu Tode gefoltert hatte. Wut quoll in ihr empor, und als die Lōkha sie weiter emporgeleiteten, sehnte sie eine Möglichkeit herbei, an diesem Schergen Modrus ihre Rache zu nehmen.

An den Zinnen wanderten sie entlang, und Laurelin hatte große Mühe, die Gedanken an den riesigen Oger, den grausamen Elfenmörder, zu verdrängen. Sie starrte durch das Düsterdunkel und betrachtete den großen Schluchtgraben, der die Festung ganz umgab und den man nur überqueren konnte, wenn die Zugbrücke herabgelassen war.

Sie rief sich all das ins Bewußtsein zurück, was sie bisher gesehen hatte, und erneut begann ihr Herz heftig zu klopfen, denn sie erkannte, daß ihre Flucht scheitern mußte, wenn es ihr nicht gelang, unbemerkt den Vorhof zu überqueren, auf dem es von Yrm jedoch nur so wimmelte. Anschließend mußte sie an dem Trollwächter vorbei, ein Hôllroß stehlen und irgendwie die Barriere des Fallgatters überwinden. Der dort postierte Trollwächter durfte sie außerdem nicht aufhalten, und es blieb ihr zur Flucht nur die Zugbrücke, um die andere Seite des tiefen Schluchtgrabens zu erreichen.

Als sie in ihre Kerkerzelle zurückkehrte, nahm die Prinzessin den Schürhaken erneut zur Hand und machte sich daran, auch das obere Ende des Eisenstabes aus dem Fels zu lösen. Und Tränen der Enttäuschung blinkten in ihren Augen, als sie daran dachte, daß ihre Flucht nahezu undurchführbar schien.

Erneut hallte da der Wutschrei Modrus durch die Gänge und Korridore des Eisernen Turms. Der Messingriegel wurde hastig beiseite geschoben, und der stinkende Rukh eilte herein und warf hinter sich die Tür zu.

Diesmal aber ließ sich Modru nicht sehen, und nach einer Weile schlurfte der Rukh wieder auf den Korridor.

Am nächsten Tag stattete Modru der Prinzessin einen weiteren Besuch ab, ereiferte sich wütend und versprach, das ganze Land

Valon zu verwüsten. »Kein Pferd, kein Reiter, kein einziger Harlingar – nicht einmal der kleinste Grashalm – wird meinem Zorn entkommen!« Und da wußte Laurelin, daß die Reiter von Valon den Lakh-Feind an der Gûnarhöhengasse geschlagen hatten, und sie triumphierte innerlich.

Sechs weitere Dunkeltage verstrichen, und Modrus Hohn und seine düsteren Prophezeiungen nahmen kein Ende. Und es gab nichts, das neue Hoffnung in Laurelin weckte. Am siebten Dunkeltag aber:

»Diese Narren!« zischte der Herr der Winternacht. »Jetzt rücken sie in *mein* Düsterdunkel vor. Zwar kann sich ihnen die in den *Dubh*grotten gefangen liegende Horde nicht entgegenstellen, aber ich habe inzwischen befohlen, den Angriff auf Weiunholz abzubrechen. Die dortige Streitmacht hat sich in Bewegung gesetzt und rückt über die Querlandstraße nach Osten vor, um dem lächerlichen Heer des Feindes den Garaus zu machen. Oh, die Reiter aus Valon und Wellen werden den Tag bitter bereuen, an dem sie es wagten, gegen *mich* in den Kampf zu ziehen.«

Laurelin hörte erstmalig von dieser Streitmacht. Sie wußte zwar nicht, wohin sie unterwegs war, aber sie hoffte inständig, es möge diesen Kriegern gelingen, die Verderbenspläne Modrus zu vereiteln.

Am folgenden Dunkeltag schaffte es die Prinzessin, den Eisenstab ganz aus der Verankerung zu lösen. Laurelin zog ihn aus dem Fels und stellte anschließend erleichtert fest, daß die Lücke für sie groß genug war. Dann schob sie den Stab in die Fensterbank zurück, so daß man auf den ersten Blick den Eindruck gewinnen konnte, als sei das Gitter unversehrt.

Nachdem diese Arbeit geschafft war, machte sie sich daran, unbenutzte Kleidungsstücke zu zerreißen und aus den Fetzen ein Seil zu knüpfen. Darüber hinaus entwickelte sie einen Plan, der es ihr ermöglichen sollte, den für den langen Weg durch Gron nötigen Proviant zu bekommen. »Yrm«, wandte sie sich an den Rukh, »dein Herr wünscht, daß es mir gutgeht und ich bei Kräften bleibe.« Sie sprach in einem herablassenden Tonfall und gab sich große Mühe, die nun wieder in ihr entstehende Erregung zu verbergen. »Aber wie soll meine Verletzung heilen, wenn du mir nicht genug zu essen bringst und angesichts der viel zu knapp bemessenen Mahlzeiten sogar ein Spatz des Hungers sterben müßte? Soll ich deinem Herrn sagen, mit welcher Nachlässigkeit du deine Pflicht erfüllst?«

Der schmutzige Rukh knurrte sie an und ging. Aber die nächsten Mahlzeiten, die er der Gefangenen brachte, waren seither großzügiger bemessen, und Laurelin konnte sich über zusätzliches Brot und mehr Gemüse freuen: Kohlrüben, Kartoffeln und vieles andere.

Und die Nahrungsmittel, die Laurelin übrigließ, versteckte sie in einem Kopfkissenbezug, den sie als Rucksack zu verwenden gedachte.

Mit jedem Dunkeltag wurde das Seil, das sie fertigte, länger. Sie ging mit großer Sorgfalt zu Werke und knüpfte besonders feste Knoten und hoffte inständig, daß das Seil nicht reißen würde, wenn sie sich daran in die Tiefe hangelte.

Und an jedem Dunkeltag geleitete sie eine Lõkhaeskorte auf den Vorhof und an den Zinnen entlang, damit die Prinzessin »frische Luft« schnappen konnte. Immer wieder sah sie sich dabei aufmerksam um, aber nach wie vor entdeckte sie keine Möglichkeit, die Bastion Modrus unbemerkt zu verlassen.

Aber sie gab nicht auf.

Und eine ganze Woche verstrich.

Am siebten Dunkeltag endlich kamen die Yrm, um den Verband von dem inzwischen wohl verheilten Arm Laurelins abzunehmen. Seit ihrer Gefangennahme, bei der ihr der Arm gebrochen worden war, waren jetzt acht Wochen und drei Dunkeltage vergangen, und einen ganzen Monat lang hatte die Prinzessin den steifen Verband tragen müssen. Während die nervösen Rukha mit ihrer Arbeit beschäftigt waren und Schicht um Schicht des hart gewordenen Umschlags entfernten, trat auch Modru wütend in die Kammer und sprach von Ereignissen, die sich in weiter Ferne zutrugen.

»Tssszz! Ich sollte wahrlich einen Schneesturm herbeirufen und die Streitmacht, die durch den Grūwenpaß nach Gron vorgestoßen ist, von frostigen Böen umfauchen lassen«, zischte der Herr der Winternacht. »Einen Schneesturm, den die Soldaten nicht

überleben würden. Aber leider bin ich dazu gezwungen, meine Kräfte für den bevorstehenden Schwärzesten Tag aufzusparen ... Seid vorsichtig, ihr Narren! Ich möchte nicht, daß der Arm ein zweites Mal bricht!«

Eine Streitmacht in Gron? Hoffnung keimte in Laurelin jäh empor, aber sie ließ sich nichts anmerken und sah zu, wie die Diener Modrus die letzten Schichten des Verbandes abzogen. Sie war mindestens ebenso neugierig darauf zu sehen, wie die Wunde verheilt war, wie es bei Modru der Fall zu sein schien. Sie mußte schließlich beide Arme voll gebrauchen können, wenn die Zeit kam, die Fluchtpläne in die Tat umzusetzen und sich am Seil in die Tiefe zu hangeln.

Schließlich zogen die Rukha den letzten Fetzen fort. Ihr rechter Arm war ganz dünn, und an einigen Stellen hingen lange Hautfetzen herab. Sie konnte den Ellenbogen nicht beugen. Und die Muskeln ... sie fühlten sich steif an, steif und völlig kraftlos.

»Ssszz!« zischte Modru, und hinter den Augenschlitzen seiner Maske glühten zornerfüllte Pupillen. »Noch eine Woche bis zum Sonnentod. Mehr Zeit habt Ihr nicht. Ich werde Euch ein Gewicht tragen lassen, damit der Arm wieder gerade wird. Und Ihr sollt in regelmäßigen Abständen die Muskeln anspannen, damit er kräftiger wird. Außerdem befehle ich Euch, die Haut zu säubern und mit Ölen zu behandeln. An jedem Dunkeltag von nun an werdet Ihr Euch vier Stunden lang damit beschäftigen. Denn in einer Woche bricht der Schwärzeste Tag an, auf den ich viertausend Jahre lang gewartet habe. Und an jenem Tag, Prinzessin, müßt Ihr ... bereit sein. *Ssszz, sss, sss, tsss!*«

Es folgten lange und von großen Anstrengungen und Schmerzen gezeichnete Tage: Laurelin behandelte ihren Arm und versuchte immer wieder, den Ellenbogen ganz zu beugen und die Muskeln zu kräftigen. Aber nur langsam lösten sich die Verhärtungen auf, wurden die Sehnen wieder geschmeidiger und verlor die Haut ihre blasse Tönung. Die Prinzessin gab sich nicht etwa deswegen solche Mühe, weil Modru es ihr befohlen hatte. Sie dachte dabei immer nur an die Flucht und die Notwendigkeit, sich an dem Seil in die Tiefe zu lassen und den Vorhof zu erreichen.

Sie wußte nicht, welche Bedeutung dem von Modru seit so langer Zeit erwarteten Schwärzesten Tag zukam. Aber sie verspürte eine dumpfe Furcht, denn sie ahnte, daß dieser Tag etwas mit der Rückkehr Gyphons zu tun hatte, und sie mußte bereits vorher die geplante Flucht ergreifen. Ihr rechter Arm aber war noch sehr schwach, obgleich sie hoffte, in einigen Dunkeltagen fliehen zu können. Verbissen setzte sie ihre Übungen fort, und jeder kleine Erfolg gab ihr neuen Mut.

Modru besuchte sie nun an jedem Dunkeltag, um sich selbst von ihren Fortschritten zu überzeugen, und er verfluchte sie zischend und forderte sie dazu auf, sich noch mehr anzustrengen. Aber er gab seinen Lakaien nicht den Befehl, den rechten Arm der Prinzessin mit Gewalt zu beugen.

Und an jedem Dunkeltag berichtete er zischend vom Krieg: »Meine Vulpenspäher huschen durch das Düsterdunkel, verbergen sich im Gebüsch und beobachten den Vormarsch der Legion durch Gron. *Ssss!* Es scheint, als wollten diese *Narren* den törichten Versuch wagen, meinen Eisernen Turm anzugreifen! Und meine Späher teilen mir außerdem durch Heulen mit, daß die Streitmacht nur aus fünftausend Kriegern besteht. *Sss, sszz, sss, tsss!* Fünftausend – und das, obgleich nicht einmal *fünfzig*tausend Soldaten ausreichten! *Idioten!* Doch bald wird meine Horde hier eintreffen und ihnen den Tod bringen.«

»Narren!« fauchte Modru am folgenden Dunkeltag. »Glauben sie denn im Ernst, meine Pläne vereiteln zu können? Zehntausend *meiner* Kämpfer gegen zweitausend von ihnen? Ha, noch vor Ende dieses Dunkeltages wird der Grūwenpaß mir gehören! Und dann setzt die Horde die Verfolgung der lächerlichen Heerschar fort.«

Am nächsten Dunkeltag stattete Modru der Prinzessin keinen Besuch ab, und so erfuhr Laurelin nicht, wie es um die Schlacht am Grūwenpaß stand. Am darauffolgenden Tag aber lauschte sie dem Knurren und Brummen ihrer Lōkhaeskorte, als sie an den Zinnen der Feste entlangwanderte. Diesmal sprachen die Diener des Herrn der Winternacht auch von Modru und den Kämpfen im Süden.

»Ich habe gehört, er hat ziemlich schlechte Laune«, grölte einer der Wächter.

»Har!« schrillte der andere. »Wann ist das nicht der Fall?«

»Ach, du blöder Haufen Mist«, knurrte der erste. »Ich meine natürlich, seine schlechte Laune ist *schlimmer* als sonst. Es ist besser, wenn wir ihm heute aus dem Weg gehen.«

»Es heißt, am Grūwenpaß liefe nicht alles nach Plan; die Horde ist von Menschen und Elfen aufgehalten worden«, meinte der zweite Lōkh. »Und am Krallenmoor lagert ein noch größeres Heer aus Menschen – eine wahre Übermacht, wie ich hörte. Und sie soll nach hier unterwegs sein!«

Am Krallenmoor! Hoffnung stieg wieder in Laurelin auf, die jedoch gleich darauf verblaßte bei dem Gedanken daran, daß es so gut wie unmöglich war, diese Bastion zu stürmen.

Bei der Rückkehr in ihre Zelle stand Modru bereits wutschnaubend an der Türe: »*Ssss,* ich werde es diesen Narren zeigen, die es wagen, sich meiner schwarzen Zitadelle zu nähern. Von Aven und durch Riamon kommen meine dunklen Horden heran. Durch den Jallorpaß nach Jord stürmen sie, und von dort aus nehmen sie geheime Wege durch die Gronspitzen. Und diese erbärmliche Heerschar, die nun am Krallenmoor lagert ... *tss!* Meine auf Hôllrössern reitenden Krieger werden ihr den Rückweg abschneiden, und dann sitzen sie alle in der Falle. *Ssszz, Tsszz, sszz!*«

An jenem Abend bedachte Laurelin noch einmal ihre Flucht. Es war ihr inzwischen gelungen, den rechten Arm ganz zu beugen und wieder zu kräftigen. Schon bald, so spürte sie, konnte sie die Flucht wagen. Aber noch immer wußte sie nicht, wie sie es schaffen sollte, den Vorhof unbemerkt zu überqueren und aus der Festung Modrus zu entkommen. Und auch ihre täglichen Wanderungen in der Bastion hatten ihr keine Antwort auf die Frage gegeben, wie sie ihre Flucht erfolgreich durchführen konnte.

Zwar war ihr noch immer nicht bekannt, wer die Streitmacht zusammengestellt hatte und sie befehligte, aber die Nachricht, daß sie sich dem Eisernen Turm näherte, machte ihr neuen Mut. Aber es stiegen auch dumpfe Ahnungen in ihr empor, als sie an die Ghola dachte, die sich nun sammelten und anschickten, den Kriegern den Rückweg abzuschneiden und das Heer dann von hinten anzugreifen und so in die Zange zu nehmen.

Doch wenn die Legion *wirklich* den Eisernen Turm erreicht

hätte, so würden die Yrm sicher von ihr abgelenkt, und das konnte ihr eine Möglichkeit geben, aus der schwarzen Zitadelle Modrus zu entfliehen. Und ganz offenbar rückte das Heer tatsächlich in Richtung des Eisernen Turms vor, denn immerhin lagerten die Krieger jetzt schon im Bereich des Krallenmoors, und von dort aus war es nicht mehr weit bis zu dem Sitz des Herrn der Winternacht.

Am nächsten Dunkeltag wurde die Prinzessin wieder von den Lōkha abgeholt. Als Laurelin ihren Gang anfing, sah sie, daß in der Festung großes Durcheinander herrschte. Der Klang von Rūckenhörnern erscholl, und viele Yrm hasteten hin und her und trugen Waffen auf die Wehrgänge hinter den Zinnen.

Als die Prinzessin die Rampen emporschritt und durch die Schießscharten blickte, erkannte sie weit draußen im Schattenlicht eine große Reiterschar – einen Wald aus Speeren, der sich wie im Wind hin und her neigte.

Sie holte tief Luft, ihr Herz pochte ihr bis zum Halse, und der Funken von Hoffnung wurde zu einer heißen Flamme, so daß sie vor Freude hätte laut schreien können.

Denn inmitten der Streitmacht, die vor dem Eisernen Turm Aufstellung bezogen hatte, wehte das weiß-grüne Banner von Valon ...

Und die scharlachrote und goldene Fahne Pellars ...

Und ganz vorn erkannte sie den Hengst Wirbelwind, der stolz den Kopf gehoben hatte. Auf dem Rücken dieses prächtigen Rosses aber saß nicht der Hohekönig Aurion, sondern ein Krieger in rotem Harnisch. *Der karmesinrote Harnisch Prinz Galens war es!*

Ihr Geliebter war endlich gekommen, um sie aus der Gewalt Modrus zu befreien!

Laurelin hielt den Atem an, und ihre Augen füllten sich mit Tränen. Sie hätte ihnen am liebsten laut gerufen, aber sie sah ein, daß die Krieger zu weit entfernt waren, als daß jemand ihre Worte hätten hören können. Alles in ihr verlangte danach, Galen zu warnen und ihm von den Ghûlen zu berichten, die nun in Richtung des Eisernen Turms von Jord aus nach Gron heranritten, um die Heerschar von hinten anzugreifen. Aber sie durfte die Lōkhaeskorte nicht wissen lassen, daß sie darüber Bescheid wußte, denn sonst würde man sie nicht mehr auf die Wehrwälle lassen, wenn sich die Krieger weiter genähert hatten und in Hörweite gekommen waren.

Da sie also keine Möglichkeit sah, die Krieger zu warnen, wischte sie sich schweigend ein paar Tränen aus den Augen. Überall um sie herum herrschte große Aufregung. Zahllose Yrm eilten an ihre Posten und legten die Waffen bereit: Kessel mit siedendem Öl, große Bogen und schwarze Pfeile, Säbel, Morgensterne, Dolche, Messer, Keulen, eiserne Stangen, Hämmer und Streitäxte. Über dem Tor waren einige Lōkha damit beschäftigt, die quietschenden und ächzenden Räder eines Katapults zu drehen und den Wurfarm zurückzubiegen. Sie legten eine große und mit einer eisernen Spitze versehene Lanze in den Schleuderschacht, richteten die Waffe knurrend und brummend aus und zielten auf die angetretene Kriegerschar.

Aber Laurelin schenkte dem wüsten und lärmenden Durcheinander um sie herum kaum Aufmerksamkeit. Ihr Blick heftete sich auf die Gestalt ihres Geliebten. Sie sehnte sich nach seinen festen Armen, seinem Trost, und sein scharlachroter Harnisch war wie ein Fanal der Hoffnung. Während sie an den Zinnen vorbeigeführt wurde, sah sie die ganze Zeit über in seine Richtung. Nach langer Zeit erst wandte sie den Blick von ihm ab und betrachtete die Reihen der anderen Krieger, und sie hielt nach weiteren Kämpfern Ausschau, die sie kannte. Und wieder begann ihr Herz heftig zu klopfen, denn inmitten der Streitmacht sah sie jenen vertrauten Falben, auf dem saß ... Prinz Igon! *Aber wie ist das nur möglich?* Sie hatte doch mit eigenen Augen gesehen, wie er während des Angriffs der Ghûle auf den Flüchtlingszug ums Leben gekommen war! Und sie selbst hatte dem Falben den Befehl gegeben, die Flucht zu ergreifen. Und doch sah sie jetzt sowohl Pferd als auch Reiter vor sich – und Igon *lebte*! Gemeinsam mit all den anderen Soldaten und Prinz Galen war er gekommen, um sie zu befreien.

Sie schüttelte den Kopf, so als wolle sie auf diese Weise Bilder ihrer Einbildung vertreiben, aber die Gestalt des Prinzen verflüchtigte sich nicht und beherrschte ihr Denken. Und da wußte Laurelin, daß es Igon irgendwie gelungen sein mußte, den mörderischen Säbelhieb des einen Ghols, der ihm mit seiner Klinge den Helm zerschmettert hatte, zu überleben.

Erneut blickte sie an der Flanke des Heeres entlang, und einmal glaubte sie gar, Gildor zu erkennen. Aber sie war sich nicht ganz sicher, denn der Elf saß nicht auf dem Rücken Flinkhufs.

Sie sah auch einige kleinere Gestalten – *Waerlinga!* Aber die Prinzessin vermochte nicht zu erkennen, ob es sich dabei um Tuck, Danner oder auch Hauptmann Patrel handelte, denn in diesem Augenblick führten die Lōkha sie von den Wehrwällen herab und brachten sie in ihre Kerkerzelle zurück.

Als sich die Tür hinter ihr schloß und verriegelt wurde, hockte sich Laurelin nieder und versuchte, Ordnung in ihre wirr durcheinanderwirbelnden Gedanken zu bringen. Zumindest in einer Sache glaubte sie, sich sicher sein zu dürfen: Bei der vor dem Eisernen Turm angetretenen Streitmacht mußte es sich um diejenige handeln, die durch das Düsterdunkel nach Norden gezogen war – eine Kriegerschar aus Valon unter der Führung ihres Verlobten Prinz Galen. Vielleicht war es die gleiche Heerschar, die an der Gûnarhöhengasse die Lakh aus Hyree besiegt hatte. Wenn das der Fall war, so mußte sie durch den Grūwenpaß nach Norden gelangt sein und hatte dort offenbar eine kleinere Einheit zurückgelassen, um die Kräfte der ihr nachfolgenden Horde dort aufzuhalten. Doch wie kam es, daß sich Prinz Galen an der Spitze dieser Armee befand? Und er ritt auf Wirbelwind! Wo war bloß König Aurion?

Gleichviel, die Antworten auf all diese Fragen spielten jetzt keine Rolle. Wichtig war nur noch eines: Sie mußte Galen vor den Ghola warnen, die das Heer in die Zange zu nehmen gedachten.

Und sie mußte Galen berichten, daß in nur zwei Dunkeltagen nach einem Verderbensplan Modrus großes Unheil drohte – dann, wenn der Schwärzeste Tag anbrach.

Laurelin erhob sich also wieder und wanderte unruhig auf und ab. Ihr wurde klar, daß sie so schnell wie möglich die Flucht ergreifen mußte ... Aber wie? Zwar vermochte sie nun aus dem Fenster zu klettern und sich mit dem Seil auf den Vorhof hinabzulassen, aber wie sollte sie den Platz unbemerkt überqueren und die hohen Mauern der Zitadelle überwinden? Wie konnte sie es schaffen, auf die andere Seite des Schluchtgrabens zu gelangen? Sollte sie es tatsächlich wagen, aus der Kerkerzelle zu fliehen, ohne zuvor die Überwindung dieser Hindernisse überdacht zu haben? Wenn ihr Fluchtversuch nämlich fehlschlug, würde sie Modru bestimmt in einem anderen Quartier unterbringen – in einem Kerker ohne Fenster, aus dem sie ganz sicher nicht entkommen konnte.

Laurelin stöhnte ängstlich und schreckte hoch. Sie riß die Augen weit auf und blickte sich furchtsam um, und die Entsetzensbilder ihres Alptraums verflüchtigten sich nur ganz langsam. Ihr Herz drohte zu zerspringen, und die Decke war ganz zerknüllt und feucht von ihrem Schweiß. Doch sie konnte sich noch an eines der Bilder erinnern: Sie hatte ein gewaltiges schwarzes Maul gesehen, das sie mit Haut und Haaren zu verschlingen drohte, und es war ihr unmöglich gewesen, diesem Rachen zu entfliehen, und gräßliche Schergen Modrus spannten die knarrenden Räder scheußlicher Folterinstrumente.

Als die Prinzessin die Decke zurückstreifte, vernahm sie ein dumpfes *Twann!* Das war ein Geräusch, das sie noch aus ihrem Alptraum verfolgte, und kurz darauf hörte sie auch das Kreischen und Heulen der Teufelsbrut.

Für einen Augenblick erfaßte panische Angst Laurelin, und sie glaubte sich zurückversetzt in das schwarze Reich des Alptraums. Dann aber begriff sie, daß jenes Geräusch ein Teil der wirklichen Welt war. Sie stieg aus dem Bett, trat ans Fenster und starrte ins Schattenlicht.

Twann! Da war es wieder! Und inmitten des Fauchens und Schrillens der Ungeheuer hörte die Prinzessin das Rasseln von Ketten und das Knirschen von Zahnrädern. Zwar konnte sie die Quelle dieser Geräusche von ihrem Fenster aus nicht sehen, aber Laurelin hegte keinen Zweifel, daß die Lōkha nunmehr das große Katapult einsetzen, das sie am Vortag erblickt hatte, und bestimmt zogen sie nun den Wurfarm zurück, um eine weitere Eisenlanze in Richtung des Feindes zu schleudern.

Laurelins Blick richtete sich auf das tief unter ihr liegende Kopfsteinpflaster des Vorhofes. Direkt unter ihrem Fenster standen zwei Lōkha Wache und sahen zu, wie einige Rücks ihre Messer durch einen großen und sehnigen Fleischbrocken trieben und einzelne Stücke davon zusammen mit kaltem Haferschleim an die Yrm verteilten, die in Gruppen von den nahen Wehrwällen herbeieilten. Und etwas abseits stand eine leichenblasse Gestalt: ein Ghol, der offenbar die Oberaufsicht führte. Und noch während sie in die Tiefe starrte, drehte der Ghol den Kopf und blickte aus seinen schwarzen und seelenlosen Augen zu ihrem Fenster empor. Sein breiter, blutroter Mund, der wie eine klaffende Wunde in dem kalkweißen Gesicht wirkte, verzog sich und formte ein höhnisches Grinsen, und in dem düsteren Schattenlicht waren sogar in fahlem Gelb die spitzen Zähne des Ungeheuers zu sehen.

Twann!

Tränen stiegen Laurelin in die Augen, und Verzweiflung drohte die Flamme der Hoffnung in ihr zu ersticken. Zwar wußte sie nicht, wie sie den Vorhof überqueren und die hohen Mauern und den tiefen Schluchtgraben überwinden sollte, aber sie hatte die ganze Zeit über fest geglaubt, die Flucht sei auf irgendeine Weise möglich. Jetzt aber konnte sie nicht einmal mehr aus dem Fenster klettern, denn unten stand ja der wachsame Ghol.

An jenem Dunkeltag wurde Laurelin nicht von einer Lōkhaeskorte abgeholt und an den Zinnen entlanggeführt. Auch Modru kam nicht. Und die Prinzessin wußte, daß sich die Yrm und der Herr der Winternacht auf die große Schlacht vorbereiteten.

Währenddessen trat Laurelin immer wieder ans Fenster und sah hinaus, aber noch immer erhielten die Schergen Modrus unten ihre Essensrationen. Wirr wirbelten ihre Gedanken durcheinander, und mit wachsender Verzweiflung suchte sie nach einer Antwort auf die ungelösten Fragen ihrer Flucht. Dies war nun zu einem weitaus größeren Problem geworden als das unbemerkte Überqueren des Vorhofs und die Überwindung der hohen Mauern der Festung und anschließend des Schluchtgrabens.

Und den ganzen Dunkeltag über ertönte immer wieder das dumpfe *Twann*! des Katapults, und vor ihrem inneren Auge sah Laurelin große eiserne Speere, wie sie von dem Wurfarm in Richtung der heranrückenden Streitmacht geschleudert wurden.

Am nächsten Dunkeltag wanderte Laurelin unruhig und nervös in ihrer Kerkerzelle auf und ab wie ein in einem Käfig gefangenes Raubtier. Jede Faser ihres Körpers schrie ihr förmlich zu: *Unter-*

nimm endlich etwas! Aber ihre Gedanken wiederholten ebenso schrill und laut: *Was denn? Was kann ich denn tun?* Sie trug nun die gefütterte Rückenkleidung und war zumindest von daher zur Flucht bereit... Aber unter ihrem Fenster standen weiterhin die Yrm, und die Tür, durch die man auf den Gang gelangen konnte, blieb verriegelt.

Dies war der Tag, auf den Modru nach seinen eigenen Worten viertausend Jahre lang gewartet hatte: der Schwärzeste Tag.

Die Zeit verstrich viel zu schnell: Aus Sekunden wurden Minuten, und die Minuten reihten sich zu Stunden aneinander. Der Mittag rückte näher – und damit der angekündigte Sonnentod.

Immer wieder trat die Prinzessin ans Fenster, doch noch immer tummelten sich die Yrm dort unten und wachte der Ghol mit unermüdlicher Aufmerksamkeit. Doch während sie so hinausblickte, brach auf den Wehrwällen der schwarzen Zitadelle plötzlich das Chaos los, als das weithin hallende Heulen von Rückenhörnern erklang. Sie hörte, wie der Stahl von Klingen aufeinandertraf, Dämonenkehlen einander zuriefen und schrien, grölten und kreischten und Pferde schnaubend wieherten. Und die Yrm hetzten durcheinander und hielten auf die Befestigungsanlagen des Tors zu, das Laurelin vom Fenster ihrer Kerkerzelle aus leider nicht sehen konnte.

Und die Schergen Modrus, die sich bisher auf dem Vorhof aufgehalten hatten, ergriffen knurrend ihre Waffen und stürmten los und verschwanden in dem wogenden Durcheinander!

Das war die Chance, auf welche die Prinzessin gewartet hatte!

Rasch streifte sich Laurelin den Mantel über die Schultern und zog den gelockerten Eisenstab aus dem Mauerfels. Sie schlang das eine Ende des Seils um einen der anderen Gitterstäbe, band am anderen Ende ihren Proviantsack fest und ließ ihn anschließend in die Tiefe. Er erreichte nicht ganz den Boden.

Während sie das Seil auf seine Festigkeit prüfte, hörte sie die wütenden und zornigen Schreie Modrus durch den Eisernen Turm hallen, und jenseits der verriegelten Tür vernahm sie das Geräusch eiliger Schritte.

Kurze Stille schloß sich an, ehe mit einem weithin hörbaren *Klack!* der Messingbolzen zurückgeschoben wurde. Zwar war es zum genauen Sehen zu dunkel, aber Laurelin lauschte einem kratzenden Schlurfen. Und als sich die Tür mit einem Schlag wieder schloß, spürte sie, daß sie in ihrer Kammer nicht mehr allein war. Sie hörte ein dumpfes Keuchen, *und dann bewegte sich das Schnaufen und Schlurfen in Richtung Fenster und kam direkt auf sie zu!*

Unter dem warmen Rückenwams begann das Herz Laurelins wild zu klopfen. Behutsam nahm sie den aus der Fassung gelösten Eisenstab zur Hand und hob ihn hoch empor. Sie machte sich dazu bereit, ihn mit mörderischer Wucht auf den Schädel desjenigen zu schmettern, der sich ihr nun im Dunkel näherte, und nach des Gegners Erledigung sogleich die Flucht zu wagen.

Sonnentod

König Galen saß auf Wirbelwind und wandte den Blick seiner grauen Augen von dem trüben Fleck der Sonne hoch oben am Himmel der Winternacht ab und sah nach Osten, in Richtung des Eisernen Turms. Die dunkle Zitadelle wirkte in dem gespenstischen Glühen des Schattenlichts wie ein riesenhaftes Ungeheuer, das sich zum Angriff duckte. Und vor den schwarzen Mauern der Zitadelle gähnte der tiefe Abgrund des Schluchtgrabens.

Links von Galen stand Brega auf dem hartgefrorenen Boden, und der Zwerg beobachtete die Bastion ebenfalls. Er zupfte an seinem in der Mitte geteilten Bart und gab ein leises Murmeln von sich. Rechts von Galen saß der Herr von Gildor hoch zu Roß und heftete seinen Blick nach wie vor auf die nur undeutlich erkennbare Sonnenscheibe. Und hinter dem König hatte die Streitmacht Aufstellung gezogen, deren gezückte Säbel und Schwerter unheilverkündend glänzten.

»In zwei Dunkeltagen verschlingt der Mond das Licht der Sonne, König Galen«, rief ihm der Elf ins Gedächtnis zurück, wandte den Blick von dem blassen Leuchten ab und starrte in Richtung der Burgmauern.

Galen brummte nur unwillig, denn er suchte bisher vergebens nach einer Stelle, die sich für einen Angriff eignete. Irgendwo hinter diesen Mauern war seine Geliebte gefangen, die Prinzessin Laurelin – wenn sie überhaupt noch lebte.

»Hoy, Tuck«, machte Danner seinen Kameraden aufmerksam, »sieh dir nur den Turm in der Mitte an – den, der über alle anderen hinausragt.«

»Ich sehe ihn, Danner, sehr gut sogar.« Tucks Stimme klang ernst, denn auch er hatte den schwarzen Dunst entdeckt, der im Bereich jener Turmspitze wallte. »Herr von Gildor«, ließ sich der Jungwichtel etwas lauter vernehmen, »vermögt Ihr die dunkle Wolke oben am größten Turm zu erkennen?«

Der Lianwächter sah in die entsprechende Richtung. »Nein, Tuck. Und damit beweist sich einmal mehr, daß deine Waerlingaugen hier im Düsterdunkel besser sehen können als selbst die von Elfen.«

»Vielleicht liegt in jenem Turm dort die Antwort auf die Frage, wie es Modru gelang, die Winternacht herbeizurufen«, überlegte Patrel laut, und seine grünschimmernden Augen beobachteten ebenfalls die seltsame Schwärze, welche die Spitze des Turms umgab.

»Möglicherweise könnten wir in dem Turm dort das Zentrum des Düsterdunkels finden«, fügte Merrilee nach einer Weile hinzu. Bei diesen bedeutungsvollen Worten der jungen Dornenläuferin schlug Tuck das Herz bis zum Halse, denn erst jetzt erkannte er, daß sich die Schwärze pulsierend ausbreitete, also von dem entsprechenden hohen Turm nicht nur das Schattenlicht des Düsterdunkels ausging, sondern auch alles andere Unheil, das nun ganz Mithgar mit seinem Verderbensfluch überzogen hatte. Den Jungwichtel schauderte es bei diesen Gedanken, und er gab keinen Ton von sich, als sie weiterhin die vor ihnen aufragenden Mauern der großen Festung beobachteten.

Eine ganze Zeitlang saßen sie schweigend auf den Rücken ihrer Pferde und starrten auf die schwarze Zitadelle, ehe schließlich die Stimme König Galens erklang: »Gebt das Signal zum Absitzen; wir wollen hier lagern. Schickt die Späher und Kundschafter zu mir. Wächter sollen Posten beziehen, und ihre Aufmerksamkeit darf nicht einen einzigen Augenblick lang nachlassen, denn wir wissen nicht, was Modru plant.«

Ubrik setzte sein Horn an die Lippen und blies kräftig hinein, und auf den dröhnenden Klang hin stiegen die Krieger ab und schlugen ihr Lager auf. Galen streifte sich nun wieder seine pelzgefütterte Jacke über. Der Hohekönig hatte dem Feind sowohl sein Banner als auch seine Rüstung gezeigt, aber offenbar wollte sich Modru nicht dazu herablassen, auf diese Herausforderung zu reagieren.

Die Heerschar lagerte nördlich des Krallenmoors und westlich der Zugbrückenstraße. Späher wurden ausgeschickt und erhielten den Auftrag, die Festung auch von den anderen Seiten her zu beobachten und in Erfahrung zu bringen, ob es der Streitmacht des Hohekönigs wohl gelingen konnte, in die Bastion zu gelangen. Und darüber hinaus sollten sie auskundschaften, ob der Feind einen Ausbruch beabsichtigte oder plante, zum Gegenangriff überzugehen.

Stunden verstrichen, und nacheinander kehrten die Reiter zurück und berichteten, der Schluchtgraben umgebe die gesamte Bastion. Sie hatten Wrg-Patrouillen gesehen, welche die nördlich der Festung gelegene Region durchstreiften, und von den hohen Wehrgängen aus waren die Kundschafter durch die grölenden und kreischenden Yrm verspottet worden. Nach der Überzeugung der Späher war die Zitadelle inzwischen vollkommen umschlossen, so daß niemand hineingelangen oder herauskommen konnte, ohne daß er von den Kriegern entdeckt wurde.

Daraufhin machten sich die Wichtel zusammen mit den Kundschaftern auf den Weg, denn man hielt es für möglich, daß ihre Augen im Düsterdunkel Einzelheiten zu erkennen vermochten, die den aufmerksamen Blicken der Späher vielleicht entgangen waren. Gildor und Flandrena begleiteten sie, um sich die Festung ebenfalls aus der Nähe anzusehen. Auch Brega ließ es sich nicht nehmen, sich der Gruppe anzuschließen. Hinter Flandrena hockte er sich auf den Rücken von Sturmmähne, und der Zwerg knurrte: »Meine Châkkaaugen sollen ebenfalls helfen, einen Weg in die Festung hinein zu finden.«

Lange Zeit beobachteten sie die Mauern und Wehrgänge der Bastion, während die müden Krieger im Innern eines dichten Rings aus Wächtern schliefen. Viele Stunden vergingen. Und schließlich mußte auch die zweite, aus Menschen, Wichteln, zwei Elfen und einem Zwerg bestehende Spähergruppe zu König Galen zurückkehren und ihm berichten, keine schwache Stelle in den Verteidigungsanlagen des Feindes entdeckt zu haben.

So ging auch dieser Dunkeltag zu Ende.

Twann! Tuck erwachte, als er dieses dumpfe Geräusch vernahm. Er richtete sich auf, rieb sich den Schlaf aus den Augen und sah sich um. Merrilee stand ganz in der Nähe und blickte in Richtung der dunklen Festung. Tuck trat an die Seite der jungen Dornenläuferin, und sie lehnte den Kopf an seine Schulter und beobachtete weiterhin die schwarze Bastion.

»Was ist denn mit dir?« fragte Tuck und starrte in Richtung der Wehrwälle.

»Ich weiß nicht, Tuck«, erwiderte Merrilee. »Ich wurde wach, als ich ein ... ein seltsames Geräusch vernahm.«

Twann!

»Da!« platzte es aus der Dornenläuferin heraus. »Da war es wieder. Und sieh nur!« Sie streckte den Arm aus.

Beide Wichtel sahen eine große eiserne Lanze, die durch das Schattenlicht heransauste und auf die schlafenden Krieger zielte.

»W-was für eine Vorrichtung kann denn einen so riesigen Speer schleudern?« hauchte Tuck, während er den Flug der Lanze beobachtete.

Eine Stimme hinter dem Jungwichtel beantwortete seine Frage. »Die Wrg haben eine große Schleuder auf der Mauer in Stellung gebracht.« Marschall Ubrik trat an die beiden heran, während sein Blick dem durch das Düsterdunkel sausenden Schaft folgte.

Der gewaltige Speer bohrte sich im Lager der Legion in den hartgefrorenen Boden, und einige Krieger sprangen erschrocken beiseite. Von den Wehrgängen der Zitadelle her hallte indes das höhnische und spöttische Kreischen und Grölen der Yrm über die Ebene und das Moor.

Twann! Das Wurfgeschütz schleuderte einen weiteren eisernen Speer durch das Schattenlicht, und kurz darauf bohrte sich auch dieses Geschoß im Lager der Legion in den Schnee, und wieder heulte die Teufelsbrut begeistert.

Ein Träger der Furcht, fuhr es Tuck durch den Sinn. *Dies ist ein weiteres Unterpfand von Furcht, das der Feind gegen uns zum Einsatz bringt.*

Aber Ubrik meinte nur: »Macht euch keine Sorgen angesichts dieser Waffe, denn hier können die davongeschleuderten Lanzen kaum etwas gegen uns ausrichten. Die Yrm setzen das Katapult nur ein, um uns Angst einzujagen. Sie freuen sich daran, uns erregt umherspringen zu sehen. Wenn wir aber aufbrechen, um über die Zugbrücke in die Bastion einzudringen, droht sowohl unseren Kriegern als auch ihren Pferden von dieser mächtigen Waffe der Tod. Dazu nämlich wird sie verwendet: um die Zugbrücke zu schützen. Und wenn es zum Kampf kommt, werden viele von uns jenem Schreckensinstrument zum Opfer fallen.

Twann!

Den ganzen Morgen über war das dumpfe Surren zu hören, das ertönte, wenn der Wurfarm des Katapults die großen eisernen Speere davonschleuderte. Aber Marschall Ubrik hatte recht: Noch drohte ihnen von dieser mächtigen Waffe des Feindes keine Gefahr, denn in dieser Entfernung von der schwarzen Zitadelle konnten die Krieger den Geschossen ohne Schwierigkeit ausweichen. Doch als die Stunden verstrichen, begann sich allmählich nervöse Unruhe im Lager auszubreiten, denn der Feind ließ nicht nur Lanzen in Richtung der Legion sausen, sondern schleuderte von den Wehrgängen auch immer wieder Beleidigungen und Schmähungen herab, und die Soldaten warteten ungeduldig auf den Befehl zum Angriff.

Um die Mittagszeit wurde weit oben am Himmel durch die Winternacht der blasse Fleck der Sonne sichtbar. Es war nur ein unbestimmbares Gleißen, das kaum eine Viertelstunde lang zu beobachten war, ehe es anschließend wieder vom Schwarz des Düsterdunkels vereinnahmt wurde.

Twann!

Der Herr von Gildor wandte den Blick von der matt leuchtenden Scheibe ab. »König Galen, wir müssen bald etwas unternehmen, denn morgen um diese Zeit beginnt der Schwärzeste Tag.«

Galen nickte und erwiderte: »Elf Gildor, ich bin zu dem Schluß gelangt, daß wir genau zum richtigen Zeitpunkt angreifen müssen, zu einem Zeitpunkt, an dem wir die größte Aussicht darauf haben, die unheilvollen Pläne Modrus vereiteln zu können. Wenn wir jedoch zu früh losschlagen und eine Niederlage erleiden, erreichen wir überhaupt nichts. Wenn wir hingegen zu lange warten, so war ebenfalls alles umsonst. Wir müssen genau dann den Sturm auf die Zitadelle beginnen, wenn Modru alle seine Kräfte braucht, um die Rückkehr Gyphons zu ermöglichen. Vielleicht schaffen wir es auf diese Weise, ihn abzulenken und das größte Unheil von Mithgar fernzuhalten – ob wir nun über die Yrm siegen oder von ihnen zurückgetrieben werden.

Aber Ihr habt recht: Wir müssen bald etwas unternehmen. Ich glaube, es ist jetzt an der Zeit, den Kriegsrat zusammenzurufen und Flandrenas Plan zu besprechen.« Galen drehte sich um und sah Feldmarschall Ubrik an. »Rufe die Anführer der einzelnen Abteilungen herbei. Wir wollen uns über die bevorstehende Schlacht beraten.«

Tuck und Merrilee kamen als letzte – die anderen Mitglieder des Kriegsrates hatten sich bereits eingefunden –, und sie nahmen zwischen Danner und Patrel Platz. Tuck sah sich im Kreis der Anwesenden um: Menschen, Elfen, Wichtel und ein Zwerg. Hohekönig Galen saß mit ernstem Gesicht vor ihnen allen. Rechts von ihm befanden sich Prinz Igon, Marschall Ubrik und vier weitere grimmig dreinblickende Krieger aus Valon. Links von ihm hatten sich zwei Elfen und dann die vier Wichtel niedergelassen. Und Galen gegenüber hockte Brega und schloß damit den Kreis. Er hatte beide Hände um seine Streitaxt Drakkalan geschlossen und hielt sie im Schoß bereit.

»Ihr alle«, begann König Galen, »habt die große Festung Modrus gesehen und wißt daher, in welcher Lage wir uns befinden. Hoch sind die Mauern und gut von der Teufelsbrut bewacht. Es wäre schon schwierig genug, allein die Wehrwälle zu überwinden, selbst mit Hilfe von Belagerungstürmen. Aber wir verfügen über keine solchen Geräte, und es steht auch kein Wald in der Nähe, in dem wir das Holz zu ihrem Bau schlagen könnten. Doch sogar wenn wir uns das nötige Holz beschaffen könnten, diese Festung kann man nicht auf diese Weise einnehmen, denn die Bastion ist umgeben von einem tiefen Schluchtgraben, der ein zu nahes Heranlenken eines Turms an die Mauern verhindert. Nur ein einziger Weg führt über diesen Abgrund: Man muß die Zugbrücke passieren. Und die ist von der Teufelsbrut hochgezogen und fest verankert worden.

Wir stehen demnach vor folgender Frage: Wie schaffen wir es, ins Innere der Zitadelle zu gelangen und unsere Krieger direkt gegen die Yrm in den Kampf zu führen? Wie sollen wir vor allem den Schluchtgraben überqueren, um die Bastion Modrus zu erobern?«

Galen sah sich im Kreis der Anwesenden um, und einige Augenblicke lang herrschte Schweigen. Dann nickte der Hohekönig Flandrena zu, und die leise Stimme des Elfen brach die Stille: »König Galen, wie Ihr bereits ausgeführt habt, sind wir nicht dazu in der Lage, die großen Türme zu bauen, die erforderlich wären, um den Schluchtgraben zu überbrücken und unsere Soldaten auf die Mauern der Festung gelangen zu lassen. Aber selbst wenn wir ein günstigeres Gelände dafür hätten: Der Bau der Türme würde zuviel Zeit erfordern, und unser Angriff könnte keinesfalls vor Beginn des Schwärzesten Tages erfolgen. Aus diesem Grund bleibt uns meiner Meinung nach nichts anderes übrig, als uns folgenden Plan zu eigen zu machen: Während der Großteil der Krieger einen Ablenkungsangriff durchführt, muß sich gleichzeitig eine kleine Kampfgruppe an die Mauern der Bastion heranschleichen, zuerst den Schluchtgraben überwinden und anschließend die Wehrwälle der Bastion erklimmen – also dem Beispiel Vanidors, Duorns und Varions folgen. Diese Kämpferschar hat dann die Aufgabe, die Zugbrücke herabzulassen und das Fallgatter in die Höhe zu winden. Nur wenn das gelingt, hat unsere Streitmacht die Möglichkeit, zumindest einzelne Abteilungen ins Innere der Festung vordringen zu lassen und dort die Kräfte der Yrm so lange zu binden, bis die Hauptstreitmacht folgt.

Ich weiß, es ist ein recht einfacher Plan – aber auch der einzige, mit dem wir in der uns verbleibenden Zeit Erfolg haben könnten. Doch dieses Unterfangen birgt auch große Gefahren in sich, denn es hat sich vieles verändert seit dem Dunkeltag, an dem Vanidor, Duorn und Varion an den Mauern der Zitadelle emporkletterten: Jetzt sind *Rûpt*patrouillen unterwegs und marschieren dicht an den Wehrwällen am Schluchtgraben entlang. Und den Weg, den meine Kameraden damals wählten, können wir nicht mehr nehmen, denn ganz in der Nähe eben jener Felsspalte, in der sie sich in die Höhe schoben, steht jetzt ein Posten, an dem sich die *Rûpt*patrouillen treffen und Bericht erstatten.

Aber es erscheint uns trotzdem möglich, den Schluchtgraben zu überwinden. Gestern haben Zwicht Brega und ich nach einem weiteren Weg auf der anderen Seite des Abgrunds gesucht, und die Augen des Zwerges haben einen gefunden.«

Flandrena gab Brega ein Zeichen, und der Zwerg erhob sich, ohne jedoch die Axt Drakkalan aus der Hand zu legen, während er erklärte:

»König Galen, mit Felsgestein kenne ich mich gut aus – wie alle Châkka.« In der rauhen Stimme des Zwerges klang deutlicher Stolz. »Und ich gelte bei meinem Volk als ein guter Kletterer. Ich möchte Euch folgendes sagen: Der Schluchtgraben ist von den Grg angelegt worden, um die Festung vor einem Angriff zu schützen, und mit Spitzhacken haben die Schergen Modrus die steilen Wände geglättet. Bei der Stelle, an der Vanidor und seine

Kameraden in die Höhe kletterten, handelte es sich um eine der ganz wenigen Flächen, an der die Wand Halt bietet. Der Grund dafür ist die Tiefe des Abgrunds, denn um alle Wände lückenlos abzuschleifen, wären die Grg gezwungen gewesen, zumindest einen Teil der Zitadelle zu untergraben.

Wenn man genug Zeit hat, kann man natürlich an jeder beliebigen Stelle des Schluchtgrabens in die Höhe klettern, mit Hilfe von Felshaken, Ringen, Seilen und Schlaufen. Diese Zeit aber steht uns leider nicht zur Verfügung, und außerdem würden wir uns durch laute Hammerschläge verraten. Nein, wir müssen schnell und ganz leise emporgelangen, und meiner Ansicht nach gibt es nur eine Stelle, die sich dafür eignet: an der östlichen Flanke der Festung. Dort steht ein Vorsprung hervor, der vom Boden des Schluchtgrabens bis ganz nach oben reicht.

Aber der Fels an jener Stelle macht mir einen brüchigen Eindruck, und es besteht die Gefahr, daß er abbröckelt, wenn er einer Belastung ausgesetzt wird. Das Klettern dort dürfte also überaus gefährlich werden – nicht nur aufgrund der Grgpatrouillen und der auf den Wehrgängen wachenden Teufelsbrut, sondern auch wegen des losen Gesteins, das unter einem unvorsichtigen Griff nachgeben und mitsamt dem betreffenden Kletterer in die Tiefe stürzen kann.

Deshalb mein Vorschlag: Zusammen mit einer kleinen Gruppe breche ich auf und versuche an der genannten Stelle den Aufstieg. Ich habe das nötige Geschick, um die Führung zu übernehmen. Jene aber, die mich begleiten wollen, müssen in erster Linie gute Kletterer und darüber hinaus leicht sein, auf daß die Belastung des Felses nicht zu groß wird. Schließlich sollten sie von ihrer Körpergröße her mit Uks, Hrōks oder Khōls eine gewisse Ähnlichkeit aufweisen, denn wenn wir es geschafft haben, in die Zitadelle einzudringen, verhalten wir uns wie eine Grggruppe und machen uns auf den Weg nach dem Tor und der Zugbrücke.«

Die Mitglieder des Kriegsrates begannen daraufhin leise miteinander zu sprechen, als sich Brega wieder setzte und die Streitaxt erneut auf seinen Schoß sinken ließ.

»Zwicht Brega«, erkundigte sich Gildor, »wie schwer darf ein Krieger sein, um noch an dem brüchigen Fels in die Höhe klettern zu können?«

»Elf Flandrena dürfte noch leicht genug sein, Herr von

Gildor«, erwiderte der Zwerg. »Ihr aber seid größer und kräftiger gebaut. Ich würde König Galen den Rat geben, nur solche Krieger auszuwählen, die höchstens so schwer sind wie Flandrena.«

Erneutes Murmeln setzte ein, und Ubrik wandte ein: »Aber Zwerg Brega, damit wären die meisten Vanadurin überhaupt ausgeschlossen. Es stimmt wohl schon: Die Harlingar haben nur geringe oder gar keine Klettererfahrungen, denn wir sind in einer weiten Grasebene zu Hause und kommen nur selten in die Berge. Aber ich kann mich trotzdem nicht damit abfinden, daß von vorneherein alle Menschenkrieger meines Heeres ausgeschlossen sein sollen.«

»Nicht alle, Marschall Ubrik.« Derjenige, der diese Worte sprach, war Prinz Igon. »Ich schätze, ich bin sogar noch etwas leichter als Flandrena. Und ich habe mich oft im Klettern geübt.«

Bei diesen Worten Igons machte Galen ein besorgtes Gesicht, verhielt sich aber still.

»Damit sind es jedoch erst drei«, bemerkte ein Vanadurin namens Raiklen. »Wer soll sich außerdem noch der Gruppe hinzugesellen?«

Patrel stand auf. »Wir.«

Ubrik stöhnte. »König Galen, ich glaube fast, wir schicken nur Kinder auf diese gefährliche Mission.«

Brega knurrte und sprang auf die Beine, und in seinen dunklen Augen blitzte es zornig. »*Ich* bin kein Kind, Mensch Ubrik! Und Flandrena ist hundertmal älter als du. Prinz Igon ist noch jung, ja, aber ich kenne seinen Mut und möchte, daß er mich begleitet. Und was die Waerlinge angeht: Mit einem von ihnen bin ich durch die Finsternis von Kraggen-cor gezogen, und ich hätte mir keinen besseren Kameraden und Kämpfer wünschen können.« Brega trat an Tuck heran und legte ihm die knorrige Hand auf die Schulter. »Dieser Waeran half dabei, den Ghath zu töten – den Gargon. Wer von deinen Kriegern, Mensch Ubrik, kann so etwas ebenfalls von sich behaupten?«

Tuck wurde verlegen, als sich die Blicke aller Anwesenden auf ihn richteten. Die lobenden Worte, die Brega für ihn gefunden hatte, überraschten ihn einerseits, doch andererseits empfand er auch einen großen Stolz, denn die Anerkennung durch den Zwerg bedeutete dem Jungwichtel sehr viel.

Tuck sah sich um und erklärte: »Ich möchte keinen Zweifel daran lassen, daß es in dieser Streitmacht bestimmt viele bessere Krieger als mich gibt. Aber wenn ich Brega richtig verstanden habe, so sind jetzt in erster Linie Kämpfer von leichtem Gewicht und mit Klettererfahrung erforderlich. Unter uns Wichteln gibt es einige, die diese Voraussetzungen erfüllen: Danner zum Beispiel, und auch ich, denn viele Male haben wir die Felswand des in der Nähe von Waldnieder gelegenen Hohen Hügels erklommen. Wir können mit Pfeil und Bogen umgehen. Und außerdem habe ich noch diese Klinge hier.« Tuck zog den Verderbensboten aus der Scheide, und das in dem gleißenden Metall eingelassene Juwel ließ blaues Feuer über die Klinge der Waffe tanzen, denn es reagierte auf die Nähe der Festung und der darin lauernden Teufelsbrut aus der Untargarda, aus Neddra.

Ganz offensichtlich verblüffte es die Krieger aus Valon, in der Hand eines kleingewachsenen Waldan eine so mächtige Waffe zu sehen, und sie blickten den Waerling mit neuem Respekt an.

Tuck schob die Waffe wieder in die Scheide zurück. »Und außerdem, Marschall Vidron, möchte ich an dieser Stelle an einen Ausspruch erinnern, den einer deiner Reiter an der Argonfähre über uns machte: Wir seien klein, stämmig und ähnelten von der Statur her den Rutcha. Nur wir Wichtel haben eine Chance, auf den Wehrgängen unerkannt entlanglaufen zu können – in entsprechender Verkleidung natürlich, und wenn wir uns das Gebaren der Yrm zu eigen machen – und die Zugbrücke und das Fallgatter am Tor zu erreichen, ohne daß man uns als das erkennt, was wir wirklich sind. Der Feind muß einfach glauben, er habe es bei uns – bei uns Wichteln und dem Zwerg Brega – mit einer Gruppe Rücks zu tun, und Prinz Igon und Flandrena werden bestimmt als unsere Hlōkaführer angesehen.«

Tuck nahm wieder Platz, und für eine Weile blieb es still. Dann ergriff König Galen das Wort. »Damit wäre dieser Punkt geklärt. Wir werden es mit dem Plan Bregas versuchen. Hauptmann Patrel, wie viele Wichtel sind im Klettern geübt? Und Marschall Ubrik: Was können wir unternehmen, um die Schergen Modrus abzulenken und damit die Erfolgsaussichten Bregas und seiner Gruppe zu erhöhen? Und Krieger Brega: Wie lange, glaubst du, braucht ihr, um bis zur Zugbrücke zu gelangen, und wann sollen wir zuschlagen? Morgen bricht bereits der Schwärzeste Tag an.«

Und so wurden weitere Einzelheiten abgesprochen. Tuck bemerkte, daß Tränen über die Wangen Merrilees rannen und sie leise weinte, da sie ganz genau wußte, nicht das Geschick eines geübten Kletterers zu haben. Es fiel ihr schwer, sich damit abzufinden, daß Tuck bald ohne sie losziehen müßte.

Schließlich wurden außer Brega, Flandrena und Igon sechs Wichtel ausgewählt, die an dem gewagten Unternehmen des Zwerges teilnehmen sollten: Tuck, Danner, Patrel, Rollo Hecke, Harven Weidengras und Dink Queller. Von all den Genannten brachte Flandrena zwar die geringsten Klettererfahrungen mit, obgleich auch er oft in den zerklüfteten Bergen geübt hatte, die das Ardental säumten. Brega aber meinte, das Geschick des Elfen sei ausreichend. In den grünen Augen Flandrenas blitzte es wild entschlossen, denn er sehnte sich nach einer Möglichkeit, seine getöteten Kameraden Vanidor, Duorn und Varion rächen zu können. Niemand stellte daher sein Recht in Frage, Brega zu begleiten.

Als die Planungen abgeschlossen waren, reichte König Galen Patrel die Atalarklinge, und in der Hand des Wichtels kam das Langmesser einem Schwert gleich. »Nimm diese Klinge mit auf den Weg, Hauptmann Patrel, denn sie schlägt das Böse. Dies war das Schwert, dessen Metall sich in den Kraken des Dunklen Sees bohrte und dem Herrn von Gildor das Leben rettete. Auf den Wehrgängen der schwarzen Zitadelle kann dir eine solche Klinge bestimmt von Nutzen sein und einen guten Dienst erweisen.«

Patrel zog die silbrig glänzende Waffe aus der Scheide und betrachtete die goldenen Runen. »Ich werde dieses Schwert in Ehren tragen, König Galen«, gelobte der Wichtel. Und dann schob er die Klinge in die Scheide zurück und schnallte sie sich um.

Ubrik richtete einen Befehl auf Valur an die dem Kriegsrat angehörenden Vanadurin, und auch die anderen Wichtel erhielten Langmesser. Seine eigene Klinge reichte der Marschall an Danner weiter. Zwar verstanden die Jungwichtel nur wenig vom Umgang mit Schwertern, aber sie nahmen die Waffen dankbar entgegen, denn sie alle wußten, daß sie sie brauchen würden, wenn sie am Ende ihres kühnen Unternehmens überleben wollten.

An jenem Abend weinte Merrilee lange, und Tuck hielt sie in den Armen und drückte sie an sich. Morgen würde er mit den anderen aufbrechen und das gefährliche Wagnis beginnen. Sechs Stunden vor dem Sonnentod wollten sie sich auf den Weg machen, also nur sechs Stunden vor Anbruch des Schwärzesten Tages. Und niemand – vielleicht nicht einmal Adon – wußte, welches Schicksal ihnen bevorstand.

Als die Zeit gekommen war, das Lager zu verlassen, stellte Hohekönig Galen sich vor die neun Kletterer: Brega, Flandrena, Prinz Igon, Tuck, Danner, Patrel, Rolle, Harven und Dink. Sie hatten sich Schmutz ins Gesicht geschmiert, und ihre Jacken und Hosen waren durch den Morast gezogen worden, damit sie der Rückenkleidung ähnelten.

König Galen trat auf sie zu, umarmte sie nacheinander und richtete an jeden von ihnen einige Worte. Er drückte Tuck an sich, und als die Reihe an Prinz Igon kam, schwieg der Hohekönig, denn ihm versagte die Stimme den Dienst. Schließlich verabschiedete er auch Brega, drückte des Zwergen knorrige Hand und legte ihm ans Herz: »Führe deine Gruppe gut an, Zwerg Brega, denn von euch hängt nun das Schicksal ganz Mithgars ab.«

Tucks Herz begann heftig zu klopfen, als er diese Worte vernahm – *das Schicksal ganz Mithgars* –, aber Brega knurrte nur und nickte.

Schließlich trat König Galen wieder zurück und sprach zu ihnen allen. »Erneut wird unsere Heimat von den Mächten des Dunkels bedroht, und wieder hat sich ein Bündnis aus Menschen, Elfen, Zwergen und dem Winzigvolk gebildet und der Finsternis entgegengestellt. Das, was vor viertausend Jahren geschah, wiederholt sich nunmehr. Ein weiteres Mal hängt das Schicksal des ganzen Reiches von einigen wenigen Kämpfern ab.

Modru hockt lauernd in seinem Eisernen Turm – gleich einer Spinne, die ein Netz des Unheils webt und sich anschickt, das Gute und Helle zu verschlingen.

Doch Modru ist nur ein Diener des Größten Unheils, und nun schickt Gyphon sich an, nach Mithgar zurückzukehren.

Wir wissen nicht genau, was mit dem Anbruch des Schwärzesten Tages geschehen wird, aber dessen seid gewiß: Es droht ein Verderben, dem ganz Mithgar zum Opfer fallen könnte. Wir müssen alles in unserer Macht Stehende unternehmen, um den Unheilsplan Modrus zu vereiteln, und vielleicht gelingt es uns dadurch, das Verhängnis von unserer Heimat abzuwenden.

Ich kann euch nicht versprechen, daß wir den Sieg erringen, aber höret meine Worte: Wenn wir eine Niederlage erleiden und schließlich den Tod finden sollen, so wollen wir wie ein Sturm über den Feind hereinbrechen und so viele Ungeheuer wie möglich mit uns nehmen ins Ewige Dunkel. Und wenn es uns selbst durch unsere Niederlage nur gelingt, die Verwirklichung der Pläne Modrus zu verhindern, so haben wir dennoch gesiegt.

Diesen letzten Gruß möchte ich an euch richten: Mögen eure Augen scharf sein, eure Pfeile das Ziel nicht verfehlen und die Schneiden eurer Klingen den Leib des Feindes zerfetzen. Und möge Adons Segen euch begleiten!«

Damit schwieg Galen, und eine Weile herrschte völlige Stille. Tuck sah auf und erblickte die weinende Merrilee, und auch in seinen Augen begann es feucht zu glänzen. Tief in seinem Innern hallten die Worte des Hohekönigs wider: ... *das Schicksal ganz Mithgars ... hängt die Zukunft des ganzen Reiches von einigen wenigen Kämpfern ab ...* Und Tuck dachte: *O Adon, diese ungeheure Last der Verantwortung ... ich habe nicht die Kraft, sie zu tragen ...*

Doch ehe sich der Jungwichtel weiteren Grübeleien hingeben konnte, räusperte sich Brega und brummte: »Wir werden das Tor nie öffnen, wenn wir den ganzen Tag hier herumstehen. Kommt – laßt uns dort an dem Vorsprung in die Höhe klettern. Wir haben nicht mehr viel Zeit bis zum Sonnentod.«

Und als sie sich umwandten, stürzte Merrilee vor und umarmte Tuck heftig und versuchte, trotz ihrer Tränen zu lächeln. Und sie gab sich alle Mühe, einige Worte an ihn zu richten, doch mehr als »Tuck, o Tuck, mein Wunschherr« war nicht zu verstehen, denn Merrilee begann erneut zu schluchzen.

Der Herr von Gildor trat vor, kniete sich neben der jungen Dornenläuferin nieder und schlang den Arm um sie. Merrilee preßte das Gesicht an die Brust des Elfen und weinte heftig, und Tuck lief los, um sich seinen Kameraden anzuschließen, die sich bereits aufgemacht hatten, um das Mithgarreich zu retten.

»Seht ihr, dort befindet sich der Vorsprung«, flüsterte Brega und deutete auf die gegenüberliegende Wand der Schlucht. »Dort klettern wir empor.«

Die neun Gefährten lagen im Sichtschutz eines großen Felsens und starrten über den breiten und tiefen Abgrund.

Zusammen mit Ubrik, einem Späher namens Aric und dem Wichtel Bert Achseldorn waren die neun Kletterer vom Legionslager aus nach Westen geritten, fort von der schwarzen Festung. Und sie hatten im Düsterdunkel erst haltgemacht, als sie sicher sein konnten, nicht mehr von den Schergen Modrus gesehen werden zu können. Aber ihre Sorge hatte nicht nur der Aufmerksamkeit der Yrmwächter auf den Wehrgängen der Bastion gegolten, sondern auch den Vulgs. Aus diesem Grund war eine kleine Abteilung aus Vanadurin ihnen vorausgeritten, um die Kundschafter der Modrus abzulenken. Sie konnten nur hoffen, daß keine Vulgs mehr in der Nähe weilten und sie weiterhin beobachteten, als die Reiter schließlich kehrtmachten und auf die östliche Flanke der Zitadelle zuhielten. Ubrik, Igon, Flandrena und Aric ritten voraus und führten die Rösser Bregas und der Wichtel an Leinen hinter sich her. Sie hielten auf die Stelle zu, an der sie den Schluchtgraben überwinden wollten, und dort stiegen sie ab, nahmen ihre Waffen und ein langes Seil und übergaben ihre Pferde der Obhut Ubriks.

Ubrik verabschiedete sich von jedem einzelnen, indem er sagte: »Ich wünsche euch alles Glück dieser Welt!« Und dann gab er seinem Roß die Sporen und verschwand im Düsterdunkel mitsamt den anderen Pferden.

Die neun Gefährten wandten sich von dem Späher und Bert ab – dessen Wichtelaugen sollten sie aus der Ferne beobachten – und schlichen in Richtung Festung. Schweigend nutzten sie die Deckung von Felsbrocken und Gebüschen und preßten sich dann in Bodenmulden, um die Lage zu sondieren. Und langsam kamen sie dem Schluchtgraben vor den Mauern der Bastion immer näher. Jetzt lagen die neun Kameraden hinter einem mächtigen Felsen, starrten durch das Schattenlicht auf den vor ihnen gähnenden Abgrund und beobachteten die jenseits davon emporragende Mauer.

»Pst«, machte Dink. »Oben auf dem Wehrwall: ein Wachtposten.«

Tuck blickte in die Höhe, und es war ihm, als zöge sich eine Schlinge um seinen Hals zusammen: Ganz oben auf der Mauer konnte er den Schatten eines Rückwächters sehen, der langsam an den Zinnen vorbeischritt und nur in unregelmäßigen Abständen hinter den Zacken und Schießscharten sichtbar wurde.

»Rach!« fluchte Igon. »Wir können nicht direkt unter seiner Nase emporklettern. Gibt es denn an keiner anderen Stelle eine weitere Möglichkeit, den Schluchtgraben zu überwinden?«

Langsam hielt der Rück auf eine Ecke zu, drehte sich dort um und kehrte den Weg zurück, den er gekommen war.

»Nein«, knurrte Brega zornig. »Entweder wir schaffen es hier oder überhaupt nicht.« Der Zwerg runzelte die Stirn und sah Flandrena fragend an.

»Deine Erinnerung täuscht dich nicht, Zwicht Brega«, beantwortete die leise Stimme des Elfen die unausgesprochene Frage des Zwerges. »Als wir den Felsvorsprung in der Schlucht kürzlich entdeckten, war der Wächter noch nicht dort oben postiert.«

»Nun, wir müssen ihn irgendwie loswerden, wenn er uns beim Klettern nicht entdecken soll«, zischte Igon. Der Prinz sah Patrel an. »Hauptmann Patrel, kannst du ihn mit einem Pfeil treffen?«

Erneut machte der Rück kehrt und schritt über den Wehrgang.

Patrel schüttelte den Kopf. »Vielleicht wäre ich dazu in der Lage – wenn ich den legendären Bogen Gräulings besäße. Aber ohne diese magische Waffe bin ich nicht geschickt genug, um den Wächter aus dieser Entfernung mit einem Pfeil zu töten.«

»Danner«, schlug Tuck vor. »Nur Danner könnte es schaffen.«

»W-was?« erwiderte Danner verblüfft. »Tuck, du weißt doch, daß das so gut wie unmöglich ist. Ein solcher Schuß gelingt niemandem. Oh, natürlich bin ich durchaus dazu in der Lage, einen Pfeil so weit fliegen zu lassen, aber das sind wir alle. Doch mit ihm zu *treffen* ... nein, das ist ausgeschlossen. Erinnere dich an die Worte des Alten Barlo: ›Wenn ihr nämlich das Ziel verfehlt, könnt ihr die Pfeile auch gleich wegwerfen.‹ Wenn ich aber danebenschieße, zerbricht der Pfeil vielleicht mit einem lauten Knacken an der Mauer oder kratzt über eine Zinne und fällt in den Festungshof. Wenn ihn jemand dort findet, wissen die Schergen Modrus sogleich, daß wir hier sind.«

»Es bleibt uns dennoch nichts anderes übrig, Waerling Danner«, knurrte Brega. »Wir müssen auf dieser Seite die Schluchtwand erklettern, denn sonst ist alles verloren. Und wir dürfen dabei nicht das Risiko eingehen, von dem Grg entdeckt zu werden. Du kannst von uns allen am besten mit dem Bogen umgehen.«

Brega fügte dem nichts mehr hinzu, und der Blick der bernsteinfarbenen Augen Danners folgte dem Wächter auf dem fernen Wehrgang. Aber der Jungwichtel machte keine Anstalten, einen Pfeil auf die Sehne seines Bogens zu setzen.

»Ich kann verstehen«, erklang die leise und sanfte Stimme Flandrenas, »daß du davor zurückschreckst, eine solche Verantwortung auf dich zu nehmen, aber Brega hat recht: Wir haben leider keine andere Wahl. Der Krieg hat uns schon immer die Freiheit genommen, eigene Entscheidungen zu treffen. Aber denke einmal über folgendes nach: Wenn du es gleich gar nicht versuchst, so ist unser Unternehmen an dieser Stelle bereits beendet. Wenn du es wagst und das Ziel jedoch verfehlst, so sind die *Rûpt* gewarnt, und dann müssen wir ebenfalls umkehren. Wenn du aber Erfolg hast ...«

Danner brummte leise vor sich hin und schob sich vorsichtig hinter dem Felsen hervor, bis er ebenen Grund erreichte. Tuck und Patrel folgten ihm, während die anderen hinter der Deckung zurückblieben und den Wächter beobachteten. Danner nahm alle Pfeile aus seinem Köcher und prüfte jeden einzelnen von ihnen. Er musterte einige aus, nahm dann ein Geschoß zur Hand, das ihn zufriedenzustellen schien, und verglich es mit einem anderen Pfeil. Er fuhr damit so lange fort, bis er nur noch drei Pfeile in Händen hielt. Er unterzog sie einer noch eingehenderen und sorgfältigeren Prüfung – er betrachtete Spitze, Schaft, das Holz, die Flugfedern und wog die Geschosse in der Hand – und traf schließlich seine Wahl.

Daraufhin trat Danner an den Rand des Felsbrockens, und sein Blick glitt über den Schluchtgraben und heftete sich auf den oben auf dem Wehrgang patrouillierenden Rück. »Ich versuche es von dem Vorsprung dort, denn er bietet mir eine bessere Position für diesen unmöglichen Schuß.«

»Möchtest du, daß dich einer von uns begleitet?« fragte Patrel.

»Nein!« Danners Stimme klang scharf, wurde aber sofort wieder leise und sanfter. »Ach, Patrel, nein. Es fällt mir auch so schon schwer genug, mich auf das Ziel zu konzentrieren, und jemand, dessen Atem ich im Nacken spüre, würde mich nur ablenken. Jedenfalls vielen Dank. Aber wenn schon, so übernehme ich diese Aufgabe lieber ganz allein.«

Er wandte sich zum Gehen. »Viel Glück!« flüsterte Harven, und diesem Wunsch schlossen sich die anderen an. Danner schlich fort. Und oben zwischen den Zinnen marschierte der Rückwächter unverändert hin und her.

Tuck und Patrel kehrten in die Deckung des Felsens zurück und sahen zu, wie Danner durch das Düsterdunkel glitt und kurz darauf besagten Vorsprung erreichte. Und dort verharrte Danner und schien sich eine Zeitlang überhaupt nicht mehr zu rühren. Der Jungwichtel aus Waldnieder beobachtete den Rückwächter, der auf dem Wehrgang hinter den Zinnen auf und ab schritt. Manchmal verschwand er für einen Augenblick hinter einer Zinne, ehe einige Sekunden später die Gestalt des Schergen Modrus dann durch eine Schießscharte wieder sichtbar wurde, um anschließend erneut von einer Mauerzacke verdeckt zu werden. Tuck ahnte, daß Danner nun zählte und festzustellen versuchte, wieviel Zeit der Rück für eine bestimmte Strecke brauchte. Er schätzte die Entfernung und versuchte sich darüber klarzuwerden, wie lange der Pfeil durch die Luft sausen würde.

Schließlich griff Danner nach seinem Bogen und setzte den vorher ausgewählten Pfeil auf die Sehne. Er schob sich hinter dem Vorsprung hervor, spannte die Sehne mit aller Kraft und zielte über den Schluchtgraben hinweg auf den Wächter.

Aber Danner ließ Pfeil und Bogen erneut sinken und streifte sich den Elfenmantel von den Schultern. Dann nahm er seine Waffe fest zur Hand und richtete wieder die Spitze des Pfeils nach oben.

Danner jedoch ließ das Geschoß noch immer nicht davonsurren, denn ein leichter und eiskalter Wind war aufgekommen. Zwar konnte man ihn kaum spüren, doch es war damit zu rechnen, daß er die Flugbahn des Pfeils zu verändern vermochte.

Eine gewisse Weile verstrich, und Danner schätzte die vom Wind verursachte Abdrift ab. Nach einer Weile spannte er die Sehne ein drittes Mal.

»Pst!« zischte Flandrena mit gepreßter Stimme hervor und deutete an der Mauer der Bastion entlang nach Norden. Tuck sah in die entsprechende Richtung und entdeckte eine der

Schluchtpatrouillen, die am Rande des tiefen Abgrunds nach Süden zog.

Danner, jetzt nicht! gellte es im Innern von Tuck, denn er wußte ganz genau: Wenn der Wächter zu diesem Zeitpunkt auf dem Wehrgang vom Pfeil Danners getötet wurde, so konnte das den sich nähernden Rūcks kaum entgehen.

»Patrel, Rollo, Harven, Dink«, flüsterte Tuck drängend. »Macht eure Bogen bereit. Vielleicht müssen wir die Patrouille erledigen – wenn wir das überhaupt schaffen können.«

»Wenn diese Patrouille dort nicht zurückkehrt«, hauchte Patrel, als die Jungwichtel Pfeile auf die Sehnen ihrer Bogen setzten, »so werden andere Schergen Modrus kommen und nachsehen, warum diese Ungeheuer nicht Bericht erstatteten. Laßt uns nur hoffen, daß Danner nicht ausgerechnet in diesem Augenblick schießt.«

Aber auch Danner hatte die sich nähernden Rūcks bemerkt, und er ließ den Bogen sinken und schob sich wieder tiefer in den Schatten des Felsvorsprungs hinein.

Und genau in diesem Augenblick wurde auf dem Wehrgang hinter den Zinnen eine zweite Gestalt sichtbar: Ein Hlōk war es, der auf die heranmarschierende Rūckenpatrouille starrte. *»Har, yar!«* knurrte der Hlōk, und seine rauhe und knurrende Stimme hallte im Düsterdunkel und warf ein dumpfes Echo in den tiefen Schluchtgraben. »Habt ihr irgendwas gesehn?«

»Nar!« erwiderte der Hlōkaführer der Rūckenpatrouille. »In diesem blöden Erdloch rührt sich überhaupt nichts!«

»Haltet weiter die Augen offen«, knarrte es von oben. »Es heißt, auf der anderen Seite tut sich etwas, nördlich des Tors.« Der Hlōk wartete noch ein bestätigendes Krächzen ab, richtete einige knurrende Worte an den Rūckenwächter, machte kehrt und verließ den Wehrgang.

Die Rūcks setzten ihren Weg brummend und leise zischend fort, zogen nach Süden und kamen auf der Seite des Schluchtgrabens gegenüber den versteckten Gefährten vorbei. Und der Wächter auf dem Wehrgang blieb kurz stehen und sah in die Richtung, in die der Hlōk davongegangen war, und anschließend stützte er sich mit den Klauenhänden an einer Zinne ab, um seinen Artgenossen nachzusehen, deren Aufgabe darin bestand, den Abgrund vor der schwarzen Zitadelle zu überwachen. Und gleichfalls folgten die Blicke des Elfen, des Menschen, des Zwerges und der Wichtel der Patrouille.

Die Zeit verstrich unendlich zäh.

Nach einer Weile schließlich verschwanden die Rücks hinter einem mächtigen Festungsmassiv, woraufhin der Wachtposten oben auf dem Wehrgang seine Wanderung wieder aufnahm.

Danner hob den Bogen ...

Auch den Pfeil ...

Schätzte die Flugzeit ab ...

Maß die Entfernung ...

Berücksichtigte auch die Abdrift durch den Wind ...

Spannte die Sehne ...

Zielte ...

Tucks Blick huschte von Danner zum Wachtposten und dann wieder zurück.

Der Rück hielt auf die Stelle zu, an der er kehrtmachte.

Tucks Herz pochte so laut wie eine Kriegstrommel, und er konnte die Anspannung kaum noch ertragen, als er rufen wollte: *Schieß, Danner! Bei Adon – schieß!*

Danner schoß. *Twock!* Der Pfeil sauste davon und surrte durch das Düsterdunkel in die Höhe. Der Wächter trat hinter einer Mauerzacke hervor und verschwand unmittelbar darauf hinter einer Zinne. Der Pfeil erreichte den höchsten Punkt seiner Flugbahn und neigte sich nach unten, und die Blicke der Kameraden richteten sich auf die Stelle, an der der Rück wieder auftauchen mußte. Das Geschoß beschleunigte seinen Flug, als es in die Tiefe stürzte und auf den Schlitz der Schießscharte zuhielt: Es bohrte sich dem Wachtposten mitten in den Hals, als der Rück hinter der Zinne hervortrat! Es schepperte noch etwas, als das Ungeheuer seine Lanze fallen ließ. Der Dämon tastete nach dem aus dem Hals ragenden Schaft des Pfeils, taumelte nach vorn, verlor den Halt und stürzte in die Tiefe. Mit einem dumpfen Schlag prallte der Leichnam auf die eine Wand des Schluchtgrabens, glitt über den Fels und verschwand in dem schwarzen Abgrund.

Danner hatte es geschafft! Der unmögliche Schuß war ihm wirklich gelungen! Im Sichtschutz des Felsens umarmten sich Tuck und Patrel, und sie mußten sich die Hand auf den Mund pressen, um keine lauten Freudenschreie von sich zu geben. Igon klopfte

Brega auf den Rücken, und Flandrenas Augen funkelten. Rollo, Dink und Harven hielten sich an den Händen und hüpften umher.

Dann machten sich Tuck und Patrel auf, krochen durch das Düsterdunkel auf den Vorsprung zu, neben dem Danner kniete. Und als sie ihren Gefährten erreichten, sahen sie, daß er die Hände vors Gesicht geschlagen hatte.

»Es ist nicht wahr, Tuck. Es kann einfach nicht wahr sein, Patrel.« Danners bebende Stimme verklang, und Tränen rannen ihm über die Wangen. Jetzt, da sich die Anspannung in ihm ganz plötzlich löste, begann er schluchzend zu weinen.

»Du hast es wirklich geschafft, Danner«, hauchte Tuck. »Du hast es trotz allem wirklich geschafft!« Und er umarmte den Kameraden.

Patrel hob Danners Mantel auf und legte ihn dem Wichtel um die Schultern. Er schloß den Helden ebenfalls in die Arme und flüsterte: »Kommt nun weiter, Zwanzmuts. Es gilt nun in die Schlucht zu gelangen, eine steile Wand zu erklettern und noch ein Tor zu öffnen.«

Und so griffen sie nach ihren Bogen und kehrten nach dem Felsen zurück. Dort waren Brega, Igon und Rollo damit beschäftigt, lange und geschmeidige Elfenseile an dem Felsenhang zu befestigen – Seile, die aus dem Ardental stammten und von Flandrenas Packtier vorsorglich bis nach Gron transportiert worden waren. Denn der Elf hatte bereits damit gerechnet, daß sie, um in den Eisernen Turm Modrus zu gelangen, erneut die Schluchtwand erklimmen mußten.

Drei lange Seile wurden in die Tiefe gelassen. Anschließend zeigte Brega seinen Kameraden, wie man sich den Strick um Hüfte und Schultern schlang und auf diese Art sicher den Grund der Schlucht erreichen konnte.

Und während mit einem vierten Seil sowohl die Waffen als auch Ersatzstricke in die Finsternis des Schluchtgrabens hinabgelassen wurden, begannen sie den Abstieg. Jeweils drei zur gleichen Zeit hangelten sich in die Tiefe, und Tuck, Igon und Flandrena machten den Anfang. Mit der einen Hand umfaßte Tuck das über seine Schulter führende Seil, und mit der anderen stützte er sich an dem Fels ab, und sein Herz schlug ihm bis zum Halse, als er sich in den gähnenden Abgrund hinabließ.

Tuck kam der Abstieg schier unendlich lang vor. Dreimal verlor er dabei den Halt und hing frei in der Luft und kam sich dabei wie eine Fliege vor, die sich im Netz der lauernden Spinne verfangen hatte. Schließlich aber erreichte er den Grund der Schlucht, und Igon streckte ihm helfend die Arme entgegen, während Flandrena die Waffen vom vierten Seil löste und daran rüttelte, um Brega zu verstehen zu geben, daß sie alle sicher unten angelangt waren.

Daraufhin wurde das vierte Seil wieder nach oben gezogen, und kurz darauf ließ Brega damit die Ausrüstung dreier weiterer Kämpfer in die Tiefe, und Patrel, Dink und Harven hangelten sich ebenfalls durch die Schwärze. Als auch sie unten waren, gab Flandrena dem Zwerg ein weiteres Zeichen.

Die letzten Waffen wurden herabgelassen, und Danner und Rollo ließen sich an den Tauen herab. Bregas Abstieg glich eher einem Fallen, so schnell erfolgte er.

Nachdem sie ihre Waffen aufgenommen und die Elfenseile verstaut hatten, folgten sie Brega, der seine Gruppe an den zerklüfteten und schroffen Felsen vorbeiführte und durch die Finsternis auf die gegenüberliegende Schluchtwand zuhielt. Als Tuck hinaufblickte, konnte er weit oben nur einen schmalen Streifen des Himmels erkennen, und das Düsterdunkel verschmolz mit den schwarzen Konturen der Granitmauern.

Brega überprüfte mit seiner knorrigen Hand den Fels, und der Stein zerbröckelte unter seinem festen Griff. »Schlimm«, knurrte der Zwerg. »Noch schlechter, als ich dachte. Aber es bleibt uns keine andere Wahl, als den Aufstieg hier zu versuchen. Achtet beim Klettern darauf, euer Gewicht mit Händen und Füßen möglichst gleichmäßig zu verteilen, und bewegt euch langsam und äußerst vorsichtig. Wenn wir geeignete Stellen erreichen, so preßt euch mit dem ganzen Körper an den Fels, so daß die Belastung des Gesteins gering bleibt.

Wir werden uns jetzt alle anseilen: Wenn einer von uns den Halt verliert und stürzt, kann er von den anderen gehalten werden. Laßt uns nur hoffen, daß wir in einem solchen Fall nicht alle in die Tiefe gerissen werden!

Ich übernehme die Spitze und prüfe den Fels. Ihr dürft auf keinen Fall von dem Pfad abweichen, den ich einschlage, und meine Anweisungen müssen von euch sofort weitergegeben und peinlich genau befolgt werden.

In dieser Reihenfolge klettern wir in die Höhe: Zuerst ich, dann Elf Flandrena, gefolgt von Prinz Igon, Danner, Harven, Tuck, Rollo und Dink. Patrel bildete den Abschluß.

Rollt eure Mäntel zusammen und achtet darauf, daß eure Waffen euch nicht behindern, denn das könnte sich als überaus fatal erweisen.

So, und jetzt wollen wir uns anseilen und nicht noch mehr Zeit verlieren ...«

Binnen kurzer Zeit hatten die neun Kameraden die Mäntel zusammengerollt und die Waffen – Pfeile, Bogen, Schwerter, Langmesser und eine Axt – auf dem Rücken festgeschnallt und die Seile umeinander geschlungen. Daraufhin trat Brega an die Wand heran und begann, langsam in die Höhe zu klettern, und Flandrena und die anderen folgten ihm, als die Reihe an sie kam.

Ganz langsam kamen sie voran, und bald tasteten die Hände aller neun Gefährten über das brüchige Gestein des Felsvorsprungs. Brega fluchte, denn das Klettern war weitaus schwieriger, als er zunächst angenommen hatte. Manchmal mußten sie eine ganze Weile innehalten, während der Zwerg den steilen Fels nach Möglichkeiten absuchte, wo seine acht weniger erfahrenen Begleiter am ehesten zu folgen vermochten. Für Tuck waren dies die schlimmsten Augenblicke, denn er konnte spüren, wie das Gestein unter seinen Händen allmählich zerbröckelte, und er gab sich alle Mühe, sein Gewicht möglichst gleichmäßig zu verteilen, um nicht den Halt zu verlieren. Und als die neun Kameraden dann den Aufstieg fortsetzten und staubiger Sand in die Tiefe rieselte, wurden die Anweisungen Bregas flüsternd weitergegeben: *Haltet euch an dem kleinen Vorsprung links fest... Vermeidet es, die runde Felszacke zu belasten... Vorsicht vor dem Sims – er ist lose... Die Leiste dort ist massiv und kann euer Gewicht tragen...*

Bald schon hatten die Kletterer jegliches Zeitgefühl verloren und fühlten sich wie auf ewig Gefangene des staubigen Felsgesteins. Und noch immer ging es in die Höhe.

Salziger Schweiß rann Tuck von der Stirn und tropfte ihm in die Augen, und seine Kleidung wurde feucht und klamm. Er atmete mit rasselndem Keuchen, und seine Arme und Beine zitterten angesichts der Anstrengung. Er hatte den Eindruck, als habe sich ein fester und schmerzhafter Knoten in seiner Magengrube gebildet, und unterhalb konnte er hören, wie es im Stein knirschte und knackte. Den Grund der Schlucht konnte man inzwischen nicht mehr erkennen. Sein Herz klopfte heftig, einerseits auf Grund der Anspannung beim Klettern und andererseits wegen der dumpfen Furcht, die sich ihm wie ein zusätzliches Gewicht auf die Schultern legte. Er sehnte sich nach einer Ruhepause, doch wenn er verharrte, um nach Luft zu schnappen, begann der Fels unter seinen Händen und Füßen abzubröckeln. Und immer weiter in die Höhe ging es, und nach schier unendlicher Dauer hatte Brega endlich den Rand der Schlucht fast erreicht.

Halt! Die Anweisung wurde von den Kletterern weitergegeben. Brega sah sich vor ein unlösbares Problem gestellt: Das Gestein dicht unterhalb des Schluchtrands war besonders verwittert. Eine gute Weile prüfte der Zwerg jeden Fleck an dem Fels und suchte nach einem anderen Weg, während kleine Steinbrokken dauernd in die Tiefe herabfielen und weit unten am Grunde der Schlucht aufschlugen. Flandrena, der sich unmittelbar unterhalb von Brega befand, preßte sich an die Wand, während Igon auf einem schmalen Felsensims Halt gefunden hatte. Und die sechs anderen Kletterer unter dem Prinzen hofften, daß ihnen das brüchige Gestein wenigstens so lange Halt bot, bis Brega sich wieder in Bewegung setzte.

»Kruk!« fluchte der Zwerg schließlich. »Das Gestein an dieser Stelle kann sofort abbrechen, wenn man es auch nur der geringsten Belastung aussetzt, und ich bezweifle sogar, ob es mein Gewicht aushält. Ich werde versuchen, dort drüben an den Rand der Schlucht zu gelangen, denn es scheint mir, als sei der Fels an jener Stelle ein wenig stabiler. Möge der Geist des Ersten Durek mir dabei helfen, Halt zu finden.«

Und mit diesen Worten schob sich Brega weiter hinauf, und seine knorrigen Hände griffen behutsam in den Fels. Ganz langsam verlagerte er sein Gewicht, doch es knarrte und knirschte, als kleine Steine sich aus der Wand lösten und in die dunkle Tiefe stürzten. Brega war jetzt nur noch einen knappen Meter von der Kante des Abgrunds entfernt.

Plötzlich gab der Fels unter seinem rechten Fuß aber nach.

Brega preßte sich an die Wand, klammerte sich mit den Händen fest und suchte neuen Halt. Es gelang ihm schließlich, die Spitze des rechten Stiefels in eine kleine Spalte im Gestein zu stecken. Er holte tief Luft, schöpfte neue Kraft und hievte sich dann erneut in die Höhe.

Und der Rand war so nahe, daß er ihn nunmehr fast schon mit den Händen greifen konnte.

Langsam streckte er den Arm aus, und die Fingerspitzen seiner linken Hand krochen über den Fels, schoben sich über den Rand der Schlucht und versuchten, dort in einer Felsritze Halt zu finden.

In diesem Augenblick verriet ein jähes *Knack!*, daß der kleine Felsbuckel, auf dem der Zwerg stand, sich aus der Wand löste und in die Tiefe stürzte. Brega hing nun über dem nachtschwarzen Abgrund, gehalten nur noch von den Fingerspitzen seiner linken Hand. Aber ob der Zwerg dazu in der Lage gewesen wäre, sich dennoch in die Höhe zu ziehen, bleibt ungewiß: Der herabfallende Fels traf nämlich Flandrena und stieß den Elfen so beiseite, daß auch er den Halt verlor und in den dunklen Abgrund stürzte. Das Seil spannte sich, und angesichts des plötzlichen Rucks wurde Brega unweigerlich hinabgezogen.

Prinz Igon war fassungslos, als er sowohl den Felsbrocken als auch Flandrena und dann Brega an sich vorbeifallen sah, und spannte alle Kräfte an. Das Seil zwischen dem Elfen und dem Menschen straffte sich, aber durch den harten Zug wurden die Hände des Prinzen aus der Felsritze gerissen und er auf das Sims zurückgeworfen. Der zweite Ruck nach unten, hervorgerufen von dem Zwerg, schleuderte Igon zwar von dem schmalen und schroffen Vorsprung herunter, aber der junge Mann klammerte sich keuchend an einer Felszacke fest, und sein Gesicht verzerrte sich, als er alle Kraft seines jungen Körpers aufzubringen versuchte: Wenn er ebenfalls fiel, wurde ihm bewußt, hatten die sechs anderen Kletterer unter ihm keine Chance mehr.

Igons Stiefel kratzten über das Gestein, bis zuerst sein linker Fuß, dann auch sein rechter Halt fand. Der Prinz biß die Zähne zusammen, hielt weiter aus und konzentrierte alle Energie ganz darauf, sich an die Schluchtwand zu pressen und sich nicht in die Tiefe reißen zu lassen. Unter ihm baumelten sowohl Elf als auch Zwerg in der Schwärze, und die Blicke der Wichtel richteten sich besorgt auf Igon: Ihnen allen war völlig klar, daß ihr Leben und der Erfolg ihres Unterfangens nun allein von der Ausdauer und der Stärke des Prinzen abhingen.

Und Igon enttäuschte sie nicht: Ganz langsam zog er sich sogar wieder in die Höhe, *obgleich das volle Gewicht Bregas und Flandrenas an ihm zerrte*, und nach einigen langen Minuten hatte er wieder den Sims erreicht. Dort richtete er sich stöhnend auf, griff mit beiden Händen nach dem Seil und stemmte sich mit dem Rücken an die Wand.

Danner und Harven waren Flandrena am nächsten – der eine oberhalb, der andere darunter –, und sie wichen zur Seite und kletterten in Richtung des benommenen Elfen. Der Bruchstein zerbröselte unter ihren Fingern und rieselte als feiner Staub in die Finsternis hinab. Brega erholte sich rasch wieder von seinem Schock, und kurz darauf gelang es auch ihm, sich erneut an die Schluchtwand zu klammern. »Nein!« rief er den beiden Wichteln zu. »Dort ist der Fels besonders trügerisch! Nehmt den Weg, den ich zuvor eingeschlagen habe. Ich kümmere mich unterdessen um Flandrena.«

Und während der Zwerg sich an den Elfen heranschob, achtete er mit großer Sorgfalt darauf, sein Gewicht gleichmäßig zu verteilen. Doch noch bevor der Zwerg Flandrena erreichte, kam auch der Elf wieder zu sich und griff haltsuchend in das Gestein.

»Elf Flandrena«, fragte Brega, und seine rauhe Stimme klang besorgt, »wie geht es dir? Bist du verletzt?«

»Nein, Zwicht Brega«, erwiderte der Lian. »Ich habe mir zwar einige blaue Flecken geholt, aber ernsthaft verletzt bin ich nicht. Meine Knochen blieben heil.«

»Was ist mit euch anderen?« fragte Brega in die Runde.

»Ich fühle mich so, als hätte ich gerade ein ganzes Pferd in die Höhe gestemmt«, erklang die leise Antwort Igons. »Aber mit mir ist ebenfalls alles in Ordnung.«

»Ich hatte nur Mühe, den herunterstürzenden Steinen auszuweichen«, flüsterte Danner von unten. Der Jungwichtel folgte nun wieder der Route, über die Brega in die Höhe geklettert war.

»Ich ebenfalls«, meinte Harven leise.

»Ich glaube, mein Fuß hat etwas abbekommen«, befürchtete Tuck. »Er ist von einem der größeren Steine getroffen worden.«

»Hier ist alles in Ordnung«, vermeldete Rollo, »und Dink und

Patrel meinen, ihnen sei ebenfalls nichts geschehen.«

»Tuck, du mußt trotz deiner Verletzung weiterklettern«, knurrte Brega. »Wenn wir den Rand der Schlucht erst einmal erreicht haben, sehen wir uns deinen Fuß an.«

Daraufhin schob sich der Zwerg erneut langsam und vorsichtig in die Höhe. Flandrena folgte ihm, und unterdessen verweilten die anderen sechs Gefährten an Ort und Stelle. Nach einer ganzen Weile gelangte Brega an dieselbe Stelle, an der sich zuvor der große Felsbrocken gelöst hatte.

»Hm«, machte der Zwerg. »Das jetzt darunterliegende Gestein macht einen wesentlich verläßlicheren Eindruck.«

Ganz vorsichtig schob sich der Zwerg die letzten Meter empor, und wieder tasteten seine Hände zunächst prüfend über den Fels, bevor er sein Gewicht kleinen Fugen und Ritzen anvertraute. Und schon konnten die acht anderen Kletterer den Zwerg nicht mehr sehen, denn Brega hatte den Rand der Schlucht erreicht und sich hochgezogen.

Damit kam die Reihe an Flandrena, und der Elf kletterte wesentlich schneller, denn Brega konnte ihn nun von oben mit dem Seil absichern.

Nach Flandrena folgte Prinz Igon. Und dann gelangten auch die Wichtel nacheinander in die Höhe, und Tuck kletterte verbissen, obwohl er den stechenden Schmerz in seinem linken Fuß kaum zu ertragen vermochte. Jedesmal, wenn er ihn belastete, konnte er ein leises Knirschen hören.

Flandrena und Igon hievten sich bereits an der Felskante empor, und als Zwerg, Elf und Mensch mit vereinten Kräften am Seil zogen, kamen die Wichtel rasch empor: Danner wurde als erster von ihnen aus dem dunklen Abgrund geholt, und Patrel bildete den Abschluß.

Flandrena sah die anderen an, die sich um Tuck zu Boden gehockt hatten. »Der Fuß scheint gebrochen zu sein«, vermutete der Elf. »Allerdings kann ich das erst mit letzter Sicherheit feststellen, wenn wir den Stiefel ausziehen. Dann aber dürfte der Fuß sofort anschwellen, und aus diesem Grund sollte Tuck ihn besser anbehalten. Nun, eines steht jedenfalls fest: Tuck kann nicht mehr gehen. Das Erklettern der Schluchtwand hat mehr Zeit erfordert, als wir dafür eingeplant hatten, und bis zum

Sonnentod dauert es nicht mehr ganz eine Stunde. Bis dahin bleibt uns noch eine Menge zu erledigen. Ich glaube ... nein, ich *weiß*, daß wir Tuck hier zurücklassen müssen.«

»Was?« platzte Danner heraus. »Das meinst du doch wohl nicht im Ernst? Wir können ihn hier unmöglich zurücklassen. Die Rückenpatrouillen ...«

»Wir haben keine andere Wahl, Danner«, warf Brega ein. »Wir *müssen* weiter und die Mauer überwinden.« Der Zwerg deutete auf den Verteidigungswall der schwarzen Zitadelle. »Sicher, sie dürfte einfacher zu erklimmen sein als die Schluchtwand, denn der Stein der Mauer ist fest, und außerdem gibt es überall Fugen und Ritzen. Aber jemand mit gebrochenem Fuß kann das unmöglich schaffen.«

»Nein ...« Danner wollte sich noch immer nicht damit abfinden, aber er wurde erneut unterbrochen.

»Er hat recht, Danner«, pflichtete Tuck bei und lächelte, obgleich ihm zum Heulen zumute war. »Sie haben beide recht. Und es gibt auch noch einen anderen Grund, den bisher niemand genannt hat: Wenn ich mit euch käme, wäre ich nur ein Hindernis für euch und würde euch möglicherweise alle in Gefahr bringen. Ihr *müßt* mich zurücklassen und *ohne mich* in die Bastion Modrus eindringen. Und es kann auch niemand bei mir bleiben, denn nur mit vereinten Kräften wird es euch gelingen, die Zugbrücke herunterzulassen und das Tor zu öffnen.« Tuck hob die Hand, um Danners Einwänden zuvorzukommen. »Ich weiß: Die Patrouille im Schluchtgraben – bestimmt wird sie bald hier vorbeikommen. Deshalb helft mir auf den Felsbrocken dort. So kann ich mich verstecken, wenn sich die Rücks nähern. Und jetzt gib Ruhe, Danner, denn ihr habt *wirklich* keine andere Wahl. Nun beeilt euch! Es bleibt nicht mehr viel Zeit!«

Daraufhin wurde Tuck von seinen Kameraden in die Nähe einiger Felsbrocken getragen, die direkt an der Mauer der Festung lagen. Und mit Tränen in den Augen streifte Danner seinem Gefährten Tuck den Mantel um die Schultern. Und Tuck flüsterte mit gerührter Stimme: »Danke, Danner ... und jetzt geh! Ich komme schon zurecht.«

In diesem Augenblick ertönte das Heulen von Vulgs in der Nähe. »Rasch!« stieß Flandrena hervor. »Das sind die Späher Modrus. Wir müssen los, denn vielleicht haben sie uns bereits entdeckt.« Die anderen acht Kletterer verabschiedeten sich mit knappen Worten von Tuck, eilten dann auf die Mauer zu und begannen sie zu erklimmen. Und mit Tränen in den Augen sah der verletzte Tuck seinen Kameraden nach.

Weiter empor schoben sich Brega, Flandrena, Igon und die fünf Wichtel, und die hervorstehenden Ecksteine machten den Aufstieg recht leicht. Beim Bau dieser Festung hatte es Modru offenbar nicht für möglich gehalten, daß es irgendeinem Feind gelingen würde, bis unmittelbar an den Verteidigungswall seiner Zitadelle zu gelangen und dort die Gelegenheit zu nutzen, unbemerkt emporzuklettern. Noch während Tuck zusah, verharrten seine Kameraden plötzlich beim Erklimmen der Mauer und wurden zu schwarzen Schatten inmitten der Schemen des Düsterdunkels.

Tuck fragte sich erstaunt, warum seine Gefährten denn haltgemacht hatten. Dann sah er den Grund: Es war die Rückenpatrouille, und sie hielt genau auf ihn zu!

Tuck stützte sich etwas auf, versuchte den Schmerz zu ignorieren, der erneut in seinem linken Fuß zu pochen begann, und kroch hinter die Felsen. Und die Patrouille näherte sich, und der Jungwichtel konnte bereits die knurrenden und fauchenden Stimmen der Schergen Modrus vernehmen. Aufmerksam beobachtete er die Rücks. *Seht nicht nach oben!* riefen seine Gedanken ihnen zu. *Richtet eure Blicke zu Boden!*

Die dunklen Schatten der acht Kletterer rührten sich nicht von der Stelle.

Die Patrouille hielt weiter auf ihn zu, und nach einigen Schritten befanden sich die brummenden Ungeheuer nur wenige Meter unter den sich an der Mauer festklammernden Gefährten Tucks.

Dann endlich waren die Rücks an der Stelle vorbei, ohne aufgesehen zu haben, und Tuck seufzte erleichtert, schob sich noch tiefer in die Schatten der Felsbrocken, von wo aus er aber die Ungeheuer nicht mehr sehen konnte.

Doch halt! Es hörte sich so an, als hielten die Rücks – oder zumindest einige von ihnen – auf das Versteck des Wichtels zu!

Verzweifelt suchte Tuck nach einem Ausweg, und der Schmerz in seinem verletzten Fuß trieb ihm die Tränen in die Augen, als er um die Felsen robbte, sich durch kleine Spalten preßte und sowohl den Bogen als auch den Köcher mit Pfeilen vor sich herschob. Er kam an ein rostiges Eisentor, das zwischen zwei Felsvorsprüngen lag, und verbarg sich in einer dunklen Öffnung, die gerade groß genug war, um ihm Durchlaß zu gewähren.

Hinter sich konnte Tuck die knurrenden Stimmen der Rücks hören, die sich in der kehligen Slûk-Sprache unterhielten. Er biß die Zähne zusammen, um nicht vor Schmerz zu stöhnen, und kroch noch mehr in die Finsternis hinein. Der Schacht war so niedrig, daß er darin nicht einmal den Kopf heben konnte.

Auf den folgenden Metern schabte rauhes Gestein ihm sowohl über Brust als auch Rücken. Er hoffte inständig, daß er weiter vorn nicht gegen eine feste Wand stieß und er damit in der Falle saß. Es wurde so eng, daß er ausatmen mußte, um sich überhaupt noch weiterschieben zu können. Und er erkannte, daß ihm jetzt gar keine andere Wahl mehr blieb, als weiterzukriechen, denn wenn er versuchte umzukehren, würden sich Jacke und Wams hochschieben und ihn dann wie einen Pfropfen festklemmen. Aus diesem Grund setzte Tuck den Weg fort, obgleich er keine Ahnung hatte, was ihn weiter vorn erwartete.

Er wußte bald nicht mehr, wie viele Meter er in dem engen Schacht zurückgelegt hatte – zwanzig, dreißig, vielleicht sogar noch mehr –, aber schließlich erreichte er dessen Ende, und er stellte fest, daß er sich die ganze Zeit über in einem Abwasserkanal befunden hatte. Nun hockte er nachdenklich in einer kleinen Nische, und plötzlich begriff der Jungwichtel, daß ihm das Unmögliche gelungen war: Der Verteidigungswall der schwarzen Zitadelle lag hinter ihm, und vor ihm erstreckten sich die Kammern und Gänge des Eisernen Turms!

Die acht Kletterer an der Mauer verharrten in absoluter Reglosigkeit, als sich die Rückenpatrouille näherte und unter ihnen vorbeischritt. Nur ihre Augen bewegten sich, und ihre Blicke fixierten die Schergen Modrus. Patrel, der den Abschluß bildete, wagte nicht einmal zu atmen, als die Rücks nur wenige Meter unter ihm passierten. Sie waren ihm so nahe, daß er fast den Eindruck hatte, nur den Arm ausstrecken zu müssen, um die Dämonen zu berühren. Wenn die Rücks in jenem Augenblick emporgesehen hätten, wären die Kletterer sofort entdeckt gewesen. Doch die gedrungenen Gestalten knurrten und brummten nur, fluchten und stritten so heftig miteinander, daß sie die acht Gefährten über ihnen an der Mauer nicht erblickten.

Kurz darauf schritt die Patrouille um eine Ecke herum und setzte den Weg nach Süden fort. Doch halt! Zwei Rücks wandten sich ab und *hielten genau auf das Versteck Tucks zu*!

Die Blicke der acht Kletterer folgten entsetzt den beiden Ungeheuern, und Danner machte Anstalten, sich wieder in die Tiefe zu lassen. Prinz Igon streckte rasch die Hand aus, ergriff den Arm Danners und raunte ihm zu: *»Nein!«* Und erneut erstarrte der Jungwichtel zu völliger Reglosigkeit.

Die beiden Rücks hatten nun die Felsen erreicht, und sie unterhielten sich in der gutturalen Slûksprache, als sie sich erleichterten. Und dann machten sie kehrt und beeilten sich, um zu ihrer Patrouille aufzuschließen.

Die acht Gefährten seufzten und waren überaus froh, daß der verletzte Tuck nicht entdeckt worden war. Und kaum waren die Rücks außer Sicht, kletterten sie weiter in die Höhe.

Immer höher hinauf ging es, und ihre Hände und Füße fanden überall Halt in den Fugen und Ritzen, obwohl das Gestein an einigen Stellen mit einer Kruste aus Eis und Schnee überzogen war.

Nach einer Weile befand sich Brega dicht unterhalb der Zinnen. Dort verharrte er, und die anderen folgten seinem Beispiel. Sie würden erst dann weiterklettern, wenn der Zwerg ihnen mit einem Wink bedeutete, daß sie unbemerkt auf den Wehrgang gelangen konnten.

Aber sie warteten vergeblich auf dieses Zeichen, denn der Zwerg vernahm das Geräusch schlurfender Schritte eines Rücks, und kurz darauf sah er den Schatten eines Lakaien, der an den Zinnen entlanglief. Doch der Wächter, den er abzulösen gedachte, lag ja tot am Grund der Schlucht. Und dicht unterhalb der Zinnen klebte regelrecht der Zwerg an der Wand. Nur mit einer Hand hielt sich Brega fest, denn die andere umklammerte den schwarzen Schaft seiner Streitaxt. Er machte sich zum Kampf bereit, als er hörte, wie der Rück grunzte und knurrte, die Lanze des toten Wächters aufhob und anschließend auf eben die Schießscharte zukam, unter der Brega lauerte.

Ubrik kehrte mit den Pferden der neun Kletterer ins Lager der Legion zurück und gesellte sich zu Galen und Gildor, die sich darüber berieten, wie die Streitmacht vorgehen sollte.

»Nun, Ubrik!« rief Galen, als er den Marschall zurückkehren sah. »Ist alles gutgegangen?«

Ubrik stieg von seinem Pferd ab und übergab das Roß der Obhut eines Bediensteten. »Bis jetzt ja, König Galen. Auch bis sie den Schluchtgraben erreichen, dürften der Einsatzgruppe keine großen Gefahren drohen. Der Waldan Bert und mein Kundschafter Aric beobachten Brega und seine Kameraden aus der Ferne und erstatten uns sofort Bericht, wenn sie damit beginnen, an der Festungsmauer emporzuklettern.«

Galen brummte und reichte dem Feldmarschall einen Becher mit heißem Tee. »Gut. Dann laßt uns noch einmal darüber sprechen, wie wir die Yrm in der schwarzen Zitadelle am besten von der Gruppe der Kletterer ablenken.«

Der Plan war ganz einfach: Die Streitmacht sollte in Richtung des Nordtors reiten, denn dort war der Schluchtgraben am schmalsten. Dann würde sich eine kleinere Einheit von Vandurin mit Seilen, Schilden und einer Eskorte aus Bogenschützen auf den Weg machen, um den Feind daraus schließen zu lassen, daß die Vanadurin die Absicht hatten, im Schutze eines auf die Bastion herabregnenden Pfeilhagels zu versuchen, auf die andere Seite des Abgrunds vor der Festung zu gelangen. Bei diesem Unternehmen sollten die zurückgebliebenen Wichtel, angeführt von Merrilee, sich den Bogenschützen aus Valon hinzugesellen.

In der Zwischenzeit sollte eine zweite Abteilung aufbrechen und noch weiter nach Norden reiten. Es war vorgesehen, daß sich die Krieger dieser Truppe so verhielten, als hätten sie einen geheimen Angriff vor. Man wollte den Feind auf diese Weise glauben machen, der Hauptangriff erfolge aus dieser Richtung, so daß die Yrm nicht auf den Gedanken kamen, nach heimlichen Eindringlingen Ausschau zu halten.

Und während sich die Aufmerksamkeit des Gegners in der schwarzen Zitadelle auf diese Vorgänge richtete, würde der Elfenherr Gildor eine Kampfgruppe an der südlichen Flanke der Hauptmasse der Streitmacht bereithalten. Die Krieger dieser Einheit sollten sich die ganze Zeit über bei ihren Kameraden aufhalten und ganz so den Eindruck erwecken, als gehörten sie zu ihnen, wohingegen ihre eigentliche Aufgabe darin bestand, baldmöglichst über die Zugbrücke ins Innere der Bastion zu stürmen und den Feind so lange hinzuhalten, bis die Hauptstreitmacht eintraf. Vorausgesetzt, es gelang den neun Kletterern, die Brücke herabzulassen und das Fallgatter emporzuziehen.

Und schließlich hatte König Galen vor, sich die ganze Zeit über in seiner scharlachroten Rüstung zu zeigen, an den Linien seiner Heerschar entlangzureiten, um so die Aufmerksamkeit der Yrm von dem Herrn von Gildor abzulenken und ganz auf sich zu ziehen.

»Ach!« knurrte Ubrik. »Zwar habe ich selbst diesen Plan entwickelt, aber er gefällt mir nicht sonderlich, denn er hängt ganz vom Erfolg der neun Kletterer ab. Ich glaube, wir verlassen uns viel zu sehr auf die Einsatzgruppe Bregas, und wenn sie entdeckt werden und die Zugbrücke nicht herabgelassen wird ... Nun, ich will folgendes damit sagen: Wenn Brega und seine acht Begleiter keinen Erfolg haben, dann können wir nichts tun, um die Pläne Modrus wirksam zu vereiteln.«

»Leider, Ubrik«, erwiderte Gildor, »aber was bleibt uns denn sonst übrig? Wenn wir Belagerungstürme, Sturmleitern und anderes Gerät zum Angriff besäßen, könnten wir auf eine ganz andere Art und Weise vorgehen. Doch wir haben nur unsere Schwerter, Lanzen und Pfeile. Der Plan, über den wir gerade sprechen, ist zwar recht simpel, aber es könnte uns damit gelingen, die Aufmerksamkeit der *Rûpt* von der östlichen Festungsmauer abzulenken und auf uns zu ziehen. Unsere einzige Hoffnung besteht nur darin, daß die Teufelsbrut darauf hereinfällt, an die Nordmauer eilt und uns von dort aus verspottet und verhöhnt. Wenn sie statt dessen aber die Wachen an der Zugbrücke verstärken ... nun, dann möge Adon uns beistehen.«

»Gerade der Hohn und Spott der Yrm macht mir am meisten Ärger, Deva Gildor«, gab Ubrik knurrend zur Antwort. »Das gebe ich ganz freimütig zu. Ich weiß, daß unser Plan zwar in erster Linie dazu dienen soll, die Teufelsbrut an die Nordmauer zu ziehen, auf daß sie von dort aus über uns mit Hohn und Spott triumphiert. Und es krampft sich dennoch vor Wut alles in mir zusammen, wenn ich schon daran denke.«

»Nun, in einem Punkt hast du ganz gewiß recht, Markenmarschall Ubrik«, warf Galen ein. »Falls die neun Kletterer keinen Erfolg haben, so ist unsere Niederlage sicher.«

Galen wandte sich an den Lian. »Wann ist es soweit, Gildor?«

»In knapp fünf Stunden, König Galen, kommt es zum Sonnentod«, erwiderte der Elf.

»Dann wird es Zeit, mit dem Ablenkungsmanöver zu beginnen.« Galen erhob sich und schnallte sich das Schwert Stahlherz um. »Ob es dir nun gefallen mag oder nicht, Markenmarschall Ubrik: Jetzt ist der Zeitpunkt gekommen, den Hohn der Schergen Modrus über sich ergießen zu lassen. Gib dem Heer das Signal zum Aufbruch!«

Ubrik setzte sein Kriegshorn an die Lippen, und ein dröhnender Laut hallte dumpf über das Eisland. Und kurz darauf erklangen andere Hörner, als die einzelnen Großscharen der Streitmacht ihre Bereitschaft meldeten.

Galen, Gildor und Ubrik schwangen sich auf die Rücken ihrer Pferde, ritten an die Spitze des Heeres und geleiteten es in Richtung des Eisernen Turms. Ubrik übernahm die linke Flanke und Gildor die rechte. König Galen trieb sein Roß in der Mitte an. Und direkt hinter dem Hohekönig ritten Merrilee, Dill, Teddy und Arch auf Pferden, die von Vanadurin geführt wurden. Die Helme der fünftausend Krieger glänzten im gespenstischen Glühen des Schattenlichts. Die Soldaten stützten die Schäfte ihrer Lanzen und Speere in die Steigbügel, steckten die Säbel zum Zuschlagen bereit in die Sattelscheiden, und einige Krieger waren auch mit Pfeil und Bogen bewaffnet. Fern im Norden galoppierten die Rösser von fünfzig Harlingar: die Kampfgruppe, die einen Scheinangriff auf die Bastion ausführen sollte.

Das Rasseln der Rüstungen und der klirrenden Waffen wurde immer übertönt von dem weithin hallenden Klang der Kriegshörner, die den Feind in der Bastion zum Kampf herausforderten.

Und nördlich im Schwarz des Düsterdunkels ertönte das schrille Heulen der Vulgspäher, die ihrem Herrn im Eisernen Turm Bericht erstatteten. Merrilee schauderte, denn sie vermutete, daß Modru nun die Meldung von einer Reiterschar erhielt, die nach Norden unterwegs war: die Kampfgruppe, die den Scheinangriff durchführen sollte. Die junge Dornenläuferin fragte sich gleichfalls besorgt, ob die Vulgs wohl auch die neun Kletterer entdeckt hatten. War Modru davon unterrichtet, daß Tuck und die anderen den Versuch unternehmen wollten, sich in die schwarze Zitadelle zu schleichen? Oder war es gelungen, die Aufmerksamkeit der Vulgs abzulenken, so daß Brega und seine acht Begleiter von ihnen unbemerkt den Schluchtgraben erreicht hatten? Da Merrilee keine Antwort auf diese Fragen fand, blieb ihr nichts anderes übrig, als zu hoffen, daß Tuck und die anderen nicht in eine Falle gerieten.

Inzwischen kam die Streitmacht der dunklen Festung immer näher, und die Krieger sahen, wie auf dem Wehrgang hinter den Zinnen Yrm hin und her eilten. Dann und wann ließ der Feind einen schwarzen Pfeil durch die Luft sausen, um auf diese Weise festzustellen, wie weit seine Geschosse reichten.

Noch näher rückte das Heer heran, bis es fast in Reichweite der Rückenpfeile war. Markenmarschall Ubrik setzte ein weiteres Mal sein Horn an die Lippen, und sein Signal veranlaßte die Krieger, haltzumachen.

Vorne stiegen mit Schilden und Seilen ausgerüstete Soldaten von den Pferden und schritten auf den Schluchtgraben zu. Hinter ihnen folgten die Bogenschützen, und zu ihnen gehörten auch die Wichtel, die die Deckung der Felsen ausnutzten, die überall verstreut lagen.

Sie näherten sich dem Abgrund vor der Festung, und kurz darauf hatten die Vanadurin den Rand der Schlucht erreicht. Sie befestigten die Stricke an den Felsen und ließen die Taue dann in die Finsternis des tiefen Grabens hinab.

Und die Rücks, Hlöks und leichenblassen Ghûle starrten ungläubig auf diese Soldaten: Glaubten diese *Narren* denn, unbehelligt auf die andere Seite des Schluchtgrabens zu gelangen? Höhnisches Gegröle wehte von den Zinnen der Zitadelle herab.

Dann schrillte ein Rückenhorn, und ein Hagel aus schwarzbefiederten Pfeilen prasselte auf die Vandurin hernieder, doch die Geschosse bohrten sich vor allem in den hartgefrorenen Boden und die Schilde.

Die Bogenschützen der Streitmacht antworteten mit ihren Pfeilen. Die meisten spitzen Schäfte sausten über die Zinnen hinweg oder zerbrachen an dem Stein der Mauern, aber einige trafen auch ins Ziel.

Ein Schrei aus Tausenden von Kehlen ertönte, als der Hohekönig in seinem roten Harnisch an den vordersten Linien seiner Streitmacht entlangritt und die Klinge des Schwertes Stahlherz im Glühen des Schattenlichts blitzen ließ.

Weitere schwarzbefiederte Pfeile des Feindes surrten heran

und zielten auf die Menschen und Wichtel am Schluchtgraben, aber die Bogenschützen der Belagerer schossen zurück. Schließlich aber, als sie von ihrem Anführer das verabredete Zeichen erhielten, wandten sich die Vanadurin von den Seilen ab und zogen sich zur Heerschar zurück, und auch die Bogenschützen setzten ihre letzten Pfeile auf die Sehnen, ehe sie sie davonsausen ließen und ebenfalls den Rückzug antraten.

Und hinter den Zinnen jubelten die Yrm grölend und höhnten voller Spott, so daß viele Krieger – unter ihnen auch Markenmarschall Ubrik, der sich an der linken Flanke der Armee aufhielt – wütend die Fäuste ballten.

Doch all das war ja geplant.

Brega umfaßte entschlossen den schwarzen Griff der Axt Drakkalan, und der Blick des Zwerges richtete sich auf den Schlitz der Schießscharte. Deutlich konnte er hören, wie sich die schlurfenden Schritte des Ukh der Öffnung näherten. Mit der linken Hand hielt sich Brega am Mauerrand fest und schob die Füße tiefer in einen Spalt hinein, der nun sein ganzes Gewicht trug. Er vernahm den keuchenden Atem des Schergen Modrus, dessen Kratzen mit einem Lanzenschaft, dann das leise Schaben einer Klauenhand, die den Stein der Zinne berührte. Und da beugte sich der Grg vor, um durch die Öffnung nach unten zu sehen.

Krack! Die Schneide Drakkalans spaltete mit einem Hieb den Schädel des Rück, zersplitterte Knochen und ließ dessen Helm in die Tiefe stürzen. Dunkler Schleim spritzte über die Zinne, die Mauer und den Zwerg. Und die Wucht des Schlages schleuderte das Ungeheuer mit solcher Gewalt nach hinten, daß es tot auf dem Wehrgang liegenblieb.

Brega zog sich hinauf und sah sich rasch um. Kein weiterer Wächter befand sich hinter den Zinnen! Der Zwerg gab seinen Kameraden ein Zeichen und sprang dann leise mit der Geschmeidigkeit einer Katze auf den Wehrgang, während die sieben anderen Kletterer die Mauer erklommen. Als sie den Zwerg erreicht hatten, hob Brega gerade die Leiche des Ungeheuers auf, warf dann den Leib des toten Rück fort in den Schluchtgraben und ließ auch die beiden Lanzen folgen.

»Eile tut not«, hauchte Flandrena, und die Stimme des Elfen klang gepreßt. »Es bleibt uns nur noch eine knappe halbe Stunde bis zum Sonnentod, und bis dahin müssen wir die Zugbrücke heruntergelassen, das Fallgatter emporgezogen und das Tor geöffnet haben.«

Rasch streiften die acht Kameraden wieder die schmutzigen Mäntel über und zogen sich die Kapuzen tief in die Stirn. Dann bezogen sie Aufstellung – die Wichtel und Brega vorne, gefolgt von Flandrena und Igon – und setzten sich in Bewegung. Über den Wehrgang eilten sie und hielten auf das Tor zu. Und sie knurrten und brummten und verhielten sich ganz so wie eine Rūckenschar.

Ich habe es wirklich geschafft! Ich bin in der Festung! Tucks Herz klopfte heftig, als er sich vorbeugte und aus der Nische spähte. Vor ihm erstreckte sich der Vorplatz der Bastion, und der Blick des Jungwichtels fiel auf Hunderte von Schergen Modrus. Einige schleppten allerlei Fässer und Kisten, und andere trugen Waffen und eilten damit über die zu den Zinnen emporführenden Rampen. Wieder andere zischten, fauchten und stritten untereinander beim Dahineilen über das große Kopfsteinpflaster. Peitschen knallten in dem Gewirr aus Rūcks und Hlōks, und von überall her kamen die kehligen Befehle der leichenblassen Ghûle, die das Treiben überwachten.

Tuck zog sich die Kapuze seines Mantels tief in die Stirn und hoffte, daß er auf diese Weise für einen Rūck gehalten wurde.

Vom Regen in die Traufe, dachte Tuck. *Und jetzt? Zurück in den Schacht? Nein! Ich bin schließlich hierhergekommen, um irgendwie in die Festung zu gelangen. Und ich habe es geschafft – wenn auch anders, als ich es eigentlich beabsichtigte.*

Erneut sah sich Tuck vorsichtig um: Nach wie vor eilten die Lakaien des Herrn der Winternacht durcheinander. Und die Blicke der seelenlosen schwarzen Augen der Ghûle glitten weiterhin über den Vorplatz. *Na schön, Jungwichtel, du bist jetzt also in der Zitadelle. Aber wie glaubst du, das Tor erreichen zu können? Bestimmt brauchen dich deine Kameraden dort. Im Westen, ja... das Tor befindet sich in der Westmauer – von hier aus gesehen genau auf der gegenüberliegenden Seite der Bastion. Und der Weg führt mitten durch die große Streitmacht des Feindes. Es muß dir also irgendwie gelingen, unerkannt durch die Reihen der Horde zu schlüpfen. Zuerst aber kommt es darauf an, der Aufmerksamkeit der Ghûle zu entgehen.*

Tuck schob sich nochmals vor – und wich sofort wieder zurück, denn eine knurrende und brummende Rückenschar marschierte an der Mauer entlang und kam genau auf die Nische zu, in der er sich versteckt hielt. *Tap, tap!* Die Ungeheuer kamen flink voran, und Tuck drückte sich tiefer in den Schatten der Nische und schob sich Bogen und Köcher über die Schultern auf den Rücken. *Tap, tap!* Die Rücks näherten sich weiter, und kurz darauf vernahm Tuck schon die heiseren Stimmen der Ungeheuer. *Tap, tap!* Die ersten Rücks schritten nun an seinem Versteck vorbei. Tuck hielt den Atem an und rührte sich nicht von der Stelle. *Tap, tap!* Die Dämonen marschierten weiter, währenddessen er inständig hoffte, daß keiner von ihnen den Kopf zur Seite wandte und in die Nische blickte. *Tap, tap!* Und dann endlich war die Schar vorbei.

Das ist deine Chance, Tuck! schoß es ihm durch den Kopf. Er stieß sich ab, trat aus der Nische hervor und *schloß sich der Gruppe der Ungeheuer an.*

Bei jedem Schritt peinigte ihn heißer Schmerz in seinem verletzten Fuß, und er konnte spüren, wie es in dem betreffenden Stiefel *knirschte*. Aber er biß nur die Zähne zusammen und ging weiter, doch dumpfe Furcht kroch in ihm empor: Ein einzelner Jungwichtel, der den Abschluß einer knurrenden Rückenschar bildete ... *was geschähe, wenn es zu einer Überprüfung kommt? Ich wäre erledigt!* schoß es ihm durch den Sinn.

Die Ungeheuer marschierten südwärts an der Mauer entlang. Dann schließlich wandten sie sich nach Westen und folgten dem Verlauf des Kopfsteinpflasters zwischen niedrigen Gebäuden und hohen Türmen hindurch. Tuck humpelte am Ende der Kolonne, und er nahm alle Kraft zusammen, den in seinem verletzten Fuß pochenden Schmerz zu ignorieren. Doch mit jedem Schritt wuchs seine Angst, daß ihm ein Schmerzensschrei entfahren und ihn verraten mochte.

Sie kamen an den Ghûlwachen vorbei, und die Blicke der schwarzen Augen glitten über die Rücks und auch Tuck hinweg, als sie den Weg nach Westen fortsetzten. Tuck hielt den Kopf gesenkt und verbarg Arme und Hände unter dem Mantel, als er in die Nähe eines Ghûls kam. Doch das Hôllroß schnaubte und wieherte, als der Wichtel vorbeihinkte, und Tuck wußte, daß das dämonische Tier ihn gewittert hatte. Doch genau in diesem Augenblick zog der darauf sitzende Ghûl die Zügel an und ritt fort, um einen Streit zwischen drei verfeindeten Rückenscharen zu schlichten, und so achtete er nicht auf die nervöse Unruhe, von der sein Roß erfaßt worden war.

Tuck setzte den Weg fort und hielt sich dicht hinter dem letzten Rück der Kolonne. Sie gelangten auf einen weiteren Platz, und von hier aus wandte sich die Schar nach Norden. Tuck erkannte noch rechtzeitig einen nach Westen führenden Pfad, und als die Schergen Modrus um eine Ecke bogen, preßte er sich an die Wand und wartete, bis die anderen fort waren.

Der Schmerz in seinem verletzten Fuß war nun kaum noch zu ertragen. Trotzdem zwang sich Tuck wieder voranzugehen, doch kurz darauf befand er sich in einem Labyrinth aus in alle Richtungen sich windenden Gassen. Er wählte die westlichen Pfade. Manchmal endeten aber die Wege, für die er sich entschieden hatte, in Sackgassen, und dann mußte er umkehren und verlor somit kostbare Zeit. Bei jedem Schritt *knirschte* es im Stiefel, und ihm war, als bohrten sich ihm tausend Lanzenspitzen ins Fleisch.

Tuck taumelte durch die schmalen Gassen zwischen den einzelnen Gebäuden der schwarzen Zitadelle, und nach einer Weile erreichte er einen Platz, an dem Fässer und Kisten aufgestapelt waren. Vorsichtig schob er sich daran vorbei und fand schließlich einen Weg aus dem Irrgarten. Vor ihm erstreckte sich ein weiter Platz, auf dem es von Rücks nur so wimmelte, und auf der gegenüberliegenden Seite erhob sich ein großer und dunkler Turm. Tuck starrte in die Höhe und erkannte ganz oben die dunkle Wolke, die er bereits von der Moorebene her gesehen hatte. Sein Blick heftete sich fest daran, und sein Herz hämmerte wild, denn er wußte, daß er nun vor dem Eisernen Turm Modrus stand. Und noch während er in die Höhe blickte …

Sssst-zack! Die Riemen einer Peitsche trafen Tucks Schultern, glitten mit einem jähen Schlag unter seine Kapuze, ließen die Lippe aufplatzen und schnitten sich ihm in das Gesicht. Der Jungwichtel wirbelte ungewollt um die eigene Achse, und direkt vor ihm stand ein fauchender Hlōk. Doch als er mit der unter seinem Mantel verborgenen rechten Hand nach dem Schwert Verderbensboten griff, knurrte das Ungeheuer: *»Theck dral,* *guth!«* und hob die Peitsche zu einem neuen Schlag. Hinter dem Hlōk traten außerdem vier Rūcks aus den Schatten.

Noch drei weitere Male schickte das Heer Galens Stoßtrupps aus, um den Feind glauben zu machen, daß er wirklich die Absicht habe, den Schluchtgraben zu durchqueren, und die Bogenschützen zielten mit ihren Pfeilen stets auf die hinter den Zinnen der Festung grölende Teufelsbrut. Jedesmal prasselte als Antwort ein Hagel schwarzbefiederter Pfeile hernieder. Und das große Katapult über dem Tor machte *Twann!* und schleuderte dicke eiserne Lanzen in Richtung der Streitmacht. Dreimal wurde der Angriff auf die Bastion zurückgeschlagen. Und während sich die Soldaten und Bogenschützen zurückzogen, heulten die Yrm und verspotteten die Armee, und die Klänge Dutzender Rūckenhörner hallten weit über das im Frost erstarrte Land.

Merrilee und die Wichtel kehrten zusammen mit den anderen Bogenschützen zurück und verharrten an der Spitze des Heeres, wobei sie beobachteten, wie König Galen und andere Truppenführer an den Reihen der Krieger entlangritten und ihre Waffen schwangen.

Twann! Ein großer eiserner Speer sauste wiederum durch die Luft. Er bohrte sich schließlich in den hartgefrorenen Boden vor einem Felsbrocken, hinter dem einige Soldaten in Deckung gegangen waren.

Und auf den Wehrgängen der schwarzen Zitadelle kreischten die Yrm.

Kurz darauf sah Merrilee, daß sich eine große Abteilung der Teufelsbrut in Bewegung setzte und dem nördlichen Bereich der Festung zustrebte. Und als Galen zurückkehrte, donnerte von Norden her das Pferd eines Spähers heran. »*Hai*, König Galen!« rief der Krieger und zügelte sein Roß. »Die Wrg haben den Vanadurintrupp entdeckt, der im Norden versuchen sollte, auf die andere Seite des Schluchtgrabens zu gelangen, und nun werden dort die Harlingar mit Pfeilen reichlich eingedeckt.«

»Somit verläuft also alles nach Plan«, erwiderte Galen. Er wandte den Kopf und sah nach Süden. Er hielt nach Aric und Bert Ausschau und hoffte darauf, möglichst bald die Meldung zu erhalten, daß es Brega und seiner Gruppe gelungen war, unbemerkt in die Bastion zu gelangen. »Dornenläuferin Hain, kannst du den Kundschafter oder den Wichtel sehen?«

Merrilee ließ den Blick ihrer Augen nach Süden schweifen und durchdrang das Düsterdunkel, aber nach einer Weile schüttelte sie nur stumm den Kopf.

»*Rach!*« Galen ballte zornig die Faust. »Wir wissen noch immer nicht, ob Brega und seine Gefährten Erfolg hatten oder aber vom Feind entdeckt wurden. Vielleicht befinden sie sich sogar immer noch in dem tiefen Schluchtgraben. Aber langsam wird die Zeit knapp.« Der König gab sich einen inneren Ruck und rief: »Der fünfte Angriff soll beginnen! Wir wollen weiterhin die Aufmerksamkeit des Feindes auf uns lenken!«

Eine Großschar von Harlingar griff nach den Schilden und setzte sich in Bewegung, und die Bogenschützen folgten den Soldaten. Auch Merrilee legte einen Pfeil auf die Sehne und folgte den Männern. Tiefe Sorge entstand in ihr, als sie an Tuck, Danner und Patrel dachte, an Rollo, Dink, Harven, Brega, Igon und Flandrena. Zu gern hätte sie gewußt, wie es ihnen jetzt erging, aber als es erneut schwarzbefiederte Pfeile des Feindes von den Zinnen der Festung regnete, wurden ihre Gedanken anderweitig beschäftigt.

Die acht Kameraden – die Gesichter im Schatten der Kapuzen verborgen – marschierten über den Wehrgang hinter den Schießscharten nach Südwesten. Auf den Plätzen unterhalb sahen sie Hunderte von Rücks, die über das grobe Kopfsteinpflaster eilten, in Abteilungen und Großscharen marschierten und den Befehlen der Hlōks gehorchten. Hie und da erblickten sie auch einen Ghûl, der über das wimmelnde Durcheinander wachte.

Aber die Aufmerksamkeit der acht Gefährten galt nicht in erster Linie dem Feind dort unten. Statt dessen starrten sie über die Verteidigungsanlagen hinweg und zu dem großen Turm, an dessen Spitze die dunkle Wolke wallte. Und dahinter lag noch weit entfernt das Tor in der Westmauer. Doch ihr Unbehagen wuchs, als sie eine große Gruppe von Rücks sahen, die sich auf dem Wehrgang über dem Tor sammelte.

»Jene Schergen Modrus dort sollen sicher helfen, einen Angriff der Unsrigen zurückzuschlagen«, knurrte Brega.

»Seht nur, im Norden«, hauchte Dink. »Eine weitere Heerschar.«

»Dort findet jetzt bestimmt der Scheinangriff statt«, erklärte Flandrena leise, als sie ihren Weg nach Westen fortsetzten. »Es läuft alles nach Plan: Die Hauptstreitmacht erweckt den Anschein, als wolle sie in der Nähe des Tores versuchen, den Schluchtgraben zu überqueren. Und inzwischen lenkt im Norden eine aus Harlingar bestehende Abteilung die Aufmerksamkeit des Feindes von uns ab.«

»Aber es befinden sich einfach zu viele Rūcks auf dem Wehrgang hinter dem Tor«, zischte Danner.

»Vielleicht ...« setzte Brega an, unterbrach sich aber sofort und begann Rūck-artig zu knurren und zu brummen und seine Gefährten zu stoßen. Die anderen sieben Kletterer folgten seinem Beispiel, und Flandrena holte aus und schlug zum Schein mit dem Teil eines Elfenseils – es ähnelte ganz einer Rūckenpeitsche der Hlōks – auf sie ein. Heulend und zischend und fauchend kamen sie an einem Rūckwächter vorbei, der ihnen aber nicht die geringste Beachtung schenkte. Offenbar fürchtete er ebenfalls einen Peitschenhieb, wenn er den Blick von der Schlucht vor dem Verteidigungswall der Festung abwandte.

Die acht Eindringlinge marschierten weiter und näherten sich langsam dem Tor in der Westmauer. Sie passierten weitere Wächter und kamen auch an anderen Rūcks vorbei, ohne ein einziges Mal angehalten zu werden. Nach einer Weile erreichten sie den Wehrgang der Westmauer, und von dort aus fiel ihr Blick auf die Heerschar auf der anderen Seite des Schluchtgrabens. Sie sahen auch jenes scharlachrote Glänzen, als König Galen in seiner funkelnden Rüstung an den Reihen seiner angetretenen Soldaten entlangritt. An der südlichen Flanke der Armee machten sie außerdem die Streitmacht Gildors aus, der die Aufgabe zukommen sollte, loszureiten und in die Festung zu stürmen, nachdem es der Einsatzgruppe Bregas gelungen war, die Zugbrücke herabzulassen. Und sie bemerkten auch jene wesentlich kleinere Abteilung, die gerade unter dem Pfeilregen der Feinde den Versuch unternahm, die Seile zu erreichen, an denen sie sich in den tiefen Abgrund hinablassen konnten.

Dann aber wandten Brega und seine sieben Begleiter den Blick von all dem ab, denn nun hatten sie den Wehrgang erreicht, der über das Westtor hinwegführte, und sie schickten sich an, die letzte noch verbleibende Strecke zurückzulegen. Vor sich sahen sie schon das große Katapult, das von Hlōks bedient wurde – *Twann!* –, und sie hörten das Knirschen der Zahnräder, als die Waffe ein weiteres Mal gespannt und ein großer eiserner Speer in den Schleuderschacht gelegt wurde. Und während die Teufelsbrut jubelnd grölte und das Heer des Königs verspottete, hielten die acht Kletterer weiter auf ihr Ziel zu: die große Winde der eisernen Zugbrücke und das Hebewerk des Fallgatters.

Twann! Klack-klack-klack-klack-klack! Die Spannketten rasselten laut, als die Hlōks eine weitere große Lanze in die Rille legten. Der Anführer der Torwache drehte sich um und sah acht Gestalten, die ihre Kapuzen jedoch so tief in die Stirn gezogen hatten, daß man die Gesichter nicht sehen konnte. Und diese acht Gestalten näherten sich der Zugbrückenwinde.

»Shugg du!« fauchte der Hlōk und trat der Gruppe Bregas in den Weg. *»Shugg du!«* wiederholte er knurrend, aber die Antwort darauf bestand nur aus Schweigen. *»Arg tha! Shugg du!«* Das Ungeheuer trat vor, und sein Fratzengesicht verzerrte sich vor Zorn. Mit der einen Klauenhand riß er die Peitsche aus seinem Gürtel, während er mit der anderen die Kapuze der vordersten Gestalt zurückwarf. *Und der Lakai Modrus riß die Augen entsetzt auf, denn er starrte in das faltige Gesicht eines Dubh!* Das war auch das letzte, was der Hlōk jemals sah, denn die Streitaxt Drakkalan trennte den Kopf von seinem Leib, worauf auf dem Wehrgang über dem Tor ein heftiger Kampf losbrach.

Als Tuck die vier Rūcks hinter dem Hlōk erblickte, wirbelten seine Gedanken wirr dahin. Er wußte ganz genau, daß er mit seinem Schwert Verderbensboten nicht gut genug umzugehen verstand, um fünf Gegner so schnell zu erledigen, bevor es einem von ihnen gelang, Alarm zu schlagen.

»Theck dral, guth!« fauchte der Hlōk und deutete auf einige Fässer. Erst jetzt begriff Tuck, daß die Rūcks ganz offensichtlich auf dem Weg nach dem Eisernen Turm waren und jeder von ihnen eine schwere Last trug.

Das Ungeheuer hält mich für einen Rūck! Rasch setzte sich Tuck in Bewegung, blieb vor dem Stapel stehen und hievte sich ebenfalls ein Faß auf die Schultern. Humpelnd folgte er den anderen Lakaien des Herrn der Winternacht, und der Hlōk blieb zurück, um andere Lastenträger zu beaufsichtigen.

Erneut flammte in seinem verletzten Fuß eine solche Pein auf, daß er sie kaum mehr zu ertragen vermochte, ja ihm fast das Bewußtsein raubte. Doch er taumelte weiter, während Blut von seiner aufgeplatzten Lippe tropfte. Die Rūcks vor ihm brachten die Fässer und Kisten offenbar an einen Ort, der als Essensausgabe für andere Schergen Modrus diente. Dort standen zwei Hlōks und wachten über das Abladen: Rūcks öffneten die Kisten und Fässer und reichten den Inhalt an ihre Artgenossen weiter, die von den Wehrwällen herbeieilten. Etwas weiter entfernt stand ein wachhabender Ghûl neben seinem Hôllroß.

Wenn das dämonische Reittier meinen Geruch wittert... Als Tuck verzweifelt nach einem Ausweg Ausschau hielt, trat vor dem Wichtel ein Rūck durch eine Tür im Turm, kletterte drei Stufen herunter und marschierte an dem Jungwichtel vorbei.

Die Tür! dachte Tuck. *Der Rūck hat sie offengelassen!* Ohne zu zögern, stieg er die Stufen empor und durchschritt die Tür. Als er das Portal hinter sich schloß, vernahm er in der Ferne das Klirren von Klingen und heisere Schreie. Aber er vermochte nicht mehr festzustellen, aus welcher Richtung diese Geräusche kamen, denn hinter ihm fiel die Tür des Eisernen Turms ins Schloß.

Tuck setzte das Faß auf dem Boden ab und ruhte sich einige Augenblicke lang aus, während sein Blick sich an das Halbdunkel gewöhnte. Vor ihm erstreckte sich ein langer Gang, und einige Fackeln an den Wänden ließen unstete Schatten über die Mauern tanzen. Rechts und links sah der Jungwichtel geschlossene Türen. An einigen Stellen gähnten dunkle Zugänge – dort, wo es von dem langen Korridor aus zu Nebenräumen ging. Links von Tuck führte eine Treppe in die Höhe, und rechts sah er Stufen, die in dunkler Tiefe vor einem verschlossenen Tor zu enden schienen.

Plötzlich hallten zornige Schreie durch den Turm, und Tuck vernahm das Geräusch von Schritten, die sich ihm rasch näherten. Daraufhin wandte sich der junge Wichtel nach links und kroch unter zunehmenden Schmerzen an seinem Fuß die Treppe in die Höhe. Nach einer Weile erreichte er einen Treppenabsatz, und noch immer vernahm er die wütenden Schreie. Rūcks und Hlōks hasteten durch den Korridor ihm entgegen. Erneut biß Tuck die Zähne zusammen und eilte weiter hinauf, und die Schergen des Herrn der Winternacht stürmten an ihm vorbei die Stufen hinab.

Der kleinen Gestalt, die nach oben unterwegs war, schenkten sie nicht die geringste Beachtung.

Als Tuck den zweiten Treppenabsatz erreichte, verklangen die schrillen Schreie. Aber es näherten sich ihm nun weitere Ungeheuer, und Tuck wußte, daß er verloren war, wenn er angehalten und kontrolliert wurde. Deshalb wandte er sich der nächsten Tür zu, schob den Messingholzen beiseite, trat ein und schloß den Zugang vorsichtig hinter sich.

Tuck blieb stehen, um Luft zu schöpfen, und er erkannte einen Raum um sich herum: ein Bett, ein Kamin, eine kleinere Tür, durch die er eine Wanne sehen konnte, und schwere Vorhänge, hinter denen sich offenbar das Fenster befand. Der Stoff dämpfte die Geräusche eines heftigen Kampfes, und er vernahm auch ein dumpfes Dröhnen.

Meine acht Kameraden! fuhr es ihm durch den Sinn. *Haben sie das Tor wohl erreicht?* Tuck atmete noch immer schwer, als er humpelnd auf das Fenster zuhielt, um dort die Vorhänge beiseite zu ziehen und hinauszusehen.

Als er gerade den dicken Stoff berührte, stürzte eine Gestalt in gefütterter Rückenkleidung aus der Dunkelheit auf ihn zu und holte mit einem dicken Eisenstab zum Schlag aus. Das Metall traf ihn hart am Arm, und das Gesicht des Wichtels verzerrte sich in neuem Schmerz. Doch er sprang zur Seite, und Pfeile fielen aus seinem Köcher. Er griff nach der Klinge des Verderbensboten, fiel aber dabei und verhedderte sich in der Eile in seinem Mantel. Die Kapuze rutschte ihm vom Kopf, und als er aus seinen großen Juwelenaugen emporsah, erblickte er eine blondgelockte Frau, die erneut vorsprang und mit einem Eisenstab zum tödlichen Schlag ausholte.

»Prinzessin!« stieß Tuck nur noch hervor.

Laurelin ließ den Eisenstab sogleich fallen und sank neben dem auf dem Stein liegenden Tuck auf die Knie. *»Tuck!«* rief sie und schlang die Arme um ihn, als er sich aufsetzte, *»o Tuck!«* Laurelin begann heftig zu schluchzen, und sie hielt sich krampfhaft an dem Jungwichtel fest, der sie an sich drückte, ihr übers Haar strich und sie tröstete. Er war über alle Maßen verblüfft, als er bedachte, was für ein Zufall es gewesen war, der seine Schritte ausgerechnet in diese Kammer gelenkt hatte.

Durch das Fenster vernahm er den weithin schallenden Klang

eines Signalhorns, und Tuck erkannte ihn als einen Hornstoß aus dem Valonhorn Patrels. »Kommt, Prinzessin«, drängte Tuck. »Wir müssen schnellstens von hier verschwinden.«

»Tuck, die Ghûle!« weinte Laurelin von Angst geschüttelt, sprang aber dann mit einem Satz auf. »Ja, wir *müssen* von hier verschwinden und meinen Prinzen Galen warnen: Eine große Ghûlen-Streitmacht reitet durch die Öde von Gron und wird die Königsarmee bald von Süden her angreifen.«

»Ghule? Und sie kommen durch das Krallenmoor?« Als Laurelin diese Worte mit einem Nicken bestätigte, erblaßte Tuck. »Ihr habt recht, Prinzessin. Wir müssen die Unsrigen warnen!«

Twann! Der Wichtel hörte, wie das große Katapult einen weiteren Speer entsandte. Nur unter größten Schmerzen vermochte er sich zu erheben. Er hatte sich wohl den einen Fuß gebrochen; durch einen Peitschenhieb waren ihm Lippe und an einigen Stellen die Gesichtshaut aufgeplatzt; ein Schlag mit einem dicken Eisenstab hätte ihm zuletzt beinah den Arm zerschmettert. Rasch sammelte er die aus dem Köcher gerutschten Pfeile ein.

»Und noch etwas, Tuck!« fügte die Prinzessin drängend hinzu. »Modru plant etwas Schreckliches für diesen Tag. Ich weiß nicht genau, worum es sich dabei handelt, aber es hat etwas mit Gyphon zu tun – mit der Rückkehr Gyphons!«

»Genau das, Prinzessin, haben wir bereits vermutet. Wir hoffen, diesen Unheilsplan des Herrn der Winternacht vereiteln zu können.« Tuck hob den letzten Pfeil auf und sah Laurelin an. »Euer Haar, Prinzessin ...« Tucks Worte kamen einem Befehl gleich. »Verbergt es unter Mantel und Kapuze! Wir müssen mitten durch die Linien des Feindes!«

Laurelin befolgte die Anweisung des Wichtels rasch und zog sich die Kapuze des Umhangs tief in die Stirn. »Wir können durchs Fenster klettern und uns an einem Seil in die Tiefe lassen.«

»Die Tür ist nicht verriegelt«, erwiderte Tuck. »Und aller Wahrscheinlichkeit nach würden wir weitaus mehr Aufmerksamkeit erwecken, wenn wir uns an einem Seil in die Tiefe hangelten, als wenn wir über die Treppe fliehen würden.«

Laurelin packte ihren Eisenstab und trat auf die Tür zu. »Dann wollen wir uns sofort auf den Weg machen, Tuck, denn ich glaube zu spüren, wie sich die Ghûle aus dem Süden der Königsarmee nähern.«

Durch das Fenster, von den schweren Vorhängen gedämpft, hörte Tuck noch einmal den Klang Dutzender von Valonhörnern. Der Jungwichtel zog sich ebenfalls die Kapuze über den Kopf, nahm den Bogen zur Hand und humpelte an die Seite Laurelins.

Er holte tief Luft, griff nach dem Türknauf und sah die Prinzessin an. Auf ihr Nicken hin öffnete er die Tür.

Doch da stand direkt vor ihnen eine schwarzgekleidete Gestalt, und hinter den Augenschlitzen der gräßlichen eisernen Maske funkelten zornig dunkle Pupillen.

»Ssszz!« zischte Modru, noch bevor Tuck zu reagieren vermochte, und der metallene Handschuh des Herrn der Winternacht holte aus und hieb gegen die Stirn des Wichtels. Die krallenartigen Finger schabten über das Gesicht Tucks, bohrten sich in dessen Hals und Nacken durch den Stoff des Mantels und kratzten über den darunter verborgenen Silberon, wobei ein Finger an dem Medaillon hängenblieb, so daß das daraufhin sofort aufsprang. Benommen taumelte Tuck zurück und stürzte zu Boden. Der Helm schepperte über harten Stein, und auch der Bogen entfiel seiner Hand.

Mit aller Kraft holte Laurelin zwar mit dem Eisenstab zum Schlag aus, aber Modru hob nur die rechte Hand. *Pang!* – und er hielt das Metall fest und entwand es der Prinzessin. Dann schoß ruckartig seine Linke vor, schloß sich um das Handgelenk Laurelins und zerrte die Prinzessin zu sich heran.

»Ah, Ihr wolltet also fliehen? Was? Habt Ihr denn wirklich geglaubt, ein solcher *Bengel* könnte Euch retten?« Modru stieß die Prinzessin in Richtung des noch immer am Boden liegenden Wichtels. Heftig blutende Kratzspuren zeigten sich im Gesicht Tucks, und Mantel und Jacke waren zerrissen. Das silberne Medaillon mit dem Bild Merrilees war geöffnet und glitzerte auf seiner Brust.

Modru hob den Eisenstab. »Wollen wir doch einmal feststellen, was fester ist: dieses Metall hier oder der Schädel Eures *Retters*!«

Doch Laurelin wand sich hin und her und schrie: *»Nein, nein, nein!«* Sie versuchte, dem Griff des Herrn der Winternacht zu entkommen, aber Modru war viel stärker als sie und schickte sich bereits an, den Eisenstab auf den Kopf Tucks zu schmettern.

Und da: Das Silber des Medaillons spiegelte einen Teil des Pupillenfunkelns Modrus wider und warf es durch die Augenschlitze der Maske zurück.

Mit schrillem Schrei warf Modru den Eisenstab zur Seite, hob den Arm vors Gesicht und taumelte zurück. Er konnte das Bild einfach nicht ertragen, das sich in dem hellen Silber des Medaillons spiegelte – zudem eines Medaillons, das vor langer Zeit im mystischen Lande Xian gefertigt worden war, in der legendären Heimat der Zauberer.

Zwar hatte der spiegelnde Glanz Modru für einen Augenblick einen schmerzhaften Hieb versetzt, aber er war keineswegs geschlagen: Schließlich handelte es sich um ein kleines Medaillon, das nur einen Teil des Erscheinungsbildes des Dieners Gyphons widerzuspiegeln vermochte. Modru holte zischend Luft, wobei er sich rasch wieder erholte, und ballte die eisengeschützten Finger seiner freien Hand zur Faust.

Wieder zerrte er die Prinzessin mit sich, als er dem zusammengekrümmt am Boden liegenden Wichtel näherkam und erneut Anstalten machte, ihn mit einem kraftvollen Hieb zu töten. Aber Modru hatte nicht mit der Kraft des Silbermedaillons gerechnet, das Tuck schützte. Genau in diesem Augenblick stöhnte der Wichtel leise und bewegte sich, wodurch das offene Medaillon auf seiner Brust ein wenig zur Seite rutschte: Die glänzende Innenfläche richtete sich nun auf den Herrn der Winternacht und wirkte wie eine Waffe, die genau auf ihn zielte.

»Ssssz!« Erneut wich Modru zurück und wandte ruckartig den Kopf zur Seite, fort von diesem Unterpfand der Macht auf der Brust des wieder zu sich kommenden Wichtels. Der Herr der Winternacht war nicht einmal dazu in der Lage, den Anblick auch nur eines kleinen Teils seines eigenen Erscheinungsbildes zu ertragen. Es schien, als hindere ihn eine Art Bannkreis daran, sich dem Jungwichtel zu nähern.

»Ssss!« Modru keuchte zischend und fauchend, während er neue Kraft sammelte, und die ganze Zeit über sah er Tuck nicht an, um das Funkeln des silbrigen Verderbens zu meiden. Laurelin versuchte inzwischen wieder, sich loszureißen, doch vergebens ...

»Pah!« machte Modru und wandte sich ab. »Ob der Wicht nun jetzt oder in einigen Minuten stirbt, spielt eigentlich keine Rolle. Doch sterben muß er, wenn mein Herr hierher zurückkehrt, und dieser grandiose Augenblick steht nun unmittelbar bevor. Kommt, Prinzessin! Begleitet mich in meine Kammer hoch oben im Turm. Gleich wird sich Euer Schicksal erfüllen.«

Und Modru riß Laurelin einfach mit sich, als er den Raum verließ. Er zerrte sie die Wendeltreppe hinauf in Richtung der Kammer, in der der nachtschwarze Myrkenstein das Licht der Sonne verschlang.

Erneut mußte die Streitmacht König Galens den Rückzug antreten, und die Yrm hinter den Zinnen der Festung grölten und höhnten. Jetzt knirschte selbst der König vor Wut mit den Zähnen und fluchte. Er hatte geahnt, daß die Teufelsbrut auf die vergeblichen Angriffe der Krieger und Soldaten mit Spott reagieren würde – sie hatten diesen Umstand ja in ihren Plänen berücksichtigt –, aber allmählich fiel es auch ihm immer schwerer, das wiederholte Jubeln des Feindes mit Fassung zu ertragen.

»Hoy!« rief Teddy Stolzhand, einer der Wichtel. »Bert und der Harlingarspäher kehren zurück!«

Der auf seinem Pferd Wirbelwind sitzende Galen wandte den Kopf und blickte nach Süden, wo zwei Rösser zu sehen waren, die durch das Düsterdunkel ihm entgegengaloppierten: Auf dem einen hockte ein Mensch, auf dem anderen ein Wichtel – Aric führte das Pferd Berts an der Leine. Schließlich erreichten sie den auf Grund seiner roten Rüstung schon weithin sichtbaren König und hielten vor ihm.

Während sein Pferd noch unruhig hin und her tänzelte und schnaubte, schlug sich Aric mit der Faust auf die Brust. »Herr, Brega und seine Gruppe befinden sich jetzt in der Festung!« Aric deutete auf Bert. Der war inzwischen zu Boden gesprungen und wurde von Merrilee und den anderen Wichteln umringt.

Bert sah zu Galen hinauf. »Das stimmt, Herr. Lange Zeit haben wir gewartet, und ich glaubte schon, es sei etwas schiefgegangen. Aber dann konnte ich sie an der Mauer emporklettern sehen. Allerdings ... ich habe nur acht gezählt, obgleich es doch eigentlich neun hätten sein müssen ... Nun, einer von ihnen fehlte, und ich weiß beim besten Willen nicht, was aus dem geworden ist. Tja, ich beobachtete jedenfalls, wie die acht Kletterer die Zinnen erreichten, und dann machte ich mich zusammen mit Aric auf den Rückweg hierher.«

Tiefe Sorge war in Merrilee entstanden, als sie hörte, daß einer der neun Kletterer vermißt wurde. Eine düstere Vorahnung stieg in ihr empor, aber ihre Gedanken wurden neu gefesselt, als König Galen fragte: »Wann gelangten sie auf den Wehrgang? Wie lange ist das her?«

»Rund eine Viertelstunde, König Galen«, erwiderte Aric. »Denn wir brachen sofort auf und trieben unsere Pferde an.«

Galen zwang sein Roß Wirbelwind herum. »Vanadurin!« rief er. »Der Augenblick der Entscheidung rückt näher. Haltet euch bereit! Und laßt uns alle hoffen, daß Brega und seine Gruppe Erfolg haben. Doch bevor der eigentliche Angriff beginnt, müssen wir noch einen weiteren Vorstoß wagen, um die Aufmerksamkeit der Teufelsbrut von den Kletterern abzulenken.« Galen zog das Schwert Stahlherz aus der Scheide und hob es empor. *»Hàl Vanadurin! Hàl Harlingar!«*

Und die berittenen Krieger und Soldaten antworteten mit einem Jubelschrei aus Tausenden von Kehlen. Wirbelwind donnerte an den Großscharen und Abteilungen der Königsarmee vorbei, von der Flanke im Süden nach der im Norden, und jeweils am Ende der langen Reihen richtete sich das Roß auf die Hinterläufe auf und wieherte laut. Dies war das Zeichen für Gildor und Ubrik, sich bereitzumachen. Es bedeutete, daß sich Brega und seine Gruppe im Innern der schwarzen Zitadelle befanden.

Ein weiteres Mal griff eine Abteilung Vanadurin nach ihren Schilden und stürmte in Richtung Schluchtgraben los, und die Bogenschützen und Wichtel begleiteten sie unbeirrt. Die Yrm auf den Wehrgängen hinter den Zinnen grölten und höhnten, denn erneut versuchten die Menschen – diese *Narren* –, auf die andere Seite des Abgrundes zu gelangen, obwohl schon sechs andere Vorstöße dieser Art fehlgeschlagen waren. Es hagelte nur so von schwarzbefiederten Pfeilen.

Merrilees Blick glitt durch diesen Regen aus todbringenden Geschossen hindurch nach Süden. Sie beobachtete die Zinnen über dem Tor und glaubte, dort miteinander kämpfende Gestalten ausgemacht zu haben. Dann aber richtete sie ihre Aufmerksamkeit wieder auf den Beschuß der Verteidigungsanlagen vor ihr.

Als die Schneide der Axt Drakkalan den Kopf des Hlōk vom Rumpf trennte, entbrannte der heftige Kampf, in dem Messer,

Schwerter und das Beil immer wieder zuschlugen, hackten oder stachen. Die Hlōks an dem großen Katapult über dem Tor wurden von dem jähen Angriff völlig überrascht und starben binnen weniger Augenblicke. Scharfe Klingen schnitten ihnen die Gurgel durch, blitzende Schwerter schlitzten ihre dämonischen Leiber auf, während die Axt Bregas einen Schädel nach dem anderen zerschmetterte.

Der Kampflärm erweckte natürlich sofort die Aufmerksamkeit der Hlōks und Rūcks in der Nähe, als Flandrena und Igon auch schon auf die große Winde zusprangen, um die Zugbrücke herunterzulassen. Sie umfaßten gerade den großen Hebel dafür, als auf dem unter ihnen gelegenen Vorplatz heulende Schreie gellten.

Der Mensch und der Elf warfen ihr ganzes Gewicht gegen die Winde, währenddessen die Schergen Modrus auf sie zustürmten. Die Wichtel setzten sogleich einige Pfeile auf die Sehnen ihrer Bogen und ließen die Rūcks und Hlōks sterben.

Aber die Winde bewegte sich nicht.

»Sie ist blockiert!« rief Igon, der mit ganzer Kraft versuchte, das Handrad zu drehen. Dink sprang ihm zur Seite, um zu helfen. Vergeblich!

»Löst die Sperre!« ertönte die Stimme Flandrenas, aber noch bevor jemand diesen Rat befolgen konnte, hasteten einige Ungeheuer schon wieder auf sie zu. Der Prinz und der Lian zogen die Schwerter und hieben damit wild um sich, während Dink Pfeil um Pfeil von der Sehne seines Bogens surren ließ.

Weitere Lakaien des Herrn der Winternacht stürmten unablässig herbei, und schon bald konnten sie die Bogen nicht mehr einsetzen. Danner und Patrel kämpften mit ihren Langmessern Seite an Seite, und Stahl klirrte auf Stahl, als sie damit die ersten Säbelschläge abwehrten.

Twing! Twang! Der Rūck, gegen den Danner focht, fiel bereits tot zu Boden. Patrel leistete einem riesigen Hlōk erbitterten Widerstand, indem der kleine Wichtel versuchte, dem Ungeheuer keine Gelegenheit zu geben, mit der Klinge des großen Messers ihm zu nahe zu kommen.

Twock! Die Schneide von Danners Schwert traf den Hlōk am Nacken, und dunkles und schmieriges Blut spritzte ins Gesicht Patrels, als der Feind tödlich getroffen nach hinten kippte. Aber die beiden Jungwichtel hatten keine Zeit, sich auszuruhen.

Twang! Twing! Erneut trafen die Klingen ihrer Schwerter auf das Metall der Rückensäbel.

Igon kämpfte mit der Kraft seiner Jugend, und sein Schwert trieb eine Bresche in die Linien des heranstürmenden Feindes. Flandrena ließ gleichfalls seiner Wut freien Lauf und schien einfach überall zu sein. Er wich zur Seite, schlug zu, wehrte den Hieb eines Gegners ab und bohrte bereits sein Elfenschwert in den Körper des Feindes. Wo er kämpfte, sanken rechts und links von ihm Hlōks und Rūcks tot zu Boden. Brega schleuderte Säbel und Morgensterne beiseite, und mit der scharfen Schneide seiner Streitaxt Drakkalan zerfetzte er die Knochen und Sehnen, Muskeln und Knorpel seiner Gegner.

Aber der Ansturm des Feindes ließ nicht nach.

Rollo gelang es wieder, seinen Bogen zum Einsatz zu bringen, und er erledigte heldenhaft einen Rūck, der Danner arg bedrängte, und Patrel tötete einen weiteren. Aber sie sahen, wie eine größere Schar über den Vorplatz eilte und auf sie zuhielt. Ihre Kriegshörner gellten, und heisere Stimmen brüllten. Der Feind griff nun in großer Zahl an, und Harven starb, von einem Lanzenschaft durchbohrt.

In Danners Augen begann es zu glitzern und zu gleißen, und Schaum bildete sich auf seinen Lippen. Die Züge seines Gesichts verzerrten sich teuflisch, und er gab einige dumpfe, unverständliche Laute von sich. Er riß sich Mantel und Jacke vom Leib, warf das Langmesser fort und entwand den Klauenhänden eines toten Hlōk eine lange Eisenstange.

»Danner!« rief Patrel, aber der größere Wichtel schien ihn überhaupt nicht zu hören. Danner sprang nach vorn und versperrte den Zugang, durch den man den Wehrgang über dem Tor erreichen konnte. In unbeschreiblichem Zorn holte er immer wieder mit der eisernen Stange aus und wütete gleich einem Berserker.

Und in dem schmalen Zugang wurde der Feind zurückgedrängt!

Brega sprang indessen an die Winde heran, holte mit der Axt Drakkalan aus und schlug mit der ganzen Kraft seiner breiten Schultern zu. *Pang!* – Funken stoben Irrlichtern gleich davon, und die Schneide der schwarzen und mit Runen verzierten Axt *hieb mit einem Streich die schwere Zugkette vollkommen durch.* Zuerst langsam, dann aber immer schneller werdend drehten sich ächzend und knarrend die Achsen, als auch schon die große

Zugbrücke heruntersauste:

BANG!

Igon und Flandrena sprangen daraufhin an das Hebewerk und begannen damit, das Fallgatter in die Höhe zu ziehen. Brega eilte unterdessen an die Seite Danners, denn der Feind ging erneut zum Angriff über. Und ein zweites Mal wurde die Teufelsbrut zum Rückzug gezwungen!

Plötzlich aber verharrte das Fallgatter und ließ sich nicht weiter emporziehen, obgleich sich Igon und Flandrena alle Mühe gaben.

Patrel hastete zu ihnen und blickte in die Tiefe.

Unten hatte der große Troll – der Torwächter – nach dem Gatter gegriffen und hielt es nun fest. Der Wichtel begriff das sofort, daß nicht einmal die vereinten Kräfte Igons und Flandrenas ausreichten, das Fallgatter weiter in die Höhe zu ziehen, solange sich der Troll daran festklammerte. Patrel konnte bereits weitere Schergen Modrus sehen, die nun in Richtung Tor über den Vorplatz stürmten.

Rasch hastete der Jungwichtel die Stufen hinab. Als er das Pflaster erreicht hatte, sprang er auf den Troll zu und holte mit der Atalarklinge aus: Die silbern glänzende Schneide kratzte bloß über dessen Haut, die offenbar so undurchdringlich war wie Stein. Und der Troll drehte nur den Kopf und starrte seinen kleinen Gegner verblüfft an. Mit einem kehligen Knurren holte er mit der einen Pranke aus, worauf Patrel mit einem Satz zurücksprang, um nicht getroffen zu werden.

Twang! Erneut traf die Klinge auf den Oberschenkel des Ungeheuers, doch wieder wurde sie von dem Schuppenpanzer abgelenkt. Ein weiteres Mal hieb der riesige Troll nach dem kleinen Wichtel, doch auch diesmal verfehlte der Schlag sein Ziel.

Patrel begann nun den Troll zu necken, schob sich unter das nur zum Teil in die Höhe gezogene Fallgatter und rief: »*Hai!* Du großer und blöder Ochse! Du kannst mich ja gar nicht erwischen, denn ich bin der goldene Krieger!« Und Patrel riß sich die Jacke auf, unter der seine goldene Rüstung hell glänzte.

Mit einem wütenden Krächzen stieß der Troll das Fallgatter in die Höhe und griff mit seinen Klauenpranken nach dem Wichtel. Patrel wandte sich sogleich um und stürmte über die heruntergelassene Zugbrücke, verfolgt von dem Ungeheuer, das nun eine gewaltige Keule zum Schlag hob. Die Schritte des Ogers waren gewaltig, und so hatte er rasch den Jungwichtel eingeholt.

Oben auf dem Wehrgang bejubelten Igon und Flandrena inzwischen das mutige Eingreifen Patrels, zogen das Fallgatter ganz hinauf und verankerten es.

Daraufhin wandten sich Mensch und Elf um und warfen sich in das Kampfgetümmel. Sie sahen, wie Brega von der Stange eines Hlōks getroffen wurde, den Halt verlor und stürzte, worauf die Schergen Modrus sofort losstürmten, um dem Zwerg den Garaus zu machen. Doch noch bevor irgendein Ungeheuer nahe genug an Brega herankommen konnte, sprang ein Wichtel in schwarzer Rüstung an die Seite des Zwerges und hieb mit seiner Eisenstange um sich. Und als diese mächtige Keule die Knochen der angreifenden Rūcks nur so zerschmetterte, brüllte jener Jungwichtel: *»König des Bachfelsens! König des Bachfelsens! Danner Brombeerdorn ist der König des Bachfel…«*

Ein schwarzbefiederter Pfeil sauste da plötzlich durch die Luft und durchschlug das dunkle Kettenhemd Danners. Und schon unmittelbar darauf bohrte sich ihm noch ein Speer in die Schulter, dessen Wucht des Aufpralls ihn zurückwarf und zu Boden schleuderte. Igon und Flandrena stürmten hervor und hieben mit ihren Schwertern auf die nach vorn drängenden *Rûpt* ein. Brega kam inzwischen wieder auf die Beine. Seine Stirn war blutverschmiert, aber in der rechten Hand hielt er die Streitaxt Drakkalan zum Zuschlagen bereit. Rollo und Dink ließen Pfeil um Pfeil von ihren Bogensehnen schnellen, durch die die Rūcks und Hlōks sogleich den Tod fanden.

Danner lag in einer großen Blutlache auf dem Boden, und das fiebernde Glühen in seinen Augen verblaßte allmählich. Er versuchte noch aufzustehen, aber es schwanden ihm zu rasch die Kräfte, und er sank zurück. Seine Wange berührte den eiskalten Stein direkt neben einem Gußerker, durch dessen Öffnung er noch auf die eiserne Zugbrücke schauen konnte, die nun den dunklen Abgrund vor der Festung überspannte. Und er sah Patrel, der vor einem großen Troll zu entfliehen suchte, obwohl der Oger rasch den Wichtel einholte.

Als Patrel durch das Tor stürmte und der Troll die Verfolgung aufnahm, sah er in der Ferne die Streitmacht Gildors, die sich nun rasch der heruntergelassenen Zugbrücke näherte.

Wenn der Oger die Reiter sieht, macht er vielleicht kehrt und zieht das Fallgatter wieder herunter, fuhr es ihm durch den Sinn. *Ich muß ihn von der heranstürmenden Streitmacht ablenken.* Mitten auf der Zugbrücke blieb Patrel deshalb stehen, drehte sich um, breitete die Arme aus und rief: »Ha, du hirnloser Idiot! Versuch doch, mich zu fangen!«

Der Troll argwöhnte darin eine Falle und blieb ebenfalls stehen. Nach einigen Augenblicken setzte er sich langsam wieder in Bewegung, und die Bohlen der Brücke erzitterten unter seinen schweren Schritten.

»*Hai,* du Tölpel!« rief Patrel und sprang von rechts nach links und wieder zurück. »Was ist denn los? Bin ich etwa zu groß für dich?« Und der kleine Wichtel holte das Horn Valons unter der Jacke hervor, wo er es die ganze Zeit über mit sich getragen hatte, und er setzte das runenverzierte Instrument an die Lippen und blies kräftig hinein. Der melodische Klang durchwehte die Luft der Winternacht, hallte im Abgrund wider und schallte am Tor und den Mauern der Festung entlang. Überall dort, wo andere Wichtel das Horn hörten, faßten sie sogleich neuen Mut. Die Schergen Modrus aber, die den hellen Klang vernahmen, schreckten unwillkürlich davor zusammen und duckten sich furchtsam.

Der Troll knurrte ängstlich und starrte mit blutunterlaufenen Augen seinen winzigen Plagegeist auf der Brücke an. Dann brüllte das Ungeheuer, hob seine große eiserne Keule und trat vor. Und Patrel ahnte, daß er den bevorstehenden Hieb unmöglich überleben konnte.

Twann! Das große Katapult über dem Tor schleuderte wieder eine eiserne Lanze davon. Der Speer sauste heran, doch bohrte er sich dem Troll in den Rücken, durchspießte das Herz des Ungeheuers und trat durch die Brust wieder aus dem riesigen Leib heraus. Schwarzes Blut spritzte fontänenartig auf, und wo es das Eisen der Brücke benetzte, kräuselte dunkler Rauch sich in die Höhe. Die roten Augen des Ogers blickten überrascht und verblüfft, während er in die Knie sank. Und mit einem dröhnenden *Bang!* krachte die Keule aus der Pranke des Trolls auf das massive Metall. Das Ungeheuer versuchte zwar, wieder aufzustehen, und griff sich auf den breiten Rücken, um den Lanzenschaft zu fassen. Unmittelbar darauf aber verließen den Troll die Kräfte, so daß er, ohne einen Laut von sich zu geben, zur Seite kippte und in den schwarzen Abgrund des tiefen Schluchtgrabens stürzte.

Wie betäubt starrte Patrel nach dem Wehrgang über dem Tor empor, aber er konnte nicht erkennen, wer das Katapult ausgelöst und dadurch den Oger umgebracht hatte. In seiner Magengrube krampfte sich alles zusammen, als er bedachte, wie knapp er dem Tode entronnen war, und er lief in Richtung des hochgezogenen Fallgatters zurück.

Und die Kriegshörner Valons erschollen, als die Streitmacht Gildors über die eiserne Zugbrücke donnerte, an dem laufenden Jungwichtel vorbeistürmte und durch das offene Tor in die Zitadelle Modrus vordrang.

Hinter den Zinnen kämpften nun das Große Bündnis von Mensch, Wichtel, Zwerg und Elf gegen die Teufelsbrut. Ein Jungwichtel in schwarzer Rüstung ließ den Auslösehebel des großen Katapults langsam los, sank zu Boden und lehnte sich mit dem Rücken an den kalten Stein. Während das Blut aus ihm herausquoll, umspielte ein dünnes Lächeln seine Lippen, als er dem Klang der Valonhörner lauschte. Ganz langsam verblaßte das goldene Leuchten in seinen großen Juwelenaugen, ehe sich seine Lider ganz schlossen: Danner Brombeerdorn hatte sich auf seine letzte und längste Reise begeben.

Als König Galen das Zeichen gab, daß sich Brega und seine Gruppe in der Bastion befanden, richtete der Herr von Gildor den Blick auf die Zinnen über dem Tor. Der Lianwächter hielt nach Anzeichen eines Kampfes Ausschau, aber die Entfernung war viel zu groß, um ganz sicher sein zu können, daß es sich bei einigen der Yrm, die sich auf den Wehrgängen aufhielten und dort grölten und jubelten, in Wirklichkeit um kleine Wichtel handelte. Doch halt! Hatte er nicht gerade blitzende und zum Schlag erhobene Klingen gesehen? Vielleicht. Er zweifelte nach wie vor. Er rief einen Krieger zu sich. »Halte dich mit deinem Horn bereit, Hauptmann Brahl! Es kann jetzt jeden Augenblick losgehen.«

Jeden Augenblick ... Gildor blickte gen Himmel empor. In dem schwarzen Wallen des Düsterdunkels ließ sich nur ein blasser

Fleck erkennen: Es war die Sonne, die ihrem höchsten Stand entgegenstieg. Deutlich war zu sehen, daß sich zugleich eine dunkle Einbuchtung tiefer in den strahlenden Leib der Sonne hineinfraß: Es mochte höchstens noch eine Viertelstunde dauern, bis der Mond die ganze Scheibe verschlungen hatte, und das war dann der Beginn des Schwärzesten Tages. Gildor stemmte sich in den Steigbügeln in die Höhe und ließ sich dann wieder matt zurücksinken. Die Fingerknöchel seiner Hände traten weiß hervor – so fest umklammerte er die Zügel. Über dem Tor schien sich noch immer überhaupt noch nichts zu rühren.

Doch kurz darauf machte der Elf indes plötzlich eine Bewegung aus: Ganz langsam neigte sich das schwere Metall der Zugbrücke von der Festungsmauer fort und kippte dem Fels des Schluchtgrabens entgegen. *Bang!* dröhnte es, und da führte ein Weg über den tiefen Abgrund hinweg.

»Jetzt!« rief der Herr von Gildor. *»Reitet! Bei Adon – reitet so schnell ihr könnt!«*

Brahl setzte das Kriegshorn an die Lippen, und auf sein Blasen hin trug es seinen Klang weit über das Eis des Krallenmoors dahin. Mit einemmal setzte sich die Streitmacht des Lianherrn in Bewegung und hielt auf die Brücke zu, und die Hufe der Pferde hetzten über den Fels am Rande des Schluchtgrabens.

Hinter den Kriegern trieben auch die Soldaten König Galens ihre Rösser an, und die Brigade des Markenmarschalls Ubrik stürmte ebenfalls los.

Die Gruppe, die bisher den Feind abgelenkt und versucht hatte, sich an den Seilen in die Schwärze des Abgrunds vor der Festung hinabzulassen, brach den Scheinangriff ab und kehrte zu ihren Pferden zurück. Die Bogenschützen deckten ihren Rückzug, und unter ihnen befanden sich auch Merrilee und die anderen Jungwichtel.

Und als sie der Reiterschar Ubriks begegneten, deren Pferde an ihnen vorbeigaloppierten, rief Dill Rindenknosp: »Merrilee, sieh nur! Dort im Süden, im Bereich des Krallenmoors! Eine große Streitmacht rückt von dort heran!«

Merrilee blickte in die Richtung, in die der ausgestreckte Arm des Jungwichtels deutete, und im Süden, ganz an der Grenze ihrer Sichtweite, sah sie Tausende von Reitern, die sich ihnen rasch näherten. Aber sie vermochte nicht zu sagen, ob es Verbündete waren oder ob Verstärkung für die Truppen Modrus heranstürmte. »Hör, Degan!« Sie rief nach dem Krieger, der ihr Pferd führte. »Finde König Galen! Oder Marschall Ubrik! Vom Krallenmoor her nähert sich uns eine Armee!«

Degan trieb sein Roß an, und daraufhin begann das Pferd Merrilees ebenfalls loszustürmen. Sie machten sich auf die Suche nach dem König und dem Markenmarschall.

Ganz vorne, in unmittelbarer Nähe der Festung, donnerte das Roß des Elfenherrn Gildor in vollem Galopp auf die herabgelassene Zugbrücke zu. Der Elf sah wohl jene kleine Gestalt, die durch das Tor eilte, gefolgt von einem riesigen Troll. *Lauf, Waerling, lauf!* riefen die Gedanken Gildors, doch der Wichtel blieb stehen, drehte sich um und schien vielmehr den Oger zu necken. Gildor hieb seinem Pferd die Stiefelabsätze in die Flanken und trieb es noch weiter an, obgleich er einsah, daß er den Waerling nicht rechtzeitig erreichen konnte.

Twann! Der Elf hörte, wie sich das große Katapult über dem Tor entlud, und seine Augen weiteten sich, als er die große Lanze sah, die von den Zinnen herabsauste und sich durch den Rücken des Ogers bohrte. Und als das Ungeheuer zur Seite kippte und in den Abgrund des Schluchtgrabens fiel, pochten die Hufe des Pferdes Gildors bereits über das Metall der Zugbrücke, und die Harlingar folgten dichtauf. Das Eisen begann zu beben, und der Klang der Kriegshörner warf weithin hallende Echos.

Die Streitmacht des Elfen ritt an Patrel vorbei durch das offene Tor. Von den Verteidigungsanlagen regnete es zwar heftig schwarzbefiederte Pfeile auf sie herab, aber die Vanadurin waren wie eine Flutwelle, die sich weiter ins Innere der schwarzen Zitadelle ergoß und durch nichts mehr aufzuhalten war. Ihre Lanzen und Speere brachten den Rücks und Hlöks auf dem Vorplatz den Tod. Die Harlingar hörten noch Gildors Kommando und lenkten die Rösser sogleich auf eine breite Rampe zu, über die man auf die breiten Wehrgänge gelangen konnte.

Außerhalb der Mauern hielten nun die Vanadurin auf die Zugbrücke zu: eine weitere Streitmacht, die sich den Schergen Modrus entgegenstellte. Degan war noch immer auf der Suche nach Markenmarschall Ubrik und dem Hohekönig Galen, aber in dem Durcheinander ließen sie sich nicht finden. Inzwischen aber war das auch gar nicht mehr nötig, denn der Aufmerksamkeit Ubriks war die sich vom Bereich des Krallenmoors her nähernde Streitmacht ebenfalls nicht entgangen, und die Reiter waren inzwischen so nahe gekommen, daß man sie klar erkennen konnte: Es handelte sich um auf Hôllrössern hockende Ghûle, die sich eilends anschickten, die Soldaten und Krieger der Königsarmee von hinten anzugreifen.

Erneut ertönten die Kriegshörner, so daß die Großschar Ubriks sich umwandte, um es mit dem plötzlich aufgetauchten Feind aufzunehmen. Noch einmal erklangen die Hörner, und die Männer hielten Lanzen und Speere bereit und zogen Säbel und Schwerter. Auf ein drittes Signal hin trieben die Krieger nun ihre Pferde an. Die Rösser beschleunigten vom Traben zum Galopp, während sich die Flanken der Streitmacht weiter nach rechts und links ausbreiteten. Als die Hörner zum viertenmal erschollen, duckten sich die Männer etwas und gaben ihren Pferden die Sporen. Die beiden Heere hielten nun genau aufeinander zu: Hier die knurrenden Ghûle wie weiße Buckel auf den Rücken ihrer Hôllrösser, dort in Rüstungen und Kettenhemden die kampferprobten Harlingar.

Die Vanadurin ritten inzwischen über die Zugbrücke, doch der Weg in die Festung war versperrt: Im Torbogen stand nun ein zweiter Troll – derjenige, der zuvor die Ställe mit den Hôllrössern bewacht hatte. Das Ungeheuer hieb mit seiner großen eisernen Keule um sich und brüllte begeistert, als es damit die Knochen von Kriegern und Pferden zerschmettern konnte. Zwar war dieses Wesen nur mit einer schmutzigen Hose aus Leder bekleidet, aber die Schwerter und Pfeile der Menschen konnten es dennoch nicht verletzen, denn die metallenen Spitzen und Schneiden glitten ganz einfach nur über den Schuppenpanzer dieses Schergen Modrus. Und von oben her hagelte es schwarzbefiederte *Rūpt*-Pfeile, und diese Geschosse bohrten sich nicht nur in Schilde, sondern auch in die Körper der Krieger und ihrer Rösser, so daß Menschen und Tiere im Todeskampf in den schwarzen Abgrund des Schluchtgrabens stürzten.

Gildor, der sich mit seiner Kampfgruppe bereits in der Bastion befand, kämpfte sich mit den Vanadurin einen Weg durch die Reihen der Rūcks, Hlōks und Ghûle und näherte sich den auf die Wehrgänge emporführenden Rampen. Die Aufgabe dieser Großschar bestand in der Folge darin, sowohl die Winde der

Zugbrücke als auch das Hebewerk des Fallgatters zu sichern und Brega und seinen Kletterern zu Hilfe zu eilen – wenn von ihnen überhaupt noch jemand überlebte.

Schließlich durchbrachen sie die Linien der Dämonen und erreichten die Steinschräge. Der Herr von Gildor sprang vom Rükken seines Rosses und eilte in die Höhe, und die Vanadurin folgten ihm mit ihren Schwertern und Säbeln. Rücks stürmten ihnen zwar von oben entgegen, aber die Klinge des rotglühenden Unheilsbringers lichtete ihre Reihen sichtlich und brachte Dutzenden von ihnen den Tod. Doch auch die Waffen des Feindes rissen Lücken in der Phalanx der Vanadurin. Säbel, Keulen, Morgensterne, Pfeile, Hämmer, Äxte, Lanzen und Speere trafen manchen tapferen Kämpfer.

Nach einer Weile hatte die Streitmacht Gildors endlich den Wehrgang erreicht und kämpfte sich den Weg in Richtung Tor frei. Dort wüteten Brega, Igon, Flandrena und Dink und gaben sich noch immer alle Mühe, sowohl die Winde als auch das Hebewerk gegen die Teufelsbrut Modrus zu verteidigen.

Und als sich die Vanadurin nun ins Kampfgetümmel stürzten, wurden die *Rûpt* endgültig zurückgeschlagen. Igon schenkte Gildor ein dankbares Lächeln, und Flandrena und Brega nickten kurz, während Dink unverdrossen seinen Bogen einsetzte und Pfeil um Pfeil von der Sehne sausen ließ.

Über die Stufen, die an der Seite des offenen Tors in die Höhe führten, eilte in dem Augenblick ein kleiner Jungwichtel: Patrel. Auf der Schneide seines Schwertes, der Atalarklinge, zeigte sich schwarzes Schleimblut. Er kämpfte sich empor, bahnte sich irgendwie einen Weg durch das wüste Durcheinander, hieb mit dem Schwert immer wieder um sich und gelangte schließlich an die Seite Gildors.

»Herr von Gildor!« keuchte Patrel. »Hört! Zu mir! Zu mir!« Der in funkelndem Rot glänzende Unheilsbringer tötete noch einen Hlök, und mit zwei langen Schritten war der Lianwächter schon an der Seite des Waerlings.

»Rasch, Patrel, sprich«, stieß der Elf hervor und ließ die angreifenden Yrm dabei nicht aus den Augen.

»Unten steht ein Troll und versperrt der Königsarmee den Weg in die Festung«, schnaufte Patrel. Er konnte dem aber nichts weiter hinzufügen, denn in diesem Augenblick stürzten einige Rücks herbei, und Elf und Wichtel fochten wieder um ihr Leben.

Aber Gildor hatte verstanden, und im Kämpfen hielt er auf die Stufen zu. Der Elf hastete die Treppe in die Tiefe, wo er kurz darauf den Troll sehen konnte, der den Weg durchs Tor versperrte. Das scharlachrote Feuer des Juwels ließ ein Gleißen über den Stahl des Unheilsbringers tanzen.

Wusch! Krack! Die mächtige Keule des Trolls traf auf die vordersten Krieger und brachte sowohl ihnen als auch ihren Pferden jähen Tod. Der riesige Oger lachte wild und brüllte begeistert, und die Soldaten zerrten an den Zügeln und hielten ihre Rösser zurück. Sie fürchteten sich vor dem vier Meter großen Ungeheuer. Und von oben kamen noch immer schwarzbefiederte Rückenpfeile auf die Krieger herab, die auf der Zugbrücke nun nicht weiterkamen.

In Richtung des riesigen Ungeheuers stürmte Gildor und gelangte zwischen den hochaufragenden Troll und seine Opfer. Und als der Lian vor dem Oger stehenblieb, bahnte sich König Galen einen Weg durch die Linien seiner Soldaten und Krieger. Er riß das Schwert Stahlherz aus der Scheide und machte sich bereit, seinem Pferd Wirbelwind die Sporen zu geben, aber Gildor rief: »Nein, König Galen! Dieser Troll gehört mir! Ich habe ihn durch die Augen Vanidors gesehen, und ich erkenne ihn als den Folterer meines Bruders wieder!«

Der Oger starrte den vor ihm stehenden *Dolh* verblüfft an und brüllte dann triumphierend. Gelber und stinkender Speichel rann ihm von den langen und fauligen Reißzähen. Dann holte er mit der Keule aus und schlug mächtig zu.

Pang! Das Metall schmetterte aufs Pflaster. Gildor war jedoch rechtzeitig zur Seite gesprungen und dem Hieb ausgewichen.

Wusch! Die Eisenkeule zuckte seitwärts durch die Luft, und hinter dem Schlag steckte die ganze Kraft eines vier Meter großen Ungetüms. Der Elf ließ sich zu Boden fallen und wich so auch diesem Hieb aus.

Pang! Erneut traf das Eisen den Stein, und erneut verfehlte die Keule den Elfen nur um Haaresbreite. Dieser sprang nun auf und stürmte dem Troll entgegen. Das rote Glühen des Klingenjuwels verstärkte sich, als der Elf mit dem Schwert Unheilsbringer ausholte und auf den Oberschenkel des Monstrums zielte. Das kirschfarbene Leuchten barst regelrecht, als die Schneide eine klaffende Wunde in das Bein des Trolls riß. Schwarzes Blut quoll daraus hervor, und von den Spritzern, die auf das Metall der Zugbrücke trafen, stieg ein ätzender Qualm empor.

Der Oger schrie vor Schmerz auf und wich zurück. Und in dem Augenblick, als das Ungeheuer aus der Reichweite des Schwertes Gildors floh, stürmten die wartenden Vanadurin vor, und manchen von ihnen gelang es, an dem Oger vorbeizureiten und so in die Festung zu gelangen. Dann aber trat das Ungetüm wieder vor und versperrte ein weiteres Mal den Weg, indem es mit seiner eisernen Keule ausholte, um sowohl die Krieger als auch die Rösser, auf denen sie saßen, mit einem Hieb zu zerschmettern. Doch das Klingenjuwel Unheilsbringers erstrahlte gleißend, als das Schwert bei einem Schlag in den Arm wieder das Blut des Ogers trank.

Der Troll brüllte vor Wut und Pein und schlug nach Gildor. *Pang!* Die metallene Stange traf indes nur auf Stein, denn der Elf war genau im richtigen Augenblick losgesprungen und hatte sich unter dem Hieb hinweggeduckt. Gildor holte mit aller Kraft aus, und die blitzende Schneide des Schwertes Unheilsbringer schlitzte dem Troll den Bauch auf. Das Ungeheuer heulte schmerzerfüllt und sank in die Knie. Dampfende Eingeweide quollen aus der klaffenden Wunde hervor, und stinkendes schwarzes Blut spritzte und floß in Strömen. Gildor setzte zu einem letzten Hieb an, und diesmal bohrte sich die Klinge dem Ungetüm durch die Kehle. Der Elf wich sogleich rasch zur Seite, als der Troll mit dem Gesicht nach vorn auf den Stein krachte. Der riesige Scherge Modrus war bereits tot, bevor der massige Schädel den Boden berührte. Grüne Feuer der Genugtuung loderten hinter den Augen Gildors: Er hatte Vanidors Folterer umgebracht und den Tod seines Bruders gerächt.

König Galen trieb sein Pferd an, und Wirbelwind setzte über den stinkenden Leichnam hinweg. Ein Schrei aus Dutzenden und Hunderten von Kehlen ertönte, als diese Streitmacht donnernd in die Festung preschte.

Im Bereich des Krallenmoors trafen inzwischen die Truppen Ubriks auf das Heer der Guula: Lanzen fochten gegen Speere mit Widerhaken, Säbel ließen Keulen splittern, Pferde wieherten und Höllrösser schnaubten. Zahllose Menschen starben, und ungezählte Schergen Modrus fielen niedergestreckt zu Boden. Wild tobte der Kampf, und es herrschte ein unbeschreibliches

Durcheinander. Ubrik blies in sein Horn, und die Vanadurin gaben ihren Pferden die Sporen, um die Verfolgung der Guula aufzunehmen, die nun vorübergehend den Rückzug antraten. Ubrik gab das Zeichen zu einem zweiten Angriff, trotz der Einsicht, daß es nur eine Frage der Zeit war, bis der Feind den Sieg errang: Mit seinen anderthalbtausend Harlingar stand er sechstausend Gegnern gegenüber. Aber der Markenmarschall war sich auch darüber klar, daß die königliche Armee, die nun durch das Tor in die Festung Modrus stürmte, genügend Zeit brauchte, um die Pläne des Herrn der Winternacht zu vereiteln, und vielleicht konnte Mithgar gerettet werden, wenn es seinen Kämpfern gelang, die Guula ausreichend lange aufzuhalten. Seine Streitmacht würde zwar einen hohen Blutzoll dafür zahlen müssen – aber es war auch ein Preis, den zu entrichten Ubrik sich nicht scheute.

König Galen ritt zur selben Zeit mit seinen Soldaten über die Zugbrücke und auf den Vorplatz der schwarzen Zitadelle, wo weit oben Bewegung in das Düsterdunkel zu kommen schien: Es begann zu wallen und zu brodeln.

Der Herr von Gildor wandte sich um, lief die Treppe empor und kehrte auf den Wehrgang zurück, wo noch immer ein heftiger Kampf tobte. Obgleich er wußte, was sich seinen Blicken darbieten würde, schaute er kurz in das Düsterdunkel empor. Von der einen Seite her fraß sich Schwärze in die matte Scheibe der Sonne: der Mond, der sich nun davor schob. Und das Herz des Elfen schlug bis zum Halse, als er bemerkte, wie sich das Düsterdunkel noch weiter verfinsterte. Der Klang einer Rückentrommel durchhallte die kalte Winternacht: *Bumm ...! Bumm ...! Bumm ...!* Und Gildor war der Verzweiflung nahe, denn die Teufelsbrut um sie herum schien plötzlich neuen Mut zu fassen und kämpfte mit noch größerer Entschlossenheit. Jetzt war ihre Stunde gekommen! Die Krieger und Soldaten aus Valon fochten, hieben und schlugen zwar unverdrossen, aber dann und wann wanderten ihre Blicke auch gen Himmel empor, und ihre Gesichter verzerrten sich im Schmerz, denn nun war die dunkelste Stunde des Schwärzesten Tages angebrochen: Es war die Zeit des Sonnentodes.

Weiter im Süden am Grûwenpaß betrachteten Vidron und Talarin die Überreste der Armee, die so viele Dunkeltage lang den Angriffen der Horde standgehalten hatte. Attacke auf Attacke war tapfer von ihr zurückgeschlagen worden. Sie hatten den Paß verteidigt und die Kräfte des Feindes aufgehalten. Aber die Horde Modrus war wie ein gewaltiger Rammbock gewesen, der sich immer wieder in die Menge der Menschen von Wellen und Elfen des Ardentals hineingetrieben und sie dazu gezwungen hatte, tiefer in die Paßschlucht hinein zurückzuweichen. Jetzt war bereits der fünfte Tag der Schlacht um den Grûwenpaß angebrochen, und von der einstmals so stolzen Armee waren nur noch wenige Kämpfer übriggeblieben. Doch die Verluste der *Rûpt* waren noch viel größer. Aber das änderte nichts daran, daß es der Horde gleichwohl gelungen war, die Verteidiger des Passes bis ans nördliche Ende der Schlucht zurückzutreiben. Jetzt wurden die Flanken der kleinen Schar nicht mehr von steilen Felswänden geschützt, denn die Riggagipfel lagen nunmehr südlich der Krieger und Soldaten. Erschöpfte Menschen, müde Elfen und ausgelaugte Pferde standen da und beobachteten die Teufelsbrut, die erneut durch den Paß stürmte und zum letzten und entscheidenden Angriff ansetzte.

»Stimmt, Elf Talarin, ich glaube, Eure Schätzung ist richtig«, knurrte Feldmarschall Vidron. »Auch ich habe bestenfalls noch knapp sechshundert Soldaten gezählt. Zwar ist es uns gelungen, fünftausend Wrg in den Tod zu schicken, aber damit bleiben noch immer etwa fünftausend weitere übrig, mit denen wir es jetzt zu tun bekommen.«

Talarin brummte nur und gab keine Antwort. Er starrte in Richtung der Horde, die sich wie eine finstere Flut durch die Schlucht ihnen entgegenwälzte.

Als der Ring um die letzten Kämpfer der Armee ganz geschlossen war, blökten Dutzende von Kriegshörnern der *Rûpt.* Der Feind schickte sich nun an, die Reste der Heerschar auf dem Grûwenpaß zu zerschlagen.

Vidron setzte sein Horn an die Lippen, und der weithin schallende Klang wurde von anderen Wellenhörnern beantwortet. Rund vierhundert müde Menschen und knapp zweihundert erschöpfte Elfen schwangen sich auf die Rücken ihrer entkräfteten Pferde und machten sich für den letzten Kampf bereit.

Doch noch bevor diese Entscheidungsschlacht begann, wogte eine Welle aus schwarzer Finsternis durch das Düsterdunkel, die von der Horde grölend und jubelnd begrüßt wurde. Talarin begegnete dem Blick Vidrons. »Die Stunde des Sonnentodes ist angebrochen. Hrosmarschall«, brachte der Liankrieger mit grimmig klingender Stimme hervor. »Es ist die dunkelste Stunde des Schwärzesten Tages. Und ich fürchte, die Mission König Galens ist fehlgeschlagen.«

Auf der anderen Seite des Grimmwalls, im Bereich der Kantenhöhe im Lande Riamon, fanden vor den Toren von Zechenbau Nord ebenfalls erbitterte Kämpfe statt, und das Bündnis aus Menschen, Elfen und Zwergen fiel über die Schergen Modrus her, die den Berg belagerten, in dessen Höhlen, Grotten und Kavernen die Heimat der Zwerge lag.

Elfen auf schnellen Pferden durchbrachen dort die Linien des Feindes, und Menschen aus Dael stürmten als Fußsoldaten auf die Teufelsbrut ein, um die Ungeheuer zu vernichten. Aus dem Zechenbau Nord stürmten die in schwarzen Rüstungen bewehrten Zwerge und, beidhändig die Schäfte ihrer Äxte umfassend, schlugen sie zu, so daß dunkles Schleimblut in Strömen floß.

Aber die Schergen Modrus kämpften gleichfalls mit grimmiger Entschlossenheit, so daß Menschen, Elfen und Zwerge in Scharen durch die Waffen der *Rûpt* den Tod fanden.

Dreimal hatte König Dorn seine Krieger von Dael mit den Elfen von Coron Eiron vereint, damit man den Belagerungsring um Zechenbau Nord durchbrechen und die Zwerge König Breks befreien könnte. Doch dreimal war es den Yrm gelungen, die verlustreichen Angriffe zurückzuschlagen.

Dies war nun der vierte Versuch, und noch vermochte niemand zu sagen, ob sie diesmal Erfolg haben würden. Der Kampf wogte hin und her, doch schließlich gelang es den Menschen, den Ring des Feindes zu durchbrechen und zu den Zwergen zu stoßen. Ein Jubelruf aus Hunderten von Kehlen ertönte, brach aber sofort wieder ab: Denn gerade in diesem Augenblick, als sie alle glaubten, endlich den Sieg erringen zu können, flutete eine Woge aus nachtschwarzer Finsternis durch das Düsterdunkel, und die Verbündeten spürten das damit einhergehende Unheil. Und die Horde stürmte voran und warf sich ihnen mit neuentfachter Entschlossenheit entgegen, als sich Schwärze über das Land breitete.

König Aranor von Valon saß auf seinem Pferd und bildete zusammen mit Reggian, dem Haushofmeister der Königsresidenz in Pendwyr, die Spitze einer großen Armee. Aus einem Versteck in den Hügeln von Brin blickten sie auf den Feind in der Ebene von Jugo. Die Lakh aus Hyree waren nach Norden vorgestoßen, und unter Umgehung eben jener Hügel marschierte der dunkelhäutige Gegner aus dem Süden an dem Königsheer vorbei.

Und oben am Himmel glänzte hell die Sonne.

Aranor drehte sich im Sattel um und richtete seinen Blick auf seine Armee. Die Streitmacht der Lakh war etwa doppelt so groß wie die seine. Der König wußte aber, daß ihnen ein schwerer Kampf bevorstand – eine Schlacht, die über den Ausgang des Krieges im Süden entscheiden mochte.

Erneut blickte Aranor in Richtung des Feindes, und was war das? Der Gegner hielt plötzlich ein, *und die Lakh sanken zu Boden und preßten die Gesichter in den Staub – so als verehrten sie einen Gott!*

Denn unmitelbar darauf senkte sich Dunkelheit vom Himmel. Aranor betrachtete besorgt, wie der Mond sich vor die Sonne zu schieben und ihren hellen Glanz zu verschlingen begann.

Und noch weiter im Süden, auf den Wogen des Meeres von Avagon, segelte die Flotte von Arbalin in die Haibucht, in der die Schiffe der Piraten von Kistan vor Anker lagen. Aber der Feind unternahm keinerlei Versuch, die Blockade zu durchbrechen: Mit ekstatischem Gegröle bejubelte er auch dort die Verfinsterung der Sonne.

Die Wichtel weinten bitterlich, als sie sich nach Kleinbruch zurückzogen. Das Dorf Rute stand in Flammen, denn erneut waren die Schergen Modrus über eine Siedlung im Waldland hergefallen und hatten sie verwüstet. Hauptmann Alvers Dornenläufern gelang es nicht, die Horde abzulenken, so daß sie nicht weiter über den Zweifurtweg nach Süden marschierte. Auch die Angriffe, welche die Wellenkrieger auf den Feind unternahmen, nützten kaum etwas, denn die Übermacht der Ungeheuer war einfach zu groß. Zwar hatte ein Herold dem Hauptmann Stohl erst vor kurzem die Nachricht überbracht, daß sich weitere Soldaten aus Wellen auf dem Weg ins Waldland befanden, aber bisher waren sie leider nicht eingetroffen. Die Wichtel hatten den Rückzug angetreten und flohen in das Sumpfland, aber es war fraglich, ob die Moore und Bruche ihnen noch lange Schutz gewährten, denn inzwischen war dort alles zugefroren, wodurch selbst die Rūcks und Hlōks den Morast durchstreifen konnten, ohne Gefahr zu laufen, darin zu versinken.

Und während die Wichtel nach Norden und Westen unterwegs waren, begann sich das Düsterdunkel um sie herum weiter zu verfinstern.

Markenmarschall Ubrik führte gerade mit seiner zahlenmäßig dem Feind weit unterlegenen Brigade einen weiteren Angriff auf die Guula durch. Aber die Schergen Modrus machten keine Anstalten, die Soldaten zurückzuwerfen und die kleine Streitmacht dann zu zerschlagen, sondern hockten wie bewegungslose Statuen auf ihren Hôllrössern und starrten in den Himmel empor. Und während in der Ferne der dumpfe Klang einer Rūcktrommel pochte, senkte sich langsam pechschwarze Nacht über das Land.

Merrilee, Bert, Dill, Teddy und Arch – alles Wichtel – saßen auf von Vanadurin geführten Pferden und gehörten zu den letzten, welche die Zugbrücke überquerten und in die schwarze Zitadelle Modrus gelangten. Doch während sie durch das Tor ritten, begann sich die von Modru beschworene Winternacht noch weiter zu verdunkeln. Einige Menschen schrien angstvoll auf und rieben sich die Augen, und die berittenen Krieger zügelten ihre Rösser und stiegen ab. Mit ausgestreckten Händen oder erhobenen Lanzen und Schwertern tasteten sie sich vorwärts, denn nun konnten sie überhaupt nichts mehr sehen.

Doch auch die Teufelsbrut war in der völligen Finsternis ohne jede Orientierung und stolperte hilflos umher.

Trotzdem ging der Kampf weiter, obwohl die Verwirrung noch zunahm. Die Königskrieger gaben sich mit dem lauten Ruf *Adon!* gegenüber zu erkennen, wenn sie einen anderen Körper berührten, und stießen mit ihren Klingen jedoch sofort zu, wenn sie keine Antwort erhielten.

Nur ein Krieger hatte es nicht nötig, auf diese Rufe zu antworten, denn er wies sich schon allein mit seiner Waffe aus: Das rote Klingenjuwel des Schwertes Unheilsbringer glänzte in hellem Feuer, und glühendes Funkeln durchstob die Schwärze. Die Augen der Elfen waren in der Finsternis ebenfalls nicht vollkommen blind: Gildor und Flandrena konnten nach wie vor die Konturen ihrer Umgebung erkennen.

Die juwelenartigen Utruniaugen der Wichtel aber sahen noch immer am besten. Sie bemerkten sehr wohl, daß die Finsternis von der Spitze des Eisernen Turms ausging, und sie hatten den Eindruck, als habe sich ein dunkler Schleier vor ihren Augen herabgesenkt, ein Schleier, der sie zwar behinderte, ihnen aber nicht völlig die Sicht nahm.

»Die anderen können nicht mehr sehen!« rief Teddy. Er sprang von seinem Pferd herunter und griff nach der Hand des Kriegers, der bisher sein Roß geführt hatte.

Auch die anderen Wichtel saßen ab und eilten auf die Soldaten zu. »Haltet euch an uns fest«, rief Arch. »Wir sind nicht völlig blind.«

»Ich sehe gar nichts als grausige Schwärze«, krächzte Degan, und Merrilee drückte die Hand des Mannes.

»Was sollen wir jetzt nur machen?« fragte Dill und starrte durch die Finsternis.

»Wir könnten die Rücks weiterhin mit unseren Pfeilen töten«, schlug Bert vor. »Wir haben aber auch die Möglichkeit, etwas *dagegen* zu unternehmen.« Der Jungwichtel deutete auf den Turm, von dessen Spitze die Schwärze herabwehte.

»Du hast recht, Bert«, pflichtete Merrilee ihm bei. »Wir müssen in den Turm gelangen, denn ich bin davon überzeugt, dort sitzt das Zentrum des Bösen – und *wir* müssen es zerstören. Ich fürchte aber, das schaffen wir nicht aus eigener Kraft. Laßt uns aufbrechen und unterwegs andere Krieger dazu auffordern, sich uns anzuschließen. Und rasch! Wir müssen uns beeilen, denn dies ist die Stunde des Sonnentodes.«

Und so kämpften sich die Jungwichtel durch die dunkle Festung, um den Eisernen Turm zu erobern, und unterwegs baten sie ein paar Soldaten, sie zu begleiten. Die Wichtel nahmen die Menschenkrieger bei der Hand und führten sie. Und unter denen, die ihnen folgten und sich den Blicken ihrer Juwelenaugen anvertrauten, befand sich auch der Hohekönig Mithgars: Galen, der Sohn Aurions.

Und irgendwo im Innern der Zitadelle pochte der dumpfe Klang einer Trommel: *Bumm…! Bumm…! Bumm…!*

Tuck stöhnte und rollte sich auf die Seite, als er langsam in die Wirklichkeit zurückfand. Durch das Fenster wehten die Klänge von Rückenhörnern und die entsprechende Erwiderung der Hörner von Valon. Er vernahm die Schreie der Menschen, das Knurren und fauchende Heulen der Schergen Modrus, das Klirren von Stahl auf Stahl. *Ich muß… ich muß aufstehen,* dachte er und versuchte, sich in die Höhe zu stemmen. Aber in seinem verletzten Fuß brannte ein heißer Schmerz, daß er nur so aufschrie. Der Wichtel sank zurück auf den kalten Stein und krümmte sich angesichts der unerträglichen Pein zusammen. Doch er erinnerte sich an die vor ihm aufragende schwarzgekleidete Gestalt. *Modru! Das muß Modru gewesen sein! Der Herr der Winternacht!* Ein eisiger Schauer rann ihm über den Rücken. *Die Prinzessin!*

»Prinzessin Laurelin!« hauchte Tuck noch leicht benommen, als er sich mit einem Ruck aufrichtete und wachsam umsah. Laurelin war verschwunden, ebenso wie Modru. *Der Turm!* Tuck erinnerte sich vage an die zischende Stimme des Herrn der Winternacht… Er hatte davon gesprochen, die Prinzessin in eine Kammer hoch oben in seinem Turm zu bringen… in eine Kammer, in der sich *ihr Schicksal erfüllen würde.*

Tuck raffte sich mühsam auf, doch erneut flammte der Schmerz in seinem verletzten Fuß auf. Er biß die Zähne zusammen, griff nach seinem Bogen und humpelte auf die einen Spaltbreit offenstehende Tür zu. Vorsichtig spähte er auf den Gang, konnte aber nirgends einen Lakaien Modrus sehen. Daraufhin zog er sich die Kapuze über den Kopf, knüpfte sich den Mantel zu und schloß das silberne Medaillon – das *irgendwie* aufgesprungen war. Er schob es sich unter die Jacke zurück und taumelte einige Meter durch den Gang, bis er eine Treppe erreichte, deren Stufen in die Höhe führten. Er stieg die Treppe empor, und nach einer Weile erreichte er eine runde Plattform, die etwa zwanzig Meter durchmessen mochte. Um ihn herum ragten die Mauern des Turms steil in die dunkle Höhe, und an der einen Seite befand sich eine Wendeltreppe.

Tuck nahm alle Kraft zusammen, packte den Bogen fester und schob sich über die schmalen Stufen in die Höhe. Bei jedem Schritt *knirschte* es zwar in dem einen Stiefel, und ein scharfes Messer schien sich ihm geradezu durch die Fußsohle bis in die Wade empor zu bohren. Aber er setzte den Aufstieg unverwandt fort.

Ein Treppenabsatz nach dem anderen blieb hinter ihm zurück, und Tuck nahm sich nicht einmal die Zeit, durch die Wandschlitze nach draußen zu blicken. Die große Plattform versank weit unten in der Finsternis. Schwitzend und vor Schmerz stöhnend näherte sich der kleine Wichtel allmählich der Spitze des Turms.

»Guttra!« fauchte es plötzlich, und Tuck verharrte erschrokken, als er dieses Wort vernahm. Gespannt blickte er hinauf, und dort, nicht weit oberhalb von ihm, standen zwei mit Säbeln bewaffnete Hlōks auf einem breiten Treppenabsatz vor einer großen Tür.

»Guttra!« ertönte es erneut, und Tuck dachte bei sich: *Du darfst jetzt keinen Fehler machen, denn wenn du das Ziel verfehlst und sich hinter der Tür dort oben weitere Schergen Modrus aufhalten, so bist du erledigt.*

Rasch zog er deshalb einen Pfeil aus seinem Köcher, spannte, zielte und ließ das Geschoß davonsausen. Noch ehe dieser erste Pfeil sein Ziel erreicht hatte, griff Tuck schon nach dem zweiten. *Sssst-twock!* Das erste Geschoß bohrte sich dem Hlōk tief in die Brust, und während das Ungeheuer noch sterbend nach hinten kippte ... *Sssst-twock!* Der zweite Pfeil traf den anderen Wächter. Der Hlōk taumelte nach vorn, stürzte, rutschte die Stufen herab und landete mit einem dumpfen Aufprall direkt neben dem Wichtel, während der Säbel in die dunkle Tiefe fiel.

Mit einem dritten Pfeil auf der Sehne verharrte Tuck wachsam. Er horchte, doch er vernahm nur das rasselnde Geräusch seines eigenen Atems, während er herauszufinden versuchte, ob ein Feind möglicherweise hinter der Tür Verdacht geschöpft hatte. Da nichts geschah, stieg er unter großen Schmerzen die letzten Stufen empor, kletterte über den Leichnam des zweiten Hlōk hinweg und stand vor der eisenbeschlagenen Tür, durch die man in die Kammer Modrus gelangen konnte.

Tuck legte das Ohr an die Tür, aber er konnte nichts hören,

da sie einfach zu dick war. Vorsichtig versuchte der Wichtel, sie zu öffnen, und als er keinen Erfolg damit hatte, stemmte er sich mit seinem ganzen Gewicht gegen das Hindernis. Doch die Tür gab um nichts nach. Ganz offensichtlich war sie von innen verriegelt. *Ich muß irgendwie in diese Kammer gelangen*, dachte Tuck. *Nur so kann ich herausfinden, ob Modru die Prinzessin wirklich hierher gebracht hat.*

Tränen der Pein quollen ihm aus den Augen, als er sich auf ein steinernes Sims schob. Er rückte den Köcher zur Seite, beugte sich aus dem Fensterschlitz und sah an der Außenmauer des Turms entlang. Nicht allzu weit entfernt befand sich eine weitere Fensteröffnung, und das dunkle Wallen wogte aus jenem Schlitz ins Freie! Tuck prüfte die Oberfläche des Simses. Der Fels war zwar mit Eis und Rauhreif bedeckt, aber hier und dort zeigten sich kleine Vorsprünge – ebenso wie in der Eckmauer, an der die anderen vor schier einer Ewigkeit in die Höhe geklettert waren. Der Jungwichtel hoffte, auf diese Weise an die andere Fensteröffnung gelangen zu können. Er blickte kurz in die Tiefe, drehte den Kopf aber sofort wieder zur Seite. Bei der Vorstellung, abzurutschen und in die dunkle Tiefe zu stürzen, krampfte sich alles in ihm zusammen. Er hoffte deshalb inständig, nicht den Halt zu verlieren, als er Anstalten machte, sich ganz durch den Fensterschlitz zu schieben und sich an der Außenwand des Turms entlangzuhangeln.

Tuck verfügte noch immer über ein kurzes Elfenseil, das er vorsorglich an seinem Gürtel befestigt hatte. Er schlang sich das eine Ende um die Hüfte, band Köcher und Bogen am anderen Ende fest und ließ seine Waffen vorsichtig aus dem Fenster. Dann richtete er sich auf, um selbst durch den Schlitz zu kriechen, holte tief Luft, hielt den Blick auf die Wand gerichtet, umfaßte mit den Händen das eisverkrustete Sims und schob sich ganz aus dem Fenster. Schon bald fanden seine Stiefelspitzen in kleinen Fugen und Ritzen genügend Halt, wozu er trotz der Verletzung auch den linken Fuß mit benutzen mußte. Der kleine Wichtel setzte sich behutsam in Bewegung, tastete sich mit den Händen über den Fels, indem er die Finger in kleine Lücken zwischen den einzelnen Steinen grub. Langsam näherte er sich der anderen Öffnung in der Mauer. Und während er kletterte, pochte eine Trommel, deren Dröhnen durch die ganze Festung hallte:

Bumm . . .! Bumm . . .! Bumm . . .! Und von der Spitze des Eisernen Turms senkte sich sogar noch schwärzere Finsternis herab.

Laurelin wand sich vergeblich hin und her und kämpfte gegen den Griff Modrus an, als der Herr der Winternacht sie die Treppe emporzerrte, an zwei Lōkhawächtern vorbeischaffte und in die ganz oben im Turm gelegene Kammer brachte. Modrus Finger hatten sich wie eiserne Fesseln um ihr Handgelenk geschlossen, gegen die sie viel zu schwach war, um sich befreien zu können.

Rums! Hinter ihr fiel die schwere eiserne Tür ins Schloß.

Klack! Der Riegel wurde vorgeschoben.

Und trotz Laurelins heftiger Gegenwehr riß ihr Modru den Mantel vom Leib und stieß sie an dem pechschwarzen *Fleck* des Myrkensteins vorbei in Richtung eines großen, dunklen steinernen Altars. Er hob sie auf die Platte und fesselte die Arme und Beine der Prinzessin mit in den Fels eingelassenen Klammern.

Die Platte des Altars war ein wenig geneigt, und Laurelin lag mit dem Kopf nach unten. Als sie ihn zur Seite drehte und ein wenig hob, konnte sie den Myrkenstein sehen, der ganz in der Nähe auf einem Podest lag. Das lange blonde Haar Laurelins ruhte in einer breiten Vertiefung, die von ihren Schultern bis zum Rand der Steinplatte reichte. Modru griff nach einer Schere und begann damit, die Locken der Prinzessin abzuschneiden, während er zischte: »Wir können schließlich nicht zulassen, daß Euer Haar das Blut aufsaugt, denn wir brauchen jeden einzelnen Tropfen davon, um den Durst meines Herrn zu löschen, nachdem Er hierher nach Mithgar zurückgekehrt ist. Ja, Euer Blut wird es sein, das Ihm seine alte Macht über die Mittlere Ebene zurückgibt. Euer Blut wird es sein, Prinzessin, welches das lichtschlukkende Maul des Myrkensteins verschließt, auf daß der Weg nach Mithgar wieder verschlossen ist. Und dann ist das Schicksal aller Bewohner der Mittleren Ebene endgültig besiegelt! *Tsss, sss, sszz!*«

Laurelin schnappte nach Luft, und als Modru weitere Strähnen des blonden Haars abschnitt, ertönte erneut das zischelnde Schlangenlachen: »*Ahh.* Jetzt wißt Ihr endlich, was Euch bevorsteht, *Prinzessin.* Erinnert Euch! Ihr habt einmal geschworen, mir niemals zu dienen. Jetzt rufe ich Euch diese närrischen Worte ins Gedächtnis zurück. Ihr wolltet mir niemals dienen . . . *tchaa! Euer* königliches Blut wird es sein, das den Durst meines Herrn stillt. *Euer* königliches Blut wird den lichtschluckenden Rachen des Myrkensteins schließen. Ich hätte zwar auch den Lebenssaft eines *Dolh* verwenden können. Aber leider stammte Vanidor aus Adonar, und für diesen Zweck braucht man das Blut eines Mithgargeborenen. Ach! Es ist überhaupt ganz gleich, wes armen Teufels Blut ich verwende. Hauptsache, er stammt aus der Mittleren Ebene. Es bereitet mir aber besonderes *Vergnügen*, den roten Lebenssaft einer Prinzessin zu verwenden. *Tsss, sssz, sss, ssss!*«

Tränen glitzerten in den Augen Laurelins, und Modru trat zurück, um sein Werk zu betrachten. »*Sss!* Ausgezeichnet! Mein Herr Gyphon wird zufrieden sein. Ich habe Euch wohl das Haar abgeschnitten, aber Ihr seid nach wie vor ... ohne Makel. Ja, *sssehr* zufrieden wird Er sein, denn es ist viele Jahrtausende her, seit Er zum letztenmal das Blut einer so edlen Person trank. Und Er hat *großen* Durst!«

Modru wandte sich um, nahm ein steinernes Becken und setzte es neben dem Altar ab, so daß sich darin das durch die Vertiefung rinnende Blut dann später sammeln konnte. Nachdem er daneben noch einen eisernen Kelch gestellt hatte, holte der Herr der Winternacht ein von einem schwarzen Tuch verdecktes Tablett. Das Metall kratzte leise über den Stein des Altars, als er das Tuch hob und ein schwarzes Messer enthüllte, das offenbar aus dem gleichen Material bestand wie auch der Myrkenstein. Zum Abschluß legte Modru noch ein dickes Buch auf den Altar und blickte dann auf eine verstaubte Schriftrolle.

Und selbst im Innern des hohen Turmes hallte der dumpfe Klang jener Trommel wider: *Bumm...! Bumm...! Bumm...!* Und an den Fensterschlitzen war zu sehen, wie noch immer nachtschwarze Finsternis über die Welt sich ausbreitete.

Modru sah Laurelin an und zischte: »Es ist Zeit, denn der Sonnentod ist angebrochen.«

Der Herr der Winternacht streifte sich die eisernen Handschuhe ab, und seine klauenbewehrten Hände griffen nach dem Steinmesser. Er las mit unheilvoller Stimme aus dem großen Buch, und kehlig klingende Beschwörungsformeln der Macht reihten sich aneinander. Der Feind in Gron schickte sich offenbar an, seinem Herrn Gyphon die Rückkehr nach Mithgar zu ermöglichen.

Noch immer pochte jene Trommel, bei deren dumpfem *Bumm!* Merrilees Herz heftig klopfte. Bert, Dill, Teddy, Arch und sie führten ihre kleine Schar durch den Sonnentod orientierungslos gewordener Krieger durch die Festung. Die fünf Wichtel, die nun für achtzehn Menschen wachsam Ausschau hielten, wichen den knurrenden und brummenden Rūcks und Hlōks aus und hielten zielstrebig auf den Turm zu.

Als sie ihn erreicht hatten, traten sie an eine Tür heran. Die jungen Wichtel forderten ihre menschlichen Begleiter flüsternd dazu auf, sich nicht von der Stelle zu rühren und sich ganz still zu verhalten, denn sie befanden sich in unmittelbarer Nähe des Feindes. Anschließend setzten die Wichtel Pfeile auf die Sehnen ihrer Bogen, ehe einer die Tür öffnete.

Der flackernde Schein von Fackeln glänzte ihnen entgegen, und die Menschen blinzelten erst noch und konnten dann plötzlich wieder sehen. *»Har!«* brüllten die Rūcks, als der Fackelschein über den Vorplatz der Bastion fiel. Die menschlichen Krieger griffen sogleich nach ihren Schwertern, glitten rasch den Waerlinga hinterher hinein und warfen die Tür hinter sich ins Schloß.

Vor ihnen lag ein leerer Gang.

»Schnell, wir müssen uns jetzt beeilen«, drängte Galen mit halblauter Stimme. »Vielleicht halten sich im Innern dieses Turms ebenfalls Feinde auf, und bestimmt werden die Yrm draußen bald unsere Verfolgung bewerkstelligen. Die Spitze des Turms muß nun unser Ziel sein, denn wenn die Wichtel recht haben, befindet sich dort die Quelle des Düsterdunkels, und es muß uns irgendwie gelingen, sie zu zerstören.«

Rasch stiegen sie die Stufen in die Höhe, doch sie begegneten keinen Schergen Modrus. Ein Treppenabsatz, ein zweiter ... ein dritter. Und vor ihnen erstreckte sich eine große steinerne Plattform. Sofort eilten sie die Wendeltreppe empor, die an der einen Wand entlangführte. König Galen hielt sein Schwert Stahlherz zum Zuschlagen bereit und übernahm die Spitze, und die Krieger und Wichtel folgten ihm.

Immer höher wanden sie sich, und dann und wann zeigten sich in der Mauer kleine Fensterschlitze, durch die sie in die Finsternis des Sonnentodes hinausblicken konnten. Ohne Rast hasteten sie weiter empor. Sie näherten sich nun der Spitze des Turms, und kurz darauf sahen sie auch schon die große eisenbeschlagene Tür oben in dem Gang am Ende der Treppe. Sie passierten einen weiteren Absatz und stießen auf einen Hlōk, der tot in seiner Lache aus schwarzem Schleimblut lag. Der Schaft eines kleinen Pfeils ragte deutlich aus der Brust des Ungeheuers.

Rasch brachten sie die letzten Stufen hinter sich und sahen sich erstaunt an. Sie wußten zwar, daß der Hlōk durch einen Wichtelpfeil umgekommen war. Aber *wer* mochte ihn abgeschossen haben?

Sie erreichten den sich an die Treppe anschließenden Gang, und da: Vor der eisenbeschlagenen Tür lag noch ein zweiter toter Hlōk, getroffen von einem Wichtelpfeil.

Erregung erfaßte plötzlich Merrilee, als sie sich niederbeugte und den Pfeil untersuchte. Aber noch bevor sie zu einem Schluß gekommen war ...

Schrille Schreie einer Frau drangen durch die dicke Tür, gefolgt von dumpfen Worten, die den Wichteln und Menschen unverständlich vorkamen.

Galen erkannte die Stimme der Frau: *»Laurelin!«* rief er verzweifelt und warf sich gegen die Tür – vergeblich. Rasch sah sich der Hohekönig um. »Die Bank!« rief er. »Die steinerne Bank!« Und er sprang auf die massive Sitzgelegenheit beim Fenster zu. »Die benutzen wir als Ramme, um die Tür aufzubrechen!«

Und als die Vanadurin ihm zu Hilfe eilten, machte es *Sssst-twock!* Ein schwarzbefiederter Pfeil bohrte sich auf einmal in die Holzbohlen der Tür. Merrilee und die Wichtel schoben sich vorsichtig an den Treppenrand heran. Unten konnten sie bereits einige Lakaien des Herrn der Winternacht erkennen, wie sie im unsteten Schein der Fackeln hinauf eilten. *Ssst...! Sssst!* Weitere Rückenpfeile sausten ihnen entgegen, doch die Wichtel ließen treffsicher den Ungeheuern ihre eigenen Geschosse entgegensausen.

Und während noch die Menschen die schwere steinerne Bank anhoben, um damit die dicke Tür zu sprengen, ertönte aus der Kammer Modrus ein weiterer durchdringender Schrei.

Bumm...! Bumm...! Bumm...! Noch immer pochte der dumpfe Trommelschlag, als Tuck sich langsam in die Höhe schob und in Richtung des zweiten Fensterschlitzes kletterte. Seine Finger klammerten sich an das eisverkrustete Gestein, und er preßte die Stiefelspitzen in die Mauerritzen. Wegen des heftigen Schmerzes, der von dem verletzten Fuß ausgehend seinen ganzen Körper schüttelte, mußte er die Zähne fest zusammenbeißen und wandte den Blick nicht von der kalten Mauer vor sich ab, sondern vermied es, in die schwindelerregende Tiefe zu starren.

Nachtschwarzes Dunkel hatte sich inzwischen auf das Frostland von Gron herabgesenkt, aber die scharfen Augen des Wichtels erlaubten ihm, auch weiterhin sich zu orientieren. Er kletterte zielstrebig genau auf die Fensteröffnung zu, aus der die Finsternis hervorquoll.

Schließlich erreichte er den Schlitz in der Wand und vernahm jene zischende Stimme, welche die Beschwörungsformeln formulierte. Es schauderte ihn unwillkürlich, und eisige Furcht kroch in ihm empor, als er bedachte, daß sich nun das Größte Unheil anschickte, nach Mithgar zurückzukehren. Er verdrängte alle Gedanken daran und konzentrierte sich allein auf seine eigene Aufgabe. Mit der einen Hand griff er nach dem Seil, zog sowohl den daran befestigten Bogen als auch den Köcher mit den Pfeilen in die Höhe und legte beides auf das breite Fenstersims, ehe er sich in die Maueröffnung hineinzwängte.

Das Dunkel schien sich noch weiter zu verdichten, als Tuck durch den Schlitz kroch und Bogen und Köcher vor sich herschob. Nach einer Weile gelangte er auf ein breites Sims, das in einer Höhe von einigen Metern entlang der Wände der runden Kammer führte. Aber Tuck konnte kaum erkennen, was sich im Innern dieses Raumes befand, denn sein Blick wurde *gebannt* – durch einen großen schwarzen *Fleck*, der auf einem Podest in der Mitte der Kammer ruhte. Tuck wußte es zwar nicht, aber dies war das Herz des Düsterdunkels, das unheilvolle Bruchstück des Drachensterns, der vor einigen Jahren den ganzen Himmel hatte auflodern lassen. Über das Waldland war dieser Stein ja auch hinweggesaust, über Nordholz, über Rian – selbst über Gron. In der Frostöde war er zu Boden geprallt, im Exil Modrus *– genau an der Stelle, die Gyphon vor viertausend Jahren dafür vorgesehen hatte.* Dies war der Myrkenstein, der Schlüssel, der das verschlossene Portal öffnen sollte, durch das das Größte Unheil nach Mithgar zurückzukehren vermochte – die Quelle der fürchterlichen Schwärze, die nun das Düsterdunkel durchwallte. Und der Myrkenstein hielt den Blick des Jungwichtels gebannt und schien einen schwarzen Schleier vor dessen saphirfarbene Juwelenaugen zu schieben. Die wenigen Konturen, die Tuck noch erkennen konnte, verwischten sich allmählich und wurden von der Finsternis aufgesogen. Und er war einfach nicht dazu in der Lage, den Blick von dem gräßlichen *Fleck* abzuwenden.

Aber es entwickelten sich auch noch andere dunkle Kräfte, die nun in der Kammer wirksam wurden. Mit zischender Stimme beschwor Modru weiterhin die finstere Macht, deren unheilvoller Zauber ein dichtes Netz des Verderbens wob.

Und die Luft, sie schien sich gerade zu *verdichten* und zu *kräuseln*, so als verwandele sie sich in schwarze Flüssigkeit, die von einem imaginären Wind bewegt wurde.

Und in diesem Wogen der Luftströme formten sich allmählich die Konturen einer Gestalt. Es schien, als habe sich nun ein dunkles Tor eröffnet, durch das diese Gestalt in die Kammer gelange. Mit jedem Wort der Macht, das der Herr der Winternacht aussprach, nahmen die Umrisse festere Formen an.

Näher trat die Gestalt, immer näher, und die zischende Stimme Modrus verklang noch immer nicht. Der schwarze Leib des Fremden verdichtete sich zusehends und wurde immer deutlicher sichtbar. Und der Körper *glühte* schier in einer Aura der Finsternis – ebenso wie der Myrkenstein. Tuck sah die Gestalt nur verschwommen. Auf den ersten Blick erschien sie wie ein Mensch oder ein Elf. Aber Er war keines von beiden: Es handelte sich vielmehr um Ihn, der einst das Vertrauen Adons genossen hatte und ein enger Vertrauter des Erhabenen gewesen war. Dann aber hatte Er sich eine Macht angemaßt, die nur Adon selbst zustand, und in der Folge fiel er in Ungnade und wurde jenseits der Sphären verbannt. Der Fremde war ... *Gyphon*! Und als Er den Großen Abgrund überquerte, ließ das Wogen der Luft allmählich nach. Er kehrte nun nach Mithgar zurück, und Tuck konnte das Größte Unheil als Körper von fester Form deutlich sehen. Und dem Wichtel stockte der Atem, denn Er war makellos und rein und wunderschön, obgleich es sich bei ihm um den Verderbensfürsten handelte.

Gyphons prächtiges Erscheinungsbild war es schließlich, das Tucks Blicke von dem schwarzen Myrkenstein wegzog. Und der

Jungwichtel konnte die erhabene Anmut des Größten Unheils einfach nicht fassen. Ruckartig drehte Tuck den Kopf zur Seite, und Entsetzen erfaßte ihn, als er jenseits des Myrkensteins Laurelin auf einem Altar gefesselt erblickt und neben ihr Modru erkannte. Hinter den Augenschlitzen der eisernen Maske funkelten böse Pupillen, als der Herr der Winternacht die alten Beschwörungen mit erhobenen Armen rief und in der linken Hand das spitze Steinmesser schwebte. *Er will sie töten!* schoß es Tuck durch den Sinn.

Mit zitternden Händen band der Wichtel den Bogen vom Elfenseil los und suchte in seinem Köcher nach einem passenden Pfeil. Und direkt vor sich sah er eben jene Waffe, die er in der Gruft Othrans gefunden hatte: Der Pfeil aus dem Sarkophag des vor Äonen gestorbenen Sehers glänzte nun nicht mehr in einem matten Scharlachrot, sondern glühte in der von dem Myrkenstein ausgehenden Schwärze in funkelndem Gleißen. Das Geschoß war aus einem sonderbar leichten Metall gefertigt, und die ganze Zeit über, seit der Eroberung der Challerainfeste durch die Horde Modrus, hatte der Wichtel es bei sich getragen. Es war, als würden die Hände Tucks plötzlich von einem fremden Willen gelenkt: Er griff nach dem roten Pfeil und setzte ihn auf die Sehne.

Das sonderbare Strömen der Luft hatte nunmehr ganz nachgelassen, und jetzt befand sich Gyphon, das Größte Unheil, wieder in Mithgar. Doch Er würde erst dann zu Seiner alten Macht zurückfinden, wenn Er den Kelch mit dem Opferblut Laurelins geleert und der Finsternis des Myrkensteins Einhalt geboten hatte. Das Schicksal des ganzen Reiches stand buchstäblich auf eines Messers Schneide.

Und Tuck erhob sich und spannte die Sehne seines Bogens mit aller Kraft.

Doch Laurelin schrie: *»Nein!«*

Denn genau in dem Augenblick, als Gyphon durch die Beschwörungen nach Mithgar zurückkehrte, sah die Prinzessin, wie aus den Schatten auf dem Wandsims die kleine Gestalt eines Wichtels sich erhob. Angesichts des Silberons, dessen Metall durch die zerrissene Jacke schimmerte, erkannte sie, daß es sich um Tuck handelte, und sie sah auch, wie er auf Modru zielte.

»Nein!« rief sie erneut so laut sie konnte. »Töte Gyphon!

Vernichte das Größte Unheil!«

Das Größte Unheil? Und da begriff Tuck. Und er wandte sich ein wenig zur Seite und richtete die Spitze des roten Pfeils auf die prächtige Gestalt. *Wie kann solche Schönheit böse sein und Verderben bringen? Und selbst wenn ich Gyphon jetzt umbringe – bevor ich noch einen zweiten Pfeil auf die Sehne meines Bogens legen kann, hat Modru Zeit genug, die Kehle Laurelins durchzuschneiden.*

Erneut zielte Tuck daher auf Modru. Der Herr der Winternacht hatte sich nun umgewandt und gewahrte den Wichtel. Die Spitze des Steinmessers senkte sich dem Hals der Prinzessin entgegen, und mit zischender Stimme sprach er weitere Beschwörungen.

»Gyphon!« schrie Laurlin verzweifelt: »Töte Gyphon!«

Und in diesem Moment ... Die eisenbeschlagene Tür erzitterte unter den wuchtigen Schlägen einer mächtigen Ramme, und Splitter flogen davon, als die festen Holzbohlen nachzugeben begannen. Nach wie vor aber hielt der große Riegel den Raum verschlossen.

Ein zweites Mal richtete sich die Spitze des roten Pfeils auf Gyphon, aber Tuck konnte es einfach nicht über sich bringen, das Geschoß davonsausen zu lassen, denn sonst war der Tod Laurelins gewiß. Wieder zielte er auf Modru – doch es fiel Tuck auch ein, daß der Herr der Winternacht ja nur ein *Diener* des Größten Unheils war, und es mochte sich als außerordentlich verderblich erweisen, den Diener zu töten und den Herrn am Leben zu lassen. Und richtig: Falls er Modru vernichtete, mochte Gyphon die Prinzessin dennoch umbringen, um das Ritual zu beenden – noch bevor Tuck ein zweites Geschoß davonschnellen lassen konnte.

Das Rammen an der Tür wurde lauter.

Und während der Wichtel zauderte, stiegen aus seiner Erinnerung zwei Gedanken empor.

Jene Inschrift aus Othrans Gruft:

Schieße nur den Pfeil den Roten,
Zu der dunklen Zeit geboten.

Und die Worte Raels:

»Keinem von zwei Bösen soll gelten
deiner starken Hände Schlag.
Das Schwarze dazwischen mußt du treffen,
auf daß es sterben mag.«

Der ›Schlag‹ – vielleicht handelte es sich dabei nur um ein Symbol. Und von einem Augenblick zum anderen begriff Tuck die Bedeutung dieser Botschaften. Während die Ramme immer wieder donnernd gegen die Tür schmetterte und Holzsplitter davonsausten, zielte Tuck auf den Myrkenstein. Doch die aus dem *Fleck* hervorwallende Dunkelheit wogte ihm nun entgegen und nahm ihm plötzlich die Sicht.

Im Innern des jungen Wichtels hallten die Worte des Alten Barlo wider: *»Wenn ihr das Ziel verfehlt, könnt ihr die Pfeile auch gleich wegwerfen.«*

Modrus zischende Stimme hielt ein.

Tuck spürte genau, daß er den Pfeil *jetzt* davonschnellen lassen mußte!

Adon, steh mir bei, flchte Tuck, dem durch die von dem Myrkenstein ausgehende Finsternis die Sicht genommen war. *Roter Pfeil, roter Pfeil – treff ins Ziel.* Und er ließ ihn davonschnellen.

Der rote Pfeil war wie ein karmesinroter Blitz, der durch die Kammer zuckte und den Myrkenstein genau in der Mitte traf, und das sonderbare Metall des Geschosses bohrte sich tief in den schwarzen *Fleck*. Es krachte und donnerte mit solcher Urgewalt, daß Tuck zurückgeworfen und gegen den harten Fenstersims geschleudert wurde. Sogar die Tür wurde gesprengt und aus den Angeln gerissen, so daß Galen und seine Begleiter auf den Treppenabsatz stürzten. Ein grelles Licht flammte auf und durchflutete die Kammer, das so hell und strahlend war, daß die Schriftrolle zu Asche zerfiel und die Phiolen, in denen magische Flüssigkeiten schillerten, einfach zerplatzten.

Der Myrkenstein war nun nicht mehr schwarz, sondern loderte in solch gleißendem Glanz, daß es schien, als gebe er nun all das Sonnenlicht frei, das er bisher in sich aufgenommen hatte. Noch heller wurde das Funkeln und sandte weiße Blitze aus der Kammer, die über die kalten Mauern huschten.

Auf dem Treppenabsatz, inmitten der Splitter der gesprengten Tür, standen Galen, Merrilee und die anderen noch benommen auf und taumelten in die Kammer. Aber sie konnten nicht in das Strahlen hineintreten, denn es war viel zu grell. Und ein gleißender Orkan durchwirbelte den Raum und drohte Galen und seine Begleiter fortzuschleudern.

Der Glanz verbreitete sich rasch und erhellte das ganze Innere des Turms. Lanzen aus hellem Feuer durchstießen die Fensterschlitze. Und dort, wo die Lakaien des Herrn der Winternacht von dem Glühen getroffen wurden, ob innerhalb oder außerhalb des Turms, fanden sie sofort den Tod. Einige *Rûpt* auf der Festungsmauer verwandelten sich augenblicklich in stinkende Asche, und die Yrm, die sich auf der Treppe im Innern des Turms befanden, kamen ebenfalls ums Leben.

Doch in der Kammer ganz oben in der Spitze des Eisernen Turms züngelten noch immer grelle Lichtblitze aus dem Myrkenstein. In dem strahlenden und gleißenden Chaos stemmte sich Tuck wieder auf, und das Funkeln verwehte die schwarzen Schleier vor seinen Augen: *Daraufhin konnte der Jungwichtel wieder sehen.* Aber die Helligkeit drohte ihn ebenfalls für immer zu blenden. In dem weißen Schein sah er, wie sich Modru von dem Altar erhob, auf dessen Platte er von der Lichtexplosion geworfen worden war. Der Herr der Winternacht richtete sich auf und streckte die Arme wie abwehrend aus. Heiseres Krächzen gab er von sich, als er in offensichtlichem Entsetzen zurücktaumelte: Das Fleisch seiner Klauenhände löste sich in dem grellen Gleißen auf, bis nach nur wenigen Augenblicken seine Knochen weiß und gelb hervortraten, nur um unmittelbar darauf zu Staub zu zerfallen. Modru begann nun am ganzen Leib zu beben, und seine gellenden Schreie verklangen, als auch die Lungen von der Wirkung des Banns Adons erfaßt wurden und verfaulten. Die Augen versanken für immer in den Höhlen, und die Schädelknochen zerfielen ebenfalls, als sich der hoch aufragende Körper von Modru nach hinten neigte. Nur Staub und Asche blieben von ihm auf der Steinplatte des Altars zurück. Mit einem scheppernden *Bang!* fiel die leere Eisenmaske zu Boden.

Und getroffen von dem roten Pfeil begann auch der Myrkenstein zu schrumpfen, und das Schwarz verflüchtigte sich. Es funkelte und strahlte hell, als sich der Stein in nichts auflöste, und dabei begann sich die Luft erneut zu *kräuseln*, als ob sich in weiter Ferne ein dunkles Tor öffnete. Die anmutigen Züge Gyphons verzerrten sich in unbeschreiblicher Wut. Er schrie und brüllte, aber trotzdem blieb alles ringsum still. Er wich zurück – so als gäbe es eine Kraft, die Ihn dazu zwang, Mithgar zu verlassen. Als sich die Luftströmungen verstärkten, veränderte sich auch das Erscheinungsbild Gyphons. Seine Schönheit wurde fortgefegt, so als handele es sich dabei nur um einen Schleier, und darunter kam eine abgrundtief häßliche Kreatur zum Vorschein. Doch auch diese Gestalt veränderte sich rasch, und als Gyphon sich umdrehte und durch das ferne Portal floh, war Er nur mehr eine Lufterscheinung. Die Luft schien jetzt so zäh wie Öl zu sein, und Tuck wandte sich ab und konnte den Anblick des Monstrums nicht mehr ertragen, das nun über den Großen Abgrund hinwegsetzte und in der Verbannung jenseits der Sphären Zuflucht suchte.

Und der grelle Glanz ließ allmählich nach, wie sich der Myrkenstein ganz verflüchtigte. Der von dem Wichtel abgeschossene rote Pfeil hatte dem Spuk ein Ende bereitet. Und als das lichtschluckende Maul verschwunden war, erhellte sich das Düsterdunkel.

Auf dem Vorplatz und in den Wehrgängen der Festung fanden unterdessen erbitterte Kämpfe statt, und niemand hatte das Verschwinden des Düsterdunkels bemerkt, denn noch immer befand sich der Mond vor der Sonne, und man konnte nur eine diffuse Korona des Sonnenlichts sehen. Dann aber, ganz plötzlich, gleißten hinter der Scheibe des unsichtbaren Mondes erste Lichtstrahlen, und die noch dünne Sichel der Sonne schob sich dahinter hervor. Den Rücks, Hlöks und Ghûlen blieb nur noch Zeit, entsetzt in die Höhe zu blicken, bevor der Verdorrende Tod zuschlug und sie zu Staub zerfielen.

Im Krallenmoor warteten Ubrik und die Kämpfer seiner Brigade ungeduldig darauf, daß die gräßliche Schwärze wieder verschwand, und sie wußten, daß sie den nächsten Angriff nicht überleben und gnadenlos den Säbeln und Speeren der Ghûle zum Opfer fallen würden.

Doch da verflüchtigte sich die Finsternis schließlich: Langsam schob sich die glänzende Scheibe der Sonne hinter dem unsichtbaren Mond hervor. Und vor den erstaunten und verblüfften Vanadurin starben die Ghûle und ihre Hôllrösser dahin, und ein kalter Wind wehte ihre Asche fort.

Am Grûwenpaß bereiteten sich Vidron, Talarin und die überlebenden Menschen und Elfen ebenfalls auf die letzte Schlacht vor. Aber plötzlich *verschwand* das Düsterdunkel, und das Gleißen der Sonne strahlte vom Himmel. Und die brummende und knurrende Schar der Yrm grölte nicht mehr, sondern wurde vom Bann Adons tödlich getroffen.

Im Land der Dornen, in einem Dorf namens Rute – einer Siedlung, die im Zentrum des Waldlandes lag –, gingen die Kämpfe gleichfalls zu Ende, als das Licht der Sonne der wütenden Horde den Garaus machte.

Zwergenkönig Brek von Zechenbau Nord, König Dorn von Riamon und der Coron Eiron von Darda Galion betrachteten das Schlachtfeld an den Hängen der Kantenhöhe. Sie blickten zum Himmel empor und sahen, wie sich die Sonne hinter der dunklen Scheibe des Mondes nun gänzlich hervorschob. Dann starrten sie wieder auf die Toten vor ihnen, und Menschen und Zwerge und Elfen wanderten umher und beklagten ihre gefallenen Kameraden. Von der Horde war jedoch bis auf schmutzige Lumpen, leere Rüstungen und blutverschmierte Waffen nichts übriggeblieben. Lauer Wind kam auf und wirbelte ihre Asche und Staub auf und verwehte alles.

In Jugo war es nicht vollkommen finster geworden, denn hier hatte der Mond nicht die ganze Sonnenscheibe verschlungen. Und Aranor und Reggian sahen zu, wie die Lakh aus Hyree auf die Knie sanken und ihren Gott verehrten: Gyphon. Langsam schob sich der Neumond vor die Sonne, so daß Aranor und Reggian Zeit blieb, sich zu beraten. Der König von Valon schlug vor, die andächtig singenden Lakh unverzüglich anzugreifen, doch der Haushofmeister der Residenz in Pendwyr hielt es für besser, den Zeitpunkt der größten Verfinsterung abzuwarten. Und schließlich stimmte Aranor seinem Begleiter zu, denn er wußte, daß sie dann das Überraschungsmoment ganz auf ihrer Seite hatten.

Und sie warteten, versteckt in den nördlichen Ausläufern der Hügel von Brin, bereit dazu, über die weit größere Streitmacht des Feindes herzufallen. Es wurde immer dunkler – und dann ertönten die Kriegshörner von Pellar und Valon, und die Reiter trieben ihre Pferde an und donnerten auf den Gegner zu.

Einige der andächtigen Lakh blickten auf und sahen das sich ihnen nähernde Heer, erhoben sich rasch und schrien wild. Daraufhin erwachten auch die anderen Lakh aus ihrer Trance der Verehrung, und sie griffen nach ihren Waffen, um es mit dem so plötzlich aufgetauchten Feind aufzunehmen. Und die dunkelhäutigen Menschen starrten ihre Anführer fragend an, und diese wiederum richteten ihr Blicke auf die Gesandten, die ihnen die Befehle Modrus vermittelten. Und in diesem Augenblick verzerrten sich die Züge dieser Marionetten Modrus in großem Schmerz: Sie rollten mit den Augen, ballten die Fäuste, bissen die Zähne zusammen und gaben seltsame Laute von sich. Die Gesandten begannen am ganzen Leib zu zittern und zu beben – und dann brachen sie zusammen, so als seien die Fäden durchgeschnitten worden, an denen der Herr der Winternacht sie lenkte. Sterbend fielen sie zu Boden, und es war, als sei der Unheilswillen, in dessen Bann sie bisher standen, ebenfalls vom Tod überrascht worden.

Aber obgleich die Lakh nun erkannten, daß irgend etwas nicht in Ordnung war, daß sie vielleicht sogar die Unterstützung Modrus verloren hatten, wandten sie sich dennoch dem heranstürmenden Heer zu, denn sie hatten es hier mit ihrem Erbfeind zu tun. Und die Anführer der Streitmacht aus Hyree riefen barsch ihre Befehle, als die Reiter von Valon und Pellar heran waren und mit ihren Schwertern und Säbeln tiefe Breschen in die Reihen der Lakh schlugen. Eine wilde Schlacht begann, und die Krieger aus Hyree kämpften mit dem Zorn und der Entschlossenheit von Besessenen – denn dies war der Tag des Sieges, der ihnen in den alten Prophezeiungen versprochen worden war.

Die Königsarmee setzte den Angriff fort, und Speere und Säbel und Lanzen und Schwerter hieben wahllos auf den Feind ein. Und dann schwenkte das Heer zur Seite, nur um sich sofort neu zu formieren und einen zweiten Angriff durchzuführen.

Und langsam gab die Scheibe des Neumonds die Sonne wieder frei.

Erneut rückten die Krieger gegen die Lakh vor, und wieder klirrte Stahl auf Stahl. Eiserne Speerspitzen bohrten sich in das Fleisch des Gegners, und Schwerter schlugen mit entschlossener Kraft zu.

Krieger und Soldaten starben noch immer, als das Licht der Sonne zu glänzen begann.

Ein weiteres Mal zog sich das Heer zurück, um sich neu zu formieren, denn inzwischen waren die Verluste recht groß. Aranor und Reggian trafen sich, um zu entscheiden, ob der Kampf fortgesetzt oder aber der Rückzug angetreten werden sollte.

Und die Sonne kam allmählich ganz hinter dem Mond zum Vorschein.

Und Gyphon erschien nicht inmitten der Streitmacht aus Hyree: Die Prophezeiung war *falsch!* Man hatte sie *betrogen!*

Die Lakh stöhnten in großem Kummer, und viele von ihnen warfen ihre Waffen fort und wandten sich zur Flucht. Andere liefen auf die Königskrieger zu und ergaben sich. Wieder andere legten die Rüstungen ab, bohrten sich Messer in die Brust und starben durch eigene Hand. Nur einige wenige schwangen noch Säbel und Schwerter und stürmten heiser schreiend auf die Soldaten aus Valon und Pellar zu. Doch sie fanden durch die Klingen ihrer Gegner den Tod.

Und so endete die Schlacht von Jugo.

In der Haibucht lichteten die Piraten von Kistan die Anker ihrer Schiffe und segelten mit der Flut auf die Arbalinflotte zu, welche die Bucht blockierte. Zahllose Seile spannten sich, das Leinen der Segel knatterte im Wind, und die Wellen des Meeres spülten gurgelnd an den Schiffsrümpfen entlang. Die mächtige Kriegsflotte aus dem Süden hielt genau auf die Lücke zu, hinter der die Kreuzer der Königsflotte warteten. Katapulte schleuderten loderndes Feuer – *Twack!* – und Planken brachen, als die Handels- gegen mächtige Kriegsschiffe prallten. Einige Kreuzer der Piraten von Kistan gingen in Flammen auf, aber auch so manches Schiff aus Arbalin fing Feuer. Andere sanken auf Grund, die Rümpfe unter der Wasserlinie durchbohrt von großen Rammen. Einige Schiffe aus Kistan wurden geentert, und an Bord kam es zu erbitterten und blutigen Zweikämpfen. Manche Besatzungen ergaben sich auch bald. Aber die meisten Kreuzer des Feindes aus dem Süden entkamen, denn ihre Übermacht war einfach zu groß. Sie segelten an den Königsschiffen vorbei und verschwanden in der Wasserwüste des Meeres von Avagon.

Als im Eisernen Turm das helle Gleißen des Myrkensteins verblaßte, eilten Merrilee, Galen, die anderen Menschenkrieger und Wichtel durch die Tür in die grausige Kammer des Herrn der Winternacht. Und dort, in der Nähe eines großen und rußgeschwärzten Podestes, fanden sie Laurelin. Die Prinzessin war noch immer auf einer Altarplatte festgebunden und zum Teil von einem schwarzen Mantel bedeckt. Galen öffnete die eisernen Klammern und preßte Laurelin an sich.

Und Merrilee blickte durch die Kammer und sah empor. Und auf dem Sims entdeckte sie den zusammengesunkenen Tuck: der Fuß gebrochen, der Leib zerschunden, tiefe Kratzspuren im Gesicht – und die Haut rot und verbrannt.

»Tuck!« rief die Dornenläuferin und lief an dem Podest entlang auf die andere Seite der Kammer. Dort kletterte sie eine Leiter empor und umarmte Tuck, als der Jungwichtel zu ihr herabsank. Und Merrilee weinte und hätte ihn geküßt, wenn sie nicht befürchtet hätte, ihm durch eine Berührung seines verbrannten Gesichtes große Schmerzen zuzufügen. »Oh, Tuck... lieber Tuck.« Und während sie ihn festhielt, schluchzte sie laut.

»Merrilee?« fragte Tuck zögernd, und seine geröteten Hände hoben sich und tasteten nach ihrem Gesicht. »Ach, Merrilee, ich kann dich nicht sehen. Ich bin blind.«

In diesem Augenblick ertönte von den Wehrgängen der Festung her ein lauter Jubelruf und stieg zur Sonne empor: Der Feind war geschlagen! Das Düsterdunkel der Winternacht hatte sich aufgelöst; der Winterkrieg war zu Ende. Und sowohl in Gron als auch in allen anderen Regionen und Provinzen Mithgars tanzte das Freie Volk.

Aber es gab auch Krieger, die nicht an diesem Jubel teilnahmen. Sie wanderten vielmehr auf den Schlachtfeldern umher und beweinten ihre toten Kameraden: in Riamon und Jugo, in Pellar und am Grûwenpaß, im Waldland und im Krallenmoor von Gron.

Und in der schwarzen Zitadelle, auf dem Wehrgang über dem Tor, standen fünf Kämpfer, jeder von ihnen auf die eine oder andere Weise verletzt: an den Armen, der Stirn, der Hüfte, den Beinen. Aber keiner von ihnen achtete auf das Blut, das aus diesen Wunden sickerte. Mit geneigten Häuptern standen sie: ein junger Mann – Prinz Igon; ein Jungwichtel – Dink Queller; zwei Elfen, zwei Liankrieger – Flandrena und Gildor; und ein Zwerg, die Kapuze über den Kopf gezogen, in der einen Hand die blutverschmierte Axt Drakkalan – Brega. Und sie alle weinten bitterlich. Und vor ihnen saß ein kleiner Wichtel, Patrel Eilsperre, der schluchzte und den mit einer schwarzen Rüstung bewehrten Leichnam Danners hin und her wiegte.

Heimreise

Man führte Tuck über die Treppe und geleitete ihn in einen Raum, in dem er entkleidet und in ein Bett gelegt wurde. Ein Heiler eilte herbei, um sowohl seine Wunden als auch die Verletzungen Laurelins zu behandeln, denn auch die Prinzessin hatte durch das Gleißen des Myrkensteins Verbrennungen davongetragen, wenn auch nicht so ernste wie der Jungwichtel. Modru war es gewesen, der Laurelin vor dem ersten und grellsten Blitz abgeschirmt hatte – wenn auch bestimmt nicht mit Absicht. Der Herr der Winternacht hatte in dem Augenblick zwischen der Prinzessin und dem Podest gestanden, als sich der Rote Pfeil in den schwarzen *Fleck* bohrte. Und als der Bann Adons ihn mit dem Verdorrenden Tod vernichtete, war er zunächst zurückgetaumelt, und der dann leere Mantel hatte sich so auf Laurelin herabgesenkt, daß nur noch die Hände dem Strahlen und Funkeln direkt ausgesetzt gewesen waren. Andererseits aber war sie dem Podest auch wesentlich näher gewesen als Tuck, was an den Händen zu schlimmeren Verbrennungen geführt hatte.

Trotzdem forderte die Prinzessin den Heiler auf, sich zunächst um die Verletzungen Tucks zu kümmern. Der Heiler tauchte besondere Kräuter in Wasser und strich die auf diese Weise hergestellte Salbe auf die Brandwunden des Wichtels. Es handelte sich dabei um ein Heilmittel, das in erster Linie bei Kindern Verwendung fand, die sich zu lange dem hellen Schein der Sonne ausgesetzt hatten. Er versah zudem den gebrochenen Fuß Tucks mit einem Preßverband und wickelte kalte Kompressen um den Arm, der von dem Eisenstab Laurelins getroffen worden war. Dann sah der Heiler Tuck in die Pupillen. »Was dein Augenlicht angeht, kann ich leider nichts für dich tun. Vielleicht ist die medizinische Kunst der Elfen in der Lage, mehr auszurichten, aber …«

Er brach ab und wandte sich zur Prinzessin um. Arch Springhoch eilte daraufhin die Treppe hinunter und durch die Tür, auf der Suche nach dem Elfen Gildor oder Flandrena. Der Wichtel fragte einige Menschen, aber niemand konnte ihm die gewünschte Auskunft geben – bis er schließlich einen Soldaten traf, der meinte, der habe die Elfen zuletzt über dem Tor gesehen.

Daraufhin drehte sich Arch um, lief auf die Mauer zu und sprang die Stufen empor, die auf den Wehrgang über dem Tor der Bastion führten. Dort fand er aber nicht nur die Liankrieger, sondern auch Prinz Igon, Dink Queller, Patrel und Brega. Sie blickten in Richtung Krallenmoor. Dort ballten sich am Horizont dunkle Wolken zusammen, und ein Unwetter schickte sich an, in Richtung der Festung zu ziehen.

»Herr von Gildor«, brachte Arch keuchend hervor, und er schnappte mühsam nach Luft. »Ich bin gekommen, um Euch oder Flandrena hinaufzubringen. Tuck ist erblindet ...«

»Tuck?« platzte Patrel heraus, und die jadegrünen Augen in seinem hohlwangigen Gesicht schienen noch größer zu sein als sonst. »Er lebt? Und ist ... erblindet? Wie kam denn das? Und wo befindet er sich jetzt?«

»Nun, es geschah in der Kammer Modrus, ganz oben im Eisernen Turm, Hauptmann«, erwiderte Arch. »Er verlor sein Augenlicht, als er das Ding zerstörte, welches das Düsterdunkel erzeugte. Greller Glanz zuckte daraus hervor, aus dem Myrkenstein, wie ihn die Prinzessin Laurelin nennt, und ...«

»Laurelin?« stieß Igon hervor und unterbrach den Jungwichtel. »Du ... du hast Laurelin gefunden?«

»Ja, natürlich«, gab Arch zurück. »Die Dame befindet sich beim König und Tuck. Sie hat ebenfalls Verbrennungen erlitten, denn als Tuck den Stein zerstörte und Modru umbrachte ...«

»Modru ist getötet worden – von Tuck?« fragte Gildor und riß die grünen Elfenaugen auf.

»Hört mal«, schnaufte Arch in wachsender Verzweiflung, »ihr könnt hier den ganzen Tag stehen und euch Geschichten darüber anhören, wie Tuck den Stein zerstörte, wodurch sich das Düsterdunkel auflöste, und wie er Modru umbrachte, die Prinzessin Laurelin rettete und Gyphon in seine Verbannung jenseits der Sphären zurückschickte ...«

»Gyphon«, hauchten sie alle, aber Arch ließ sich jetzt nicht mehr ablenken.

»Ja – Gyphon«, gab der Jungwichtel kurz angebunden zurück. »Aber ich bin nicht hierhergekommen, um euch diese Geschichten zu erzählen. Tatsache ist vielmehr, daß Tuck Elfenhilfe braucht, Herr von Gildor und Flandrena – wenn Ihr ihm überhaupt helfen könnt. Und je schneller Ihr zu ihm eilt, desto besser. Wenn Ihr außerdem Interesse habt, von den Abenteuern Tucks zu erfahren, so berichte ich Euch unterwegs alles, was ich darüber weiß – wenngleich es nicht sonderlich viel ist.«

»Du hast recht, Waerling«, erwiderte der Herr von Gildor. »Wir sollten hier nicht tatenlos herumstehen, während ein Held unsere Hilfe braucht. Geh voran – wir folgen dir.«

Arch wandte sich um, und in diesem Augenblick kam die rauhe Stimme Bregas unter der Kapuze hervor: »Patrel, du solltest dich ebenfalls aufmachen.«

»Ich kann nicht.« Patrel preßte diese Worte zwischen den zusammengebissenen Zähnen hervor und winkte leicht mit der Hand ab. Arch blickte in die Richtung, in die Patrel deutete, und Tränen schossen ihm in die Augen, denn unter den dort liegenden Toten erkannte er auch die Leichen dreier Wichtel, die er als Kameraden liebgewonnen hatte.

»Du *mußt*«, knurrte Brega. »Geht alle dorthin. Ich kümmere mich um die Dinge hier.« Niemand von ihnen konnte das von der Kapuze verdeckte Gesicht des Zwerges sehen, aber sie alle wußten, daß auch Brega litt. Und es war ihnen darüber hinaus klar, daß der Zwerg recht hatte: Sie mußten den Wehrgang verlassen, Abschied nehmen von den toten Kameraden und Frieden finden – insbesondere Patrel.

Gildor, Flandrena, Igon, Dink und Patrel wandten sich ab und folgten Arch, während Brega aufstand und die dunklen Sturmwolken beobachtete, die über die Gronspitzen hinwegzogen und die Sonne verdunkelten, und plötzlich kam eiskalter Wind auf.

Der weinende Patrel wurde von Gildor über die Treppe weggeführt. Und als sie den Vorplatz erreichten und über das grobe Kopfsteinpflaster wanderten, ritten hinter ihnen Markenmarschall Ubrik und seine erschöpften Soldaten über die eiserne Zugbrücke durchs Tor. Die ausgelaugten Pferde brauchten eine ganze Weile, um bis in die Festung zu gelangen, und die Kolonne schien überhaupt kein Ende nehmen zu wollen. Und doch war es nur noch knapp die Hälfte der Streitmacht. Die anderen Krieger lagen erschlagen im Krallenmoor.

In ernster Stille führte Arch die fünf Krieger über den Vorplatz, und der Herr von Gildor und die anderen folgten ihm schweigend. Sie erreichten den Eisernen Turm und stiegen eine dunkle

Treppe in die Höhe. Sie gelangten in einen von hellem Fackelschein erleuchteten Korridor und blieben schließlich vor der Tür von Tucks Zimmer stehen. Arch klopfte leise, ehe sie alle eintraten. Laurelin saß in eine warme Decke gehüllt, und neben ihr kniete König Galen. Merrilee und der Heiler standen an der Seite des Bettes, in dem Tuck lag.

Beim Eintreten der herbeigeholten Schar sprang Galen auf, und er und Igon umarmten einander, denn jeder war froh, daß der Bruder lebte. Der Prinz küßte vorsichtig die verbundene Hand Laurelins. Und sie hauchte ihm ihrerseits einen Kuß auf die Wagen und freute sich, ihn wiederzusehen. Aber das Lächeln in ihrem Gesicht löste sich ganz rasch wieder auf, und Tränen glitzerten in ihren Augen, denn Galen hatte ihr gerade zuvor vom Tode Aurions berichtet, und ihr war, als habe sie ihren eigenen Vater verloren.

Merrilee sah sich zu Dink und Patrel um und eilte durchs Zimmer, um sie zu umarmen. Sie griff nach der Hand Patrels und führte den Wichtel ans Bett. Die Elfen Gildor und Flandrena unterhielten sich inzwischen leise mit dem Heiler.

»Tuck«, rief Merrilee sanft, und der Jungwichtel mit dem verbrannten Gesicht drehte den Kopf in die Richtung, aus der er die Stimme vernahm. »Tuck, ich habe einen guten Freund mitgebracht: Es ist Patrel Eilsperre.« Und zu ihrer Überraschung begann Patrel zu weinen. Heiße Tränen flossen ihm aus den jadegrünen Augen und rannen über die Wangen.

»Patrel ...« Tuck streckte eine verbundene Hand aus, und Patrel berührte sie behutsam. »Jetzt sind wir wieder zusammen – und trotzdem höre ich dich weinen.«

»Ach, Tuck ... Merrilee ...« Patrel streckte den anderen Arm aus und griff nach der Hand der jungen Dornenläuferin. »Danner ... Danner ist tot.«

Ein heftiger Sturm wehte vom Borealmeer nach Süden über die Frostebene von Gron. Heulende Böen fauchten übers Eis und wirbelten Schnee durch die Luft. Das Unwetter wütete über den Schlünden und Graten der Riggagipfel, entlud seinen Zorn an den Hängen der Gronspitzen und tobte über die Ebene. Seine eisige Faust hämmerte auch auf die Mauern und Zinnen der schwarzen Zitadelle ein. Die Krieger und Soldaten verkrochen sich in den Kammern und Räumen der Festung und wagte sich nicht ins Freie – nicht einmal auf den Vorplatz. Denn Menschen, Elfen und Wichtel hätten sich gewiß in dem weißen Tosen schon nach einigen wenigen Schritten verirrt.

Doch nicht nur in Gron wütete der Sturm. Er heulte an den Jillianfelsen vorbei und über die Dalaraebene, und auch die Bewohner von Rian und der weiter südlich gelegenen Regionen suchten vor ihm Schutz: in Wellen, dem Waldland, Harth und Trellinath.

Er fauchte über die Steppen von Jord und am Grimmwall entlang, und auch in Aven und Riamon, in Darda Erynian, Darda Galion und im Großwald konnte man seine Heftigkeit spüren.

Und noch weiter im Süden begann es wie aus Kannen zu regnen und zu hageln: in Valon, Hoven, dem einsamen Gûnar, in Jugo, auf der Insel Arbalin und in Pellar.

Es war, als hole das Wetter nun all das nach, was es während der Herrschaft des Düsterdunkels versäumt hatte. Nach der Zerstörung des Myrkensteins und dem Ende der Winternacht begann es überall zu schneien, zu regnen und heftig zu hageln – zum Leidwesen all derjenigen, die sich nicht rasch genug in Sicherheit hatten bringen können.

Am Grûwenpaß kämpften sich Vidron, Talarin und die anderen Überlebenden der fünftägigen Schlacht einen Weg durch das Tosen und Heulen und Wirbeln. Das Ardental war ihr Ziel, und sie machten keine Rast, um nicht während des Schlafs zugeschneit zu werden.

Im Waldland suchten die Wichtel im Schluchtwald, in den Dörfern Ostholz, Groß- und Kleinbruch und an anderen Orten Schutz vor dem Unwetter. Die Ghûle hatten viele Häuser und Hütten zerstört, und von der ihnen nachfolgenden Horde waren ganze Ortschaften dem Erdboden gleichgemacht worden. Zwar waren alle Schergen Modrus dem hellen Sonnenlicht nun zum Opfer gefallen, aber das Winzigvolk litt weiterhin angesichts der von ihnen angerichteten Schäden. Doch das Sumpfland und die Wälder hielten den größten Zorn des Sturms fern.

In Riamon traten die Menschen, Elfen und Zwerge durch die großen eisernen Tore von Zechenbau Nord und schlossen die Portale hinter sich, um in den Granithöhlen und Grotten der Zwergenbastion unter der Kantenhöhe das Ende des Unwetters abzuwarten.

Und überall dort in Mithgar, wo das Freie Volk wohnte, nahm man sowohl Freunde als auch Fremde auf und bot ihnen in den zur Verfügung stehenden Unterkünften seine Gastfreundschaft an. Und wenn es auch nicht viel zu essen gab, man teilte das Wenige miteinander. Es war eine Zeit großer Not, und kaum jemand verweigerte seine Hilfe.

Zwar wußte es zu jener Zeit noch niemand: Aber die Stürme sollten neun Tage lang ohne Unterbrechung wüten.

Am Nachmittag des ersten Tages beobachtete das Freie Volk besorgt den Himmel und machte sich dann sofort auf, um Schutz vor dem sich ankündigenden Unwetter zu finden. In Gron zogen sich die Krieger und Soldaten in die schwarze Zitadelle zurück, wo sich die Gesunden ausruhen und die Verletzten behandelt und gepflegt wurden. Einer dieser Verwundeten war der blinde Tuck.

Der Herr von Gildor, der in medizinischen Fragen nicht unbewandert war, untersuchte die Pupillen des Wichtels. Aber der Elf wußte ebensowenig wie der Heiler, wie man dem kleinen Helden sein Augenlicht zurückgeben konnte. Er meinte aber, vielleicht sei die Dara Rael in Arden in der Lage, zu helfen, denn ihre Heilkünste gingen über die aller anderen weit hinaus. Gildor mixte deshalb einen Schlaftrunk für Tuck, denn ganz offensichtlich litt der Jungwichtel große Schmerzen und brauchte in erster Linie Ruhe, um sich von den zurückliegenden Anstrengungen zu erholen.

In jener Nacht begann Tuck zu fiebern: Einmal zitterte er vor Kälte, und dann wieder hatte er das Gefühl, von innen her zu verdorren. Die verbrannte Haut des Gesichts und der Hände bereitete ihm eine kaum zu ertragende Pein, wenn sie jemand berührte. Gelegentlich war sein ganzer Körper schweißgebadet, und dann wieder konnte man den Eindruck gewinnen, als verfüge sein Körper über keinen einzigen Tropfen Flüssigkeit mehr.

Andere Jungwichtel besuchten ihn und strichen Salben und heilende Flüssigkeiten auf die rote und blasige Haut des Helden.

Tuck erwachte dennoch nicht – obgleich er manchmal die Augen aufriß, um im Delirium schrille Warnungen zu schreien. Er rief Namen und flehte immer wieder um Hilfe für diejenigen, die nur er zu sehen vermochte – Gestalten aus der Vergangenheit, Erscheinungen, die nur in seinen Erinnerungen weiterlebten: Hob, Tarpy, Aurion und Danner.

Und draußen heulten die Böen des Sturms über die Mauern und Zinnen, fauchten an den Türmen der Festung vorbei und entluden gewaltige Schnee- und Eislasten darüber.

Am nächsten Tag wurden die eitrigen Blasen im Gesicht und auf den Händen Tucks noch größer. Wenn er zumindest ansatzweise in die Wirklichkeit zurückzufinden schien, versuchten die Wichtel in seiner Nähe, ihm zu essen zu geben. Aber er würgte sogar das Wasser wieder aus sich heraus und behielt nichts bei sich.

Und noch immer tobte der Sturm über die Frostebene Grons, umwütete die Bastion und hielt die Streitmacht darin fest.

Am vierten Tag ließ das Fieber Tucks endlich nach, und als er sprach, klang seine Stimme wieder ganz ruhig. Dink war bei ihm, als er erwachte, und strich Heilsalbe auf die Wangen Tucks, als der schwache Jungwichtel ihm zuflüsterte: »Wer bist du?« Zwar hatte er das Gesicht in Richtung des anderen Wichtels gewandt, aber er vermochte Dink nicht zu sehen.

»Ich bin es, Tuck – Dink Queller«, erwiderte Dink, und auch auf die rechte Hand Tucks strich er ein wenig Salbe.

»Ach, guter Dink.« Tucks Stimme klang heiser und rauh. »Kannst du mir etwas zu trinken geben? Mein Hals fühlt sich so an, als hätte ich heißen Karoowüstensand verschlungen.«

Daraufhin goß Dink rasch Wasser in einen Becher, half Tuck in die Höhe und setzte ihm das Gefäß an die Lippen, und Tuck trank gierig.

»He, langsam, Tuck«, warnte Dink. »Der Heiler meinte, du sollst ganz vorsichtig sein und nur in kleinen Schlucken trinken.«

Tuck aber hatte den Becher bereits geleert und verlangte einen zweiten. Anschließend ließ er sich wieder aufs Bett zurücksinken. »Merrilee ... Wo ist Merrilee?«

»Ach, Tuck, sie schläft gerade«, antwortete Dink. »Tag und Nacht weilte sie an deiner Seite. Sie hat sich völlig erschöpft. Einige von uns haben sie schließlich aus der Kammer getragen, und als wir sie auf ein Lager legten, verfiel sie sofort in tiefen Schlaf.«

Ein feines Lächeln umspielte die aufgeplatzten Lippen Tucks, und er schloß die Augen und schwieg. Und Dink eilte leise aus dem Zimmer, um Merrilee Bescheid zu geben. Doch als er mit ihr zurückkehrte, träumte Tuck bereits wieder.

Dink beharrte darauf, daß sich Merrilee wieder zur Ruhe legte, und ohne Widerspruch folgte sie der Aufforderung. Denn jetzt wußte sie, daß sich ihr Wunschherr zu erholen begonnen hatte. Die junge Dornenläuferin kroch wieder unter die Decke, und in ihrem Herzen wurde es warm und hell, während draußen jenseits der Mauern der Sturm heulend fauchte und mit dunklen Wolken das Licht der Sonne verdunkelte.

Am nächsten Morgen stand Tuck mit der Hilfe Archs und Berts auf, um einem dringenden Bedürfnis nachzukommen. Er lehnte es zwar energisch ab, weiterhin wie ». . . ein hilfloses Baby behandelt zu werden«. Doch als er erstmalig wieder auf den Beinen stand, taumelte und schwankte er und drohte das Bewußtsein zu verlieren.

Der herbeigerufene Heiler kam nach einer kurzen Untersuchung zu dem Schluß, Tuck sei nun kräftig genug, um feste Nahrung zu sich zu nehmen, und Merrilee brachte ihm das Frühstück, das allerdings nicht gerade sehr üppig ausfiel: Haferschleim, Brot und heißen Tee. Für Tuck aber kam dieses Essen einem köstlichen Festmahl gleich, doch er schaffte es nicht, den Teller ganz zu leeren.

Und Tuck richtete sich auf und lehnte sich in die Kissen, während Merrilee auf der Bettkante Platz nahm. Sie unterhielten sich leise – das heißt, wenn Tuck wach war, denn oftmals schlief er sogar während eines Gesprächs ein. Dann blieb Merrilee einfach sitzen und hing ihren Gedanken nach; sie lauschte dem Zorn des Sturms und wartete darauf, daß Tuck wieder erwachte, um dann die Unterhaltung fortzuführen. Über allerlei Dinge sprachen sie, und manche waren ihnen wichtiger als andere.

»Der König hat dich jeden Tag besucht, Tuck«, erzählte ihm Merrilee mit sanfter Stimme. »Er macht sich große Sorgen um dich. Es heißt, er habe zum ersten Mal seit vielen Tagen gelächelt, als er erfuhr, daß dein Fieber nachließ.«

»Er wird bestimmt ein guter König werden, Merrilee«, erwiderte Tuck. Der Jungwichtel schwieg eine Weile und fragte dann: »Wie geht es der Prinzessin Laurelin? Und Prinz Igon? Und wie steht es um die anderen?«

»Nun«, gab Merrilee Bescheid, »die Prinzessin ist noch recht schwach: Auch sie leidet an den Nachwirkungen der durch den hellen Glanz des Myrkensteins erlittenen Verbrennungen – auch wenn ihre Brandwunden nicht ganz so schlimm sind wie deine, Tuck. Seit zwei Tagen aber kann sie aufstehen, das Bett verlassen und umherwandern, und die meiste Zeit über besucht sie die anderen Verletzten.

Und was Prinz Igon angeht: Seine Wunden – an der Schulter und am Handgelenk – heilen gut. Und er hat dich ebenfalls oft besucht – so wie viele andere.

Auch Gildor und Flandrena sind wohlauf. Gildor wurde von einer Feindesklinge am Bein getroffen, aber er kann bereits wieder gehen. Flandrena erhielt einen Hieb mitten ins Gesicht. Mit der zurückbleibenden Narbe wird er sich für den Rest seines Lebens abfinden müssen ...«

Merrilee unterbrach ihre Worte, als draußen das Heulen des Sturms zunahm und die Böen mit noch größerer Wut an den Festungsmauern entlangfauchten. Als aus dem bedrohlichen Zischen wieder ein leises und beständiges Stöhnen wurde, stand die junge Dornenläuferin auf und trat ans Feuer heran. Mit einem eisernen Schürhaken stocherte sie in der Glut und kehrte dann wieder ans Bett Tucks zurück.

»Dieser Sturm ist einfach gräßlich, Tuck«, sagte sie und zog sich eine Decke um die Schultern. »Er macht uns alle nervös, selbst den König, denn inzwischen sitzen wir schon fünf Tage lang in dieser schmutzigen Rückenbastion fest – die ganze Heerschar. Alle sehnen den Tag des Aufbruchs herbei, und die Unruhe der Krieger und Soldaten nimmt zu. Die einzige Ausnahme bildet Brega.«

»Brega?« Tuck war überrascht, denn er kannte die streitsüchtige Natur des Zwerges: Er konnte sich kaum vorstellen, daß Brega angesichts des Sturms nicht die Geduld verlor, während andere Mühe hatten, ihr Temperament im Zaum zu halten.

»Ja, Tuck«, bestätigte Merrilee. »Nun, Brega ist der einzige, der sich in diesem Unwetter hinauswagt. Es ist mir ein Rätsel, wie er es schafft, aber er scheint in dem Sturm nicht die Orientierung zu verlieren. Er war der erste, der trotz der Warnungen Galens und Gildors hinaustrat, und seitdem hat er mehrere solcher Ausflüge unternommen. Und jedesmal kehrte er sicher zu uns zurück. Tja, es heißt, es sei ihm sogar gelungen, das geschützte Innere der Festung zu verlassen, durch das Tor und über die Zugbrücke zu gelangen und in die Ebene zu wandern.

Aber er sagt uns nicht, warum er sich auf den Weg machte und welchen Grund er dafür hatte.

Und er hat König Galen, Prinz Igon und Prinzessin Laurelin – manchmal auch noch andere – in dem dichten Schneetreiben durch die Gassen zwischen den Gebäuden der Bastion geführt. Und sie berichten, Brega verhielte sich ganz so, als kenne er sich dort bereits bestens aus.

Nun, ich glaube, den Pferden wäre es bestimmt schlecht ergangen, wenn Brega nicht einige Soldaten in die Ställe geleitet hätte, so daß sie sich dort der Rösser annehmen konnten. Und auch die Pferde sind nervös und unruhig: In den Ställen wittern sie noch immer den Geruch der Hôllrösser, und das macht ihnen angst. Ach, sie tun mir ja so leid. Aber wenigstens besteht durch Bregas Hilfe die Möglichkeit, den armen Tieren Wasser und Futter zu bringen.«

Tuck lauschte dem Heulen des Sturms. »Brega wagt sich also in das Unwetter hinaus«, brummte der Jungwichtel und schüttelte den Kopf, »und kümmert sich um die Pferde.« Das Fauchen der Böen wurde wieder etwas lauter, und Tuck schwieg, während sich vor seinem inneren Auge ein bestimmtes Bild abzeichnete: Er stellte sich das heulende Weiß am Rande des Düsterdunkels vor, ein Wirbeln, in dem man kaum die Hand vor Augen hatte erkennen können. Und wenn der draußen wütende Sturm auch nur annähernd so wild tobte, dann grenzte es tatsächlich an ein Wunder, daß Brega hinausgegangen war und unbehelligt wieder zurückgefunden hatte.

Merrilee stand wiederum auf, trat ans Fenster, zog die dicken Vorhänge beiseite und blickte hinaus. Als Tuck das Rascheln des Stoffes vernahm, verdrängte er schaudernd seine Erinnerungen. »Es ist verschwunden, Merrilee?« fragte er.

»W-was?« Die Dornenläuferin drehte sich um. »Entschuldige, Tuck ... das Heulen des Windes ... Ich habe dich nicht verstanden.«

»Das Düsterdunkel«, meinte der Wichtel. »Es ist verschwunden? Wirklich verschwunden?«

»Ja, Tuck, das ist es«, erwiderte Merrilee. »Es ist wirklich verschwunden. Das Schattenlicht gibt es nicht mehr.«

Tuck senkte den Kopf. »Oh, wie gerne würde ich das mit eigenen Augen sehen ...«

Merrilee blickte wieder aus dem Fenster, und ihr leises Schl'uchzen verlor sich in dem Heulen der Böen.

Während der nächsten beiden Tage kam Tuck rasch wieder zu Kräften, und nach und nach verheilten die Brandblasen auf seiner Haut. Mit der Hilfe einiger Begleiter humpelte er auf Krücken durch die Korridore oder er saß in seiner Kammer, den verletzten Fuß hochgelegt, und empfing Besucher. Und viele kamen, um einige Worte mit ihm zu wechseln: Galen, Igon, Laurelin, Brega, Gildor, Flandrena, Ubrik, zahlreiche Krieger und Soldaten der Königsarmee – und natürlich die anderen Wichtel. Alle gewannen den Eindruck, als habe sich Tuck wieder gut erholt und als sei er bester Laune, denn mit jedem von ihnen unterhielt er sich lange. Denjenigen aber, die ihn genauer kannten – Merrilee, Patrel, Galen, Gildor, Laurelin und sogar Brega –, fiel auf, daß der Jungwichtel manchmal sehr nachdenklich wurde, sich in sich selbst zurückzuziehen schien und auf keine Fragen mehr reagierte. Wenn die Besucher dann gingen, sprachen sie auf dem Gang besorgt miteinander, aber keiner von ihnen wußte, wie man dem Wichtel aus Waldnieder helfen konnte.

Am achten Tag nach Einsetzen des Sturms ließ die Wut der Böen ein wenig nach, und das Schneetreiben lichtete sich soweit, daß man auf der anderen Seite des Vorplatzes zumindest die Umrisse der Umgebung erkennen konnte. Zwar heulte der Sturm weiterhin um die Festung, aber die Krieger waren nun auch dazu in der Lage, ohne die Führung Bregas die Ställe und andere Räumlichkeiten der Bastion zu erreichen. Viele von ihnen faßten also neuen Mut, denn sie hofften, daß das vom Borealmeer herangezogene Unwetter nun den größten Teil seiner zornigen Kraft verausgabt hatte. Die Gereiztheit und Anspannung der letzten Tage legten sich allmählich, und allenthalben konnte man wieder lachende Stimmen hören.

Die Wichtel hatten sich gerade alle in Tucks Zimmer versammelt, hockten auf der Bettkante oder am Boden und unterhielten sich darüber, wann die Heimreise wohl beginnen mochte. Sie sprachen über den Winterkrieg und von den nun beendeten Kämpfen, und wie es ihrer Gewohnheit entspricht, erzählten sie bald Geschichten, in denen es vor allem um Schlachten und

Gefahren ging, um Heldentum und schwere Mühsal, um sowohl glorreiche Taten als auch fatale Fehler. In dem einen Augenblick lachten sie lauthals, und schon im anderen waren sie wieder ganz ernst. Manchmal redeten sie alle zur gleichen Zeit, und dann wieder schwiegen sie.

»Ach ... das Schlimmste daran, hier eingeschneit zu sein«, nörgelte Teddy Stolzhand, »ist das Essen – nur immer Haferschleim, Grieß, hartes und trockenes Brot und Tee.«

Die anderen Wichtel brummten ihre Zustimmung, doch Tuck hielt ihnen entgegen: »Seid zufrieden damit – wenigstens haben wir hier noch ein wenig Abwechslung in der Versorgung. Als König Galen und ich von Weiunholz nach Arden ritten, hatten wir nichts als Zwieback und Wasser.«

Einige Jungwichtel stöhnten mitfühlend, und Patrel lachte schallend. *»Hoy,* fürwahr, Tuck! Weißt du noch, wie wir in das verlassene Dorf Steinhügel ritten und unser Quartier im Weißen Einhorn aufschlugen? Damals hatten wir nur noch Mehlbrei und ein wenig Lauch, den Danner fand ...« Patrel unterbrach da seine Rede, und Tränen glitzerten in seinen grünen Augen.

Ohne ein weiteres Wort von sich zu geben, stand er auf und trat ans Feuer. Er wandte den anderen den Rücken zu und starrte in die Flammen.

Eine ganze Weile blieb alles still im Zimmer, ehe Bert Achseldorn den Versuch unternahm, die düstere Stimmung zu vertreiben, die auf ihnen allen lastete. »Nun, Tuck, erzähl uns davon, wie du die Klinge deines Schwertes dem Gargon ins Bein bohrtest. War es diese Waffe hier? Wie heißt das Schwert doch noch gleich?« Bert griff nach dem in einer ledernen Scheide steckenden Langmesser.

»Es heißt Verderbensbote«, erwiderte Tuck. Er räusperte sich und rieb sich die Tränen aus den Augen.

Bert umfaßte das Heft und zog die Waffe hervor. »Oi!« rief der Jungwichtel voller Bewunderung. »Glüht die Klinge immer in einem so strahlenden Blau?« Ein kobaltfarbenes Leuchten tanzte über die Schneide des Schwertes.

»Blau?« stieß Tuck hervor. »Die Klinge glüht blau? Und das Gleißen geht von dem Edelstein in dem Metall aus?«

Bert vergaß, daß Tuck erblindet war, und er nickte heftig.

»Ja«, bestätigte Merrilee rasch. »Ja, Tuck! Der Edelstein leuchtet. Und der Glanz funkelt auf der ganzen Klinge.«

»Jemand muß dem Herrn von Gildor Bescheid geben«, keuchte Tuck. »Und auch König Galen. Beeilt euch! Unheil droht.«

Im Korridor ertönten die Stimmen von Kriegern und Soldaten, deren Rüstungen rasselten. Prinzessin Laurelin und Merrilee standen auf, als König Galen, Gildor und Brega ins Zimmer eilten.

»Nichts«, begann Galen, zog sich die Handschuhe aus und ließ sich müde auf einen Stuhl sinken. »Die Kämpfer der Streitmacht haben die ganze Festung durchsucht und nichts gefunden.« Er sah Gildor fragend an.

»Und doch lauert hier etwas Böses, König Galen«, beharrte der Elf. »Sowohl der Unheilsbringer als auch der Verderbensbote reagieren darauf.«

»Leuchtet das Klingenjuwel vielleicht deshalb, weil die Festung selbst das Böse verkörpert?« fragte Tuck von seinem Platz am Feuer.

»Ach, nein, Waerling«, entgegnete Gildor. »Die Edelsteine erstrahlen nur dann, wenn sich lebendes Unheil in der Nähe befindet. Gewöhnlich reagieren sie auf die Anwesenheit von Kreaturen aus der Untargarda, auf Ruch, Lok, Trolle, Ghûlka und andere. Es kann aber auch vorkommen, daß sie uns vor Unheilsgeschöpfen warnen, die hier in Mithgar ansässig sind – vor Hôllfraßen etwa oder Drachen ...«

»Ach«, knurrte Brega, der auf dem Boden hockte. »Ganz gleich, wie lang die Liste der Ungeheuer sein mag, in deren Nähe die Klingenjuwele zu funkeln beginnen ... König Galen hat es deutlich gesagt: Die ganze Zitadelle ist von oben bis unten durchsucht worden – ohne Erfolg.«

»Was ist mit den Verliesen unter dem Turm?« Laurelins Stimme klang furchtsam. »Als ich mich dort in einem Kerker befand, fühlte ich die Nähe eines gräßlichen Ungetüms ...« Die Prinzessin schauderte und starrte ins Feuer.

Galen beugte sich vor und griff nach ihrer Hand. »Auch dort, meine Prinzessin, im hellen Fackelschein wanderten wir durch jene finsteren Gewölbe. Wenn es überhaupt einen Ort gibt, den man als unheilvoll und abscheulich bezeichnen kann, dann ...« Galen sprach nicht weiter, sondern ersparte sich weitere Ausführungen.

Eine Weile herrschte Stille, und dann meinte der Elfenherr Gildor: »An der tiefsten Stelle führen die Gänge in ein Labyrinth aus Grotten. Jenen großen Irrgarten haben wir nicht durchsucht, denn wir wollten nicht das Risiko eingehen, uns darin zu verirren. Niemand von uns vermag zu sagen, welche Ausmaße das Labyrinth hat.«

»Hm«, machte Brega. »In einem Punkt muß ich Euch widersprechen, Gildor: Weder ich noch irgendein anderer Zwerg kann sich jemals in einem weitverzweigten Höhlensystem verirren. Aber ich stimme Euch darin zu: Auch ich fühle mich nicht dazu geneigt, den dunklen Irrgarten zu betreten, in dem das Verderben allgegenwärtig zu sein scheint. Es handelt sich um Grotten der Teufelsbrut ... Und jetzt weiß ich, warum man behauptet, die Utruni hätten nur Haß und Abscheu für die Grg übrig, denn mit eigenen Augen habe ich dort unten gesehen, auf welche Weise die Ungeheuer den lebenden Fels beschmutzten. Nun, vielleicht entspricht folgende Vermutung der Wahrheit: Möglicherweise ist einigen Ukhs die Flucht gelungen, und nun verstecken sie sich in der stinkenden Finsternis.«

Erneut herrschte lastende Stille, und fortan sprach niemand mehr über die Verliese unter dem Eisernen Turm, obgleich die Stimmung an den grimmigen Gesichtern der Anwesenden abzulesen war.

Vom Gang her ertönten nun die schweren Schritte von Kriegern. Patrel, Igon und Flandrena traten ins Zimmer, während andere Soldaten an der Kammer Tucks vorbeimarschierten.

Galen sah zu Igon auf, und der Prinz schüttelte den Kopf. »Nichts«, sagte der junge Mann tonlos. »Wir haben den ganzen Turm durchsucht und dabei nur das hier gefunden.«

Laurelin stockte unwillkürlich der Atem, als Igon seinem Bruder einen häßlichen Helm aus dunklem Eisen reichte.

»Was ist es?« fragte der blinde Tuck.

»Ich weiß ni...«, setzte Merrilee an, aber sie wurde von der Prinzessin unterbrochen.

»Es handelt sich um die eiserne Maske Modrus«, erklärte Laurelin, und offenbar war sie nicht dazu in der Lage, den Blick von dem Helm abzuwenden.

Galen stülpte kurz entschlossen seinen Mantel über die eiserne Maske und verbarg sie somit vor den Augen Laurelins. »Sonst noch etwas?« fragte er.

Igon sah von Flandrena zu Patrel. »Nichts«, antwortete der

Prinz leise.

»Wartet«, warf Tuck ein. »Was ist mit dem steinernen Messer Modrus? Lag es nicht auch in der Kammer ganz oben im Turm?«

»Nein, Tuck«, erwiderte Patrel. »Ich habe gerade danach gesucht und deine Warnung bedacht, die von dem Messer ausgehende Schwärze könne mir die Sicht nehmen. Aber ich habe es nicht gefunden.«

»Vielleicht ist es zusammen mit dem Myrkenstein verbrannt«, überlegte Flandrena. »Die Zerstörung des einen Gegenstandes könnte auch die Vernichtung des anderen bedeutet haben.«

»Du magst recht haben, Flandrena«, knurrte Brega. »Vielleicht aber auch nicht. Ich mußte gerade daran denken, daß der Unhold, auf dessen Anwesenheit die Klingenjuwele mit hellem Leuchten reagieren, möglicherweise das steinerne Messer Modrus an sich genommen hat.«

Bei diesen Worten Bregas begann Tucks Herz heftig zu klopfen, denn wenn der Zwerg recht hatte, dann war in Mithgar ein weiteres Unterpfand des Unheils verschwunden. Würde es eines Tages wieder auftauchen, auf daß sich sein Verderbensschicksal erfülle?

In der folgenden Nacht wurden vorsorglich doppelte Wachen aufgestellt, denn niemand konnte wissen, ob sich das Unheil dazu entschließen mochte, während der Dunkelheit zuzuschlagen. Wachsam beobachtete man sowohl das Schwert Unheilsbringer als auch das Langmesser Verderbensbote, aber das Glühen der Klingenjuwele deutete nur auf eine ferne Gefahr hin, die sich nicht weiter näherte. Und die Krieger und Soldaten erzählten sich untereinander, mit welcher Entschlossenheit die Wichtel das Zimmer ihres blinden Kameraden bewachten.

Während des neunten Tages ließ die Wut des Sturms spürbar nach. Aus dem Heulen und Fauchen wurde ein leises Stöhnen und dann ein Murmeln, und als der Abend anbrach, lichtete sich der dichte Schneeschleier.

Am Nachmittag hatten einige Soldaten den Auftrag erhalten, von den Ställen her einen Weg nach dem Tor freizuschaufeln, und Kundschafter waren in Richtung Krallenmoor ausgeschickt worden. Mit Einbruch der Dunkelheit kehrten die ersten von ihnen zurück und berichteten, daß sich um jeden Felsbrocken und kleinere Bodenerhebung herum große Schneewehen gebildet hatten. Auf der Ebene aber sei die weiße Masse von den Böen des Sturms übers Moor fortgeweht worden, ohne daß sich hoher Schnee hatte ansammeln können. An einigen Stellen, so die Späher, sei der Boden bloßgefegt und kahl.

Als König Galen diese Neuigkeiten erfuhr, wandte er sich an Ubrik. »Was meinst du, Markenmarschall? Wenn sich der Wind in der kommenden Nacht legt – und es deutet ja alles darauf hin –, sollen wir dann morgen früh aufbrechen?«

»Ja, mein König«, erwiderte Ubrik und grinste breit. »Die Soldaten brennen darauf, diesen Unheilsort so schnell wie möglich zu verlassen und in ihre Heimat Valon zurückzukehren, wo unsere Pferde durch weite Ebenen mit üppigem Gras laufen können.«

»Dann sind wir uns also einig«, stellte Galen fest. »Falls es aufhört zu schneien, brechen wir morgen früh auf.«

Die Krieger und Soldaten jubelten, als sie von diesem Beschluß hörten, und alle bereiteten sich auf die lange Heimreise vor. Für diejenigen, deren Verletzungen ernsthafterer Natur waren, hatte man inzwischen Bahren gebaut, die von Pferden gezogen werden sollten. Dadurch aber kam das Heer nur langsam voran, obleich der König so schnell wie möglich nach Pellar gelangen mußte, um sich dort seinen Regierungspflichten zu widmen. Aus diesem Grund hatte Galen die Absicht, mit dem Haupttroß der Streitmacht vorauszureiten, auch wenn er keineswegs plante, die Kräfte der Pferde so zu verausgaben, wie es während des Ritts nach Norden der Fall gewesen war.

Alle Wichtel würden den König begleiten, denn keiner von ihnen wies schwere Verletzungen auf – abgesehen von Tuck. Aber weder der gebrochene Fuß des Jungwichtels noch sein verlorenes Augenlicht stellten eine Behinderung für die anderen Reiter dar.

In jener Nacht wurden erneut Wachen aufgestellt, da die Klingenjuwele des Schwertes Unheilsbringer und des Langmessers Verderbensboten nach wie vor matt glühten. Aber nirgends entdeckte man ein Anzeichen bevorstehenden Unheils. Als es kurz nach Mitternacht aufhörte zu schneien, war das Unwetter endlich zu Ende.

Beim ersten trüben Licht des Morgengrauens versammelten sich die acht Wichtel an drei Steingräbern im Krallenmoor vor der schwarzen Zitadelle. Bei ihnen befand sich Brega, der Zwergenkrieger aus den Rothügeln.

»Ich habe sie durch den Sturm hierher getragen«, berichtete Brega leise und schob sich die Kapuze über den Kopf. »Harven, Rollo und Danner. Ich konnte sie einfach nicht an dem Unheilsort dort drüben lassen, denn es waren meine Waffenbrüder. Also habe ich sie hier unter den Steinen zur letzten Ruhe gelegt. Tapfere Kämpfer waren sie – so tapfer wie Châkka –, und sie starben einen ehrenvollen Tod. Mögen ihre Namen niemals der Vergessenheit anheimfallen!«

Und all die vor den Gräbern Versammelten begannen zu weinen. Tuck kniete sich nieder und streckte einen Arm aus, und Merrilee führte seine Hand, bis sie die Steine des Grabes Danners berührte. Und Tuck sprach: »Vor einiger Zeit – oh, eine Ewigkeit scheint inzwischen vergangen zu sein –, kniete ich vor einem ähnlichen Grab. Und ich legte die Hand auf einen Stein und schwor, den toten Kameraden zu rächen. Auch du, Danner, hast damals diesen Eid geleistet. Und wir haben ihn eingelöst, du und ich und auch Patrel hier ... ebenso wie alle anderen. Der Herr der Winternacht, dessen dämonische Diener Hob und Tarpy und so viele andere umbrachten, ist jetzt tot. Ach, mein Freund, ich würde bereitwillig sterben, könnte ich dir damit nur dein Leben zurückgeben ...«

Tuck schlug die Hände vors Gesicht, und seine Schultern hoben und senkten sich, als er vor Rührung schluchzte. Brega zog ihn vorsichtig und sanft in die Höhe und brachte ihn zurück zur Brücke. Und die anderen Wichtel folgten ihm weinend und führten das Pferd, das Tuck hierher getragen hatte. Nur Patrel blieb zurück, als sich seine Kameraden bereits auf den Rückweg in die Festung machten. Und als die Jungwichtel das Tor der Bastion erreichten, vernahmen sie einen getragenen Gesang aus der Ferne, und als sie sich umdrehten, sahen sie Patrels kleine Gestalt, die vor dem Steingrab Danners stand. Seine Stimme wehte in den heller werdenden Morgenhimmel, aber die Entfernung war zu groß, als daß seine Kameraden die Worte hätten verstehen können.

Am späten Vormittag brach die Streitmacht auf. Fünftausend Kämpfer waren nach Norden geritten, aber nur dreitausendfünfhundert kehrten jetzt nach Süden zurück. Fünfzehnhundert Krieger waren während der Schlachten gefallen. Und inmitten der

Reihen der Überlebenden ritten eine Prinzessin, zwei Elfen, acht Wichtel und ein Zwerg.

Nach Süden galoppierten die Pferde durch den frisch gefallenen Schnee und ließen hinter sich die nunmehr verwaiste schwarze Zitadelle zurück, den einstigen Sitz der Macht Modrus. Die eiserne Maske des Herrn der Winternacht war an der Mauer über dem Tor befestigt worden, als Warnung für alle, die versuchen sollten, das Erbe des Dieners Gyphons anzutreten.

Tag um Tag ritten sie nach Süden, und die Spuren der Pferdehufe im Schnee glichen einer vielgliedrigen Schlange, die immer weiter in die Länge wuchs.

Durch das Krallenmoor führte zuerst ihr Weg, und am Ende des zweiten Tages erreichten sie die Krallenklamm. Am darauffolgenden Morgen mußten sie sich einen Weg durch hohe Schneewehen bahnen, um in das Flußtal zu gelangen, denn einen anderen Weg gab es nicht. Und als sie auch diese Barriere schließlich überwunden hatten, ritten sie am östlichen Rande Grons entlang. Am Großen Sumpf kamen sie vorbei und ließen die Pferde durch die weite Öde zwischen den Riggagipfeln und den Gronspitzen dahingaloppieren.

Spät am achten Tag erreichten sie das nördliche Ende des Grûwenpasses und schlugen dort ein Lager auf. Und unter den Schneewehen fanden sie viele leere Rückenpanzer, die keinen Zweifel daran ließen, daß hier eine erbitterte Schlacht stattgefunden hatte.

Im Morgengrauen des neunten Tages brach das Heer wieder auf und ritt durch die Grûwenschlucht. Dann und wann sahen sie die im Frost erstarrten Leichen von Menschen und Elfen, halb unter dem Schnee begraben. Die blau-weißen Banner von Wellen und die Fahnen, auf denen der Alte Baum des Ardentals abgebildet war, ließen die Herkunft der Gefallenen erraten. Auch hier stießen die Krieger und Soldaten wieder auf viele leere Rückenrüstungen, zerbrochene Säbel und zersplitterte Lanzen, an deren Enden Leinentücher befestigt waren, die einen scharlachroten Feuerring auf schwarzem Grund darstellten: die Überreste der Standarten des nunmehr geschlagenen Herrn der Winternacht.

Über dieses grauenvolle Schlachtfeld ritten sie, und viele Krieger beklagten die toten Kameraden. Es war bereits spät am

Abend, und über ihnen spannte sich ein sternenbesetzter Himmel, als sie das südliche Ende des kalten Passes erreichten und im Lande von Rhan das Nachtlager aufschlugen. Nur wenige sprachen über das, was sie während des langen Ritts durch die Schlucht gesehen hatten. Und weder Gildor noch Flandrena setzten sich ans Feuer, um eine Mahlzeit einzunehmen. Stumm standen sie am Rande des Lagers und blickten über den frostigen und vom Mondschein erhellten Schnee hinweg.

Kurz vor Mittag des zehnten Tages, als die Königsstreitmacht an den nördlichsten Ausläufern der Ardenklippe entlangritt, kehrte einer der Späher zum Heer zurück, und da: In seiner Begleitung befanden sich der Elfenherr Talarin und Hrosmarschall Vidron, die ihre Pferde zügelten und sie an die Seite Galens lenkten.

»Mein König!« rief Vidron und schlug sich lachend mit der Faust auf die Brust. »Gute Nachrichten aus dem Süden: Der Krieg ist auch dort zu Ende! Wir haben gesiegt!«

Galen schlug die Hände vors Gesicht, und es dauerte eine Weile, bis er wieder aufsah.

»*Kel,* König Galen«, sprach Talarin ernst. »Ich freue mich, Euch lebend wiederzusehen, aber ich trauere um all die Toten.«

»Wie auch ich«, erwiderte Galen. »Viele haben im Kampf gegen das Böse ihr Leben gelassen. Aber nun ist der Krieg glücklicherweise zu Ende.«

In diesem Augenblick donnerte Prinz Igon auf seinem Falben heran, und es folgten ihm Gildor, Flandrena und Markenmarschall Ubrik.

»*Hai,* Vidron!« rief der junge Mann, erfreut darüber, den Krieger wiederzusehen. Und dann, etwas respektvoller: »*Hàl, Elfenherr Talarin.*«

Angesichts des von Igon offenbarten jugendlichen Überschwangs huschte ein Lächeln über die Züge Talarins, und er nickte dem Prinzen zu. Dann richtete sich der Blick des Elfen auf Gildor und Flandrena, als die Liankrieger mit Ubrik herankamen. Sie sahen sich freudig an und sprachen über das glückliche Ende des Winterkrieges.

Vidron erhob sich in den Steigbügeln, drehte den Kopf und sah an der nach Süden reitenden Kolonne entlang. Offenbar fand er nicht, was er suchte, woraufhin er sich in den Sattel zurücksinken ließ und sich besorgt an Galen wandte: »Herr, ich muß Euch fragen, was mit der Prinzessin Laurelin ge ...«

»Es geht ihr gut, General Vidron«, erwiderte Galen. »Sie reitet hinter der Vorhut und wird von dem Zwerg Brega und den Wichteln begleitet.«

»*Hai!*« rief Vidron und lächelte. »Und die Waldbewohner – was ist mit ihnen?«

»Drei kamen in der Schlacht ums Leben, und Tuck erblindete«, antwortete Galen. »Danner ist unter den Gefallenen.«

Vidron wandte sich ab und blickte schweigend über den Schnee, und eine Zeitlang während des Weiterritts war nur der pochende Hufschlag der Pferde zu hören. Talarin räusperte sich. »Wie Ihr bereits sagtet, König Galen: Der Kampf gegen das Böse hat viele Opfer verlangt.«

Eine ganze Weile ritten sie wieder schweigend nebeneinander, und dann erklang erneut die Stimme Talarins. Er deutete auf den hellen Glanz am Himmel. »Ihr habt versprochen, der Welt die Sonne zurückzugeben, und Ihr habt Euer Wort gehalten. Aber ich bin überzeugt, der Blutzoll, den Ihr dafür entrichten mußtet, war nicht so hoch wie der Preis, den wir am Kregyn zahlen mußten.«

»Unser Kampf war sehr schwer – ebenso wie der Eure«, gab Galen zurück, wobei er sich an das Schlachtfeld am Grûwenpaß erinnerte, der von den Elfen Kregyn genannt wurde. »Wir haben die Toten gesehen, die Ihr dort zurücklassen mußtet.«

»Lange haben wir den Feind aufgehalten«, brummte Vidron. »Aber mit jedem Dunkeltag trieb uns die Horde tiefer in den Paß hinein. Schließlich lag die Schlucht ganz hinter uns, und damit saßen wir in der Falle. Doch als die Horde gerade ihren letzten Angriff beginnen wollte, wallte durch das Düsterdunkel jene fürchterliche Schwärze heran. Und dann, mit einemmal war das Düsterdunkel verschwunden! Und die Schergen Modrus fielen dem Bann Adons zum Opfer.«

»Wartet!« rief Galen erstaunt aus. »Das bedeutet, daß Ihr die Horde ...«

»Fünf Dunkeltage lang haben wir sie aufgehalten«, erklärte Vidron. »Fünf ganze Dunkeltage lang. Fünfzehnhundert Krieger aus Wellen und fünfhundert Lian ...«

»Gegen *zehntausend dämonische Diener Modrus*!« stieß voller

Erstaunen Galen hervor.

»Hai!« rief Igon. »Davon werden die Barden und Geschichtenerzähler noch in Jahrhunderten berichten.«

Talarin nickte. »So ist es, man wird Königsgeneral Vidron, der der Horde Modrus trotzte, noch lange in Liedern feiern, denn dies ist genau der Stoff, aus dem sich Sagen und Legenden bilden. Aber die Barden sollten auch die Helden nicht vergessen, die auf dem blutigen Schlachtfeld ihr Leben ließen.«

Inzwischen hatte die Streitmacht fast den verborgenen Zugang erreicht, durch den man ins Ardental gelangen konnte. »Kommt«, schlug Talarin vor. »Führt Eure müden Soldaten ins Tal, auf daß sie sich einige Tage bei uns ausruhen können. Wir bieten Euch warme Unterkunft und Speis' und Trank an. Und während Ihr bei uns bleibt, könnt Ihr uns Eure Geschichte erzählen, denn wir Elfen würden gern erfahren, wie es Euch gelang, das Düsterdunkel zu vertreiben.«

Ubrik setzte sein Signalhorn an die Lippen und blies kräftig hinein, und Galen meinte: »Nun, aber nicht ich war es, der die Winternacht besiegte, Elfenherr Talarin. Diese Ehre kommt allein Tuck zu, dessen Pfeil den Myrkenstein traf, Modru tötete und Gyphon in seine Verbannung jenseits der Sphären zurücktrieb. Durch Tucks mutige Tat löste sich das Düsterdunkel auf, und dadurch wurde wieder die Sonne sichtbar, deren heller Schein die Schergen Modrus vernichtete. Genau, niemand anderes als Tuck war es, der diese Heldentat vollbrachte, und wir waren nur Helfer des Waerlings.«

Und während Talarin und Vidron voller Erstaunen den Worten Galens lauschten, ritt die Königsarmee auf die Klippe und den verborgenen Zugang zu, der ins Ardental führte.

Rael hielt einen geschliffenen Kristall in die Höhe und blickte durch ihn hindurch in die Augen Tucks. Hinter ihr fiel das Licht einer einzelnen Kerze über ihre Schulter, und der unstete Glanz ließ allerlei Schatten über die Wände huschen. Lange betrachtete sie die Augen Tucks, erst das eine, dann das andere. Niemand sprach dabei ein Wort. Schließlich trat die Elfin zurück und seufzte, und man zog die Fenstervorhänge beiseite, so daß helles Sonnenlicht hereinströmen und das Zimmer erhellen konnte. Und während Rael daraufhin ihre Untersuchung fortsetzte, um festzustellen, wie die Pupillen des Wichtels auf das hellere Licht reagierten, nahm Talarin ein Gespräch wieder auf, das er zuvor mit Tuck begonnen hatte.

»Wenn es Gyphon also gelungen wäre«, fuhr der Elfenherr fort, »Seine Herrschaft über ganz Mithgar anzutreten, so hätten sich die Machtverhältnisse zu Seinen Gunsten verändert.«

»König Galen hat mir einmal gesagt, Mithgar sei wie der Angelpunkt einer Waage«, erwiderte Tuck.

»Genau, Tuck«, bestätigte Talarin. »Ein solches Bild habe ich zwar nie vor Augen gehabt, aber der König hat in gewisser Weise recht. Und so ist es nun einmal mit einer Waage: Wenn sich beide Schalen im Gleichgewicht befinden, genügt der kleinste Anstoß, um die eine Seite zu heben und die andere absenken zu lassen.

Und ebenso war dies bei dir der Fall, Tuck: Du hast die eine Seite der Waage angestoßen, und es war sicher alles andere als leicht. Zwar hat Gyphon vor viertausend Jahren tatsächlich Dinge in Bewegung gesetzt, die niemand aufzuhalten vermochte, aber ich glaube, auch Adon entwickelte einen entsprechenden Plan: Er verteilte Unterpfänder der Macht in ganz Mithgar und sorgte dafür, daß sie sich genau im richtigen Augenblick im Eisernen Turm befanden.

Und du, Tuck, wurdest auserkoren, den Weg einzuschlagen, der dich schließlich in die schwarze Zitadelle Modrus führte. Während des dunkelsten Augenblicks der dunkelsten Stunde gelangtest du in das Teufelszentrum des Herrn der Winternacht, um dort in der Lage zu sein, die Waage zugunsten des Guten zu beeinflussen, und nur dadurch wurde Gyphon der Zugang in die Mittlere Ebene verwehrt.«

Tuck wirkte sehr nachdenklich. »Elfenherr Talarin, ich wollte Euch vor allen Dingen diese Frage stellen: Als ich Ihn zum ersten Mal erblickte, war Gyphon wunderschön, aber dann verwandelte Er sich in etwas Grauenhaftes. Wie kommt das? Wie ist es möglich, daß dem Größten Unheil ein so prächtiges Erscheinungsbild zu eigen ist?«

»Das Böse versteckt sich oft hinter einem Schleier aus Schönheit und Anmut, Tuck«, entgegnete Talarin. »Dahinter aber verbirgt sich der Schrecken selbst.«

Erneut dachte Tuck eine ganze Weile nach. »Es gibt da noch etwas anderes, das mich verwirrt, Elfenherr Talarin: Kurz bevor ich den Pfeil auf den Myrkenstein abschoß, erinnerte ich mich an die Worte Raels und die Inschrift im Grabe Othrans des Sehers:

›Keinem von zwei Bösen soll gelten
deiner starken Hände Schlag.
Das Schwarze dazwischen mußt du treffen,
auf daß es sterben mag.‹

›Schieße nur den Pfeil den Roten,
Zu der dunklen Zeit geboten.‹

Jetzt im nachhinein ist mir die Bedeutung dieser Worte durchaus bewußt: Sie forderten mich dazu auf, auf den Myrkenstein zu zielen und nicht auf Modru oder Gyphon. Aber was die Inschrift des Grabes angeht, bin ich mir nach wie vor nicht ganz sicher. Ich dachte, ich könnte zu *jedem beliebigen* Zeitpunkt während des Sonnentodes das Geschoß davonsausen lassen, aber andererseits schien ich nicht dazu fähig zu sein, den roten Pfeil vor Beendigung der Beschwörungen Modrus auf den Stein abzuschießen. Als Modrus Stimme verklang, *wußte* ich, daß nun der richtige Zeitpunkt gekommen war – aber es ist mir ein Rätsel, woher ich dieses Wissen bezog. Warum konnte ich den Pfeil nicht schon vorher einsetzen? Zumal durch die Verzögerung die Prinzessin Laurelin fast ums Leben gekommen wäre. Aber ich schoß erst, *konnte* erst schießen, als der Herr der Winternacht seine letzte Beschwörung gemurmelt hatte.«

In der anschließenden Stille stand Rael auf, drehte sich um, trat an das Fenster heran und blickte in Richtung der in der Ferne stehenden Kiefern und Fichten. Merrilee, welche die ganze Zeit über keinen Ton von sich gegeben hatte, rückte an die Seite Tucks und griff nach seiner Hand. »Vielleicht, Tuck«, vermutete der Elfenherr leise, »vielleicht konnte der Myrkenstein erst *nach* den Beschwörungen Modrus zerstört werden. Vielleicht war *das* die *dunkle Zeit geboten*, von der die Inschrift im Sarkophag Othrans berichtete.« Wieder schloß sich Stille an.

Rael blickte weiterhin hinaus in den weiß funkelnden Schnee, und mit sanfter und leiser Stimme bat sie: »Tuck, beschreib mir doch noch einmal, welche Wirkung der Anblick des Myrkensteins auf deine Augen hatte.«

»Nun, als uns allen erstmalig die von der Turmspitze ausgehende Schwärze auffiel, *fesselte* sie unsere Blicke«, erwiderte Tuck. »Ich meine damit die Blicke von uns Wichteln, denn die anderen konnten durch die übrige Finsternis gar nicht sehen – nicht einmal die Elfen. Und wir Jungwichtel wußten von Anfang an, daß wir es mit etwas Unheilvollem zu tun hatten – nur konnte sich niemand von uns vorstellen, welche Art von Verderben sich oben im Turm befand.

Als ich mich in die Kammer Modrus schlich, in welcher der Myrkenstein lag, da konnte ich den Blick von dem schwarzen *Fleck* gar nicht mehr abwenden. Und ein dunkler Schleier schien sich mir vor die Augen zu schieben, und die Formen der Gegenstände, die ich wahrnahm, verschwammen vor meinen Augen. Hätte der kurz darauf erscheinende Gyphon nicht meinen Blick *abgelenkt*, so wäre ich vermutlich schon zu jenem Zeitpunkt erblindet.

Aber Er trat heran, und so drehte ich den Kopf zur Seite und blickte zuerst Ihn und dann Laurelin und Modru an. Ich nahm den Roten Pfeil und setzte ihn auf die Sehne meines Bogens. Und als ich wieder in Richtung des Myrkensteins starrte, um mein Ziel ins Auge zu fassen – nun, da wurde die Schwärze vor meinen Pupillen plötzlich so dicht, daß ich überhaupt nichts mehr sehen konnte. Rein gar nichts: Es war, als sei ich in das lichtschluckende Maul des Steins geradezu hineingestürzt.

Als ich den Pfeil davonsausen ließ, muß mein Blick noch immer auf den Stein gerichtet gewesen sein. Und ich konnte erst wieder etwas von meiner Umgebung erkennen, als der *Fleck* in einer grellen Lichtexplosion sich aufzulösen begann.

Und als dieses Gleißen und Funkeln verblaßte, war ich erblindet.«

Tuck zögerte kurz und fügte dann mit leiser und brüchiger Stimme hinzu: »Zuletzt sah ich ein ... ein grauenhaftes Ungetüm, und es ... es fiel in einen nachtschwarzen Abgrund.« Tuck räusperte sich. »Wenn man schon sein Augenlicht verliert, so sollte das letzte, was man sieht, etwas Schönes sein – eine Blume vielleicht ...«

Merrilee drückte die Hand des Jungwichtels, und Rael wandte sich vom Fenster ab und sah Tuck an. »Ich weiß nicht, aus welchem Grund du blind wurdest, Tuck. Ich bin mir nicht sicher, ob die Ursache die von dem Myrkenstein ausgehende Schwärze war – was mir zumindest als wahrscheinlich erscheint –, oder aber der grelle

Lichtblitz, mit dem der Stein sich auflöste. Eines aber glaube ich mit Sicherheit sagen zu können: Dein Leiden ist nicht etwa mit der Schneeblindheit zu vergleichen, sondern dürfte vielmehr von dauerhafter Natur sein.« Rael schwieg kurz, und ihre Augen trübten sich traurig. »Du hast die Sonne nach Mithgar zurückgebracht – aber ausgerechnet du wirst sie nie wieder sehen.«

Merrilee holte tief Luft und weinte. Tuck legte ihr den Arm um die Schultern und strich ihr mit der einen Hand tröstend durchs Haar. »Weine nicht, Dornenläuferin. Es besteht kein Grund, traurig zu sein. Zwar sehe ich die Sonne nicht mehr, aber ich kann ihre Wärme auf der Haut spüren.«

Und Talarin und Rael eilten aus dem Zimmer und ließen den blinden Wichtel zurück, der seine weinende Dornenläuferin in den Armen hielt, während sich helles Sonnenlicht in jenen saphirfarbenen Augen widerspiegelte, die fortan nicht mehr sehen konnten.

Rasch verging eine ganze Woche, welche die Krieger nutzten, um sich auszuruhen und durch das gute Essen der Elfen wieder zu Kräften zu kommen. In dem stillen Tal versuchten sie, wieder Frieden mit sich selbst zu schließen. Das Ende des Krieges wurde nicht gefeiert, denn viele Lian trauerten. Zwar waren die Opfer, die der Kampf gegen das Böse von den Elfen gefordert hatte, nicht ganz so groß wie im Falle der Menschen, aber fast die Hälfte der Liankrieger des Ardentals hatten nicht mehr in ihre Heimat zurückkehren können. Und für ein Volk, von dem es hieß, es sei unsterblich, war der Tod etwas besonders Grauenvolles. Wenn ein Elf ums Leben kam, so hatte ihm der Sensenmann nicht nur einige Jahre geraubt, sondern ganze Epochen, wenn nicht Äonen.

Am siebten Tag kam die Kolonne der zunächst in der schwarzen Zitadelle zurückgelassenen Verwundeten an, und auch sie wurden in die Verborgene Zuflucht geleitet.

Ihre Ankunft schien sich für König Galen wie ein Signal auszuwirken: Er wollte jetzt wieder nach Süden aufbrechen, und die meisten Kämpfer der Streitmacht hatten die Absicht, ihn zu begleiten. »Es gibt viel zu tun«, verkündete er, und seine Worte galten den Mitgliedern des Kriegsrates. »Der Winterkrieg hat in ganz Mithgar deutliche Spuren hinterlassen, und ich werde in Pellar gebraucht.

Aber ich will auch dies festlegen: Ich möchte, daß die Wellenkrieger eine Eskorte bilden, um die Waerlinga ins Land der Dornen zurückzubegleiten. Das Winzigvolk erst war es, das unseren Sieg möglich machte, und besonders Tuckerby Unterdamm hat dazu einen großen persönlichen Beitrag geleistet. Wir alle stehen tief in seiner Schuld. Und wir wollen uns bei ihm auf gebührende Weise bedanken: Menschen sollen beim Wiederaufbau der zerstörten Heimat der Wichtel helfen, und zuerst wird für Tuck ein Haus erbaut werden. Aber dabei allein soll es nicht bleiben: Die Krone ganz Mithgars ist ihm zeit seines Lebens verpflichtet, und wann immer er einen Wunsch hat, will ich ihn erfüllen.

Nun, wenn die Krieger jetzt bereit sind, so wollen wir uns auf den Weg nach Süden machen.«

Und so wurde es beschlossen: Tuck, die anderen Wichtel und die übriggebliebenen Soldaten aus Wellen sollten sich nach Westen begeben, ins Waldland, während die Hauptstreitmacht nach Süden ritt, nach Valon und schließlich Pellar.

Brega aber, der eigensinnige und brummige Zwicht, weigerte sich, die Krieger zu begleiten, denn er wollte nicht noch einmal auf dem Rücken eines Pferdes sitzen. »Hmpff!« knurrte der Zwerg. »Ein Pferd reiten? Auf keinen Fall! Der Krieg ist jetzt vorbei, und fortan will ich mich nur noch von Ponys durch die Länder und Regionen Mithgars tragen lassen. Die Streitmacht mag ja in Eile sein, aber was mich angeht: Ich kann mir Zeit damit lassen, auf einem Pony nach den Rothügeln zurückzureiten – wenn sich hier irgendwo ein Pony auftreiben läßt. Und wenn nicht – nun, dann gehe ich eben zu Fuß.«

Und keine noch so vernünftigen Argumente konnten Brega von diesem Entschluß abbringen: Er würde ein Pony reiten oder zu Fuß gehen, und dabei blieb es. Galen fand sich damit ab. Zwar teilte er den Standpunkt des Zwerges nicht, aber er respektierte seinen Wunsch.

Schließlich fand man ein Pony für Brega. Der Zwerg meinte, er wolle am nächsten Morgen aufbrechen, und Flandrena erklärte sich dazu bereit, ihn auf seinem Roß Sturmmähne zu begleiten. Denn während des langen Ritts nach der schwarzen Zitadelle Modrus und der Erstürmung der Festung waren der Zwerg und der Elf gute Freunde geworden.

Der Herr von Gildor wollte noch eine Zeitlang im Ardental bleiben, denn er kannte sich sehr gut in den Heilkünsten aus und konnte helfen, die Verwundeten und Verletzten gesundzupflegen.

Und auf diese Weise gingen die Grottenläufer auseinander, denn jeder von ihnen hatte nunmehr ein anderes Ziel. Am folgenden Tag würden sie sich verabschieden.

Die Nacht ging zu Ende, und die Sonne stieg hell und strahlend über den östlichen Horizont. Die Armee hatte Aufstellung bezogen, und auch die Wichtel und die Wellenkrieger waren zum Aufbruch bereit. Brega hielt die Zügel seines kleinen grauen Ponys, und an der Seite des Zwerges befand sich Flandrena. Talarin, Rael und Gildor standen umringt von einer Liangruppe und sahen Tuck, Patrel, Merrilee, Igon, Laurelin und den Hohekönig Galen an. Und Vidron und Ubrik hatten sich hinter den König gestellt.

Die drei Elfen – Vater, Mutter und Sohn – traten vor, um die Freunde zu verabschieden, und sie reichten den Helden die Hände und umarmten sie.

»Lebt wohl, schönste Rael«, sagte Laurelin. »Ihr habt mich getröstet, als ich allen Mut verloren hatte, und es gelang Euch sogar, mir neuen Mut zu machen. Jene langen und dunklen Tage in Gron vergesse ich vielleicht mit der Zeit. Aber an Euer Mitgefühl werde ich mich immer erinnern.«

Rael küßte Laurelin und hielt ihre Hand, und die beiden Frauen lächelten einander an, und es war, als leuchteten Sonne und Mond nebeneinander, von solcher Schönheit und Anmut waren sie.

Gildor trat auf Tuck zu, kniete sich nieder und umarmte den kleinen Wichtel. Und als Tuck daraufhin erneut anbot, dem Elf das Langmesser Verderbensbote zurückzugeben, meinte Gildor bloß: »Nein, Tuck, diese Waffe soll für immer dir gehören.«

Dann wandte sich der Elfensohn an Patrel. »Als wir zusammen in Challerainfeste weilten und ich dich die Laute schlagen hörte, da wußte ich, daß du auch das Harfenspiel beherrschen würdest. Zu jenem Zeitpunkt faßte ich folgenden Entschluß: Sollten wir beide den Krieg überleben, so wollte ich dir dies hier schenken.« Und mit diesen Worten gab ihm Gildor eine schwarze und kunstvoll gefertigte Elfenharfe mit feinen, silbernen Saiten. »Ich spielte darauf, als ich noch ein junger Mann war, und ich möchte, daß sie nun in deinen Besitz übergeht. Das Instrument ist recht klein und dürfte sich daher gerade für dich eignen, und die

Klänge, die man den Saiten entlocken kann, sind hell und rein und zauberhaft.«

Patrel nahm die Harfe entgegen und betrachtete sie in Bewunderung, und als der leichte Westwind mit seinen unsichtbaren Händen über die Silberfäden strich, ertönte ein melodisches Summen. »Oh, Herr von Gildor, wie kann ich ein so kostbares Geschenk von Euch annehmen? Nur die geschickten Hände eines wahren Meisters sollten auf dieser Harfe spielen. Meine plumpen Finger eignen sich einfach nicht dazu.«

Gildor lachte. »Du bist alles andere als plump und ungeschickt, Patrel. Wärst du nicht gewesen, hätte kein Soldat der Armee die Möglichkeit gehabt, in die Festung zu reiten. Nur dein wagemutiger Einfall war es, der dich auf die Zugbrücke führte, wo du den Troll necken konntest. Nein, Patrel, nimm die Harfe nur. Ich bin davon überzeugt, daß du gut auf ihr spielen kannst.«

Als Gildor und Patrel lachten, trat Rael auf Merrilee zu, und die schwarzhaarige Dornenläuferin richtete den Blick ihrer saphirfarbenen Augen auf die Elfin. »Merrilee Hain«, sprach Rael sie an und lächelte, »für immer und ewig werde ich mich an den Tag entsinnen, an dem wir uns zum erstenmal sahen – eine Frau inmitten der Reihen von Kriegern, die sich in die Schlacht aufmachten. Von deinem Mut und deiner großen Tapferkeit wird man sich noch erzählen, wenn unsere Taten längst vergessen sind. Deine Geschichte ist einzigartig und wunderschön – so wie du selbst. Leb wohl, Merrilee Hain, und bewahr dir deinen Frohsinn.«

Eine Träne rann Merrilee über die Wange, als sie Rael umarmte. Von nun an würde sich die Dornenläuferin niemals wieder zweitrangig fühlen in der Nähe einer schönen Frau.

Talarin und Vidron umfaßten sich gegenseitig den Unterarm – der bei Harlingar übliche Abschiedsgruß. »Wir haben gut zusammen gekämpft, Ihr und ich«, sagte Vidron.

»O gewiß«, erwiderte Talarin. »Und doch hoffe ich, es war die letzte Schlacht, die wir ausfochten.«

Auch Brega verabschiedete sich. An die meisten richtete er nur einige knappe Worte. Doch mit Tuck, Gildor und Galen sprach er lange Zeit, wenn auch nicht überliefert ist, was er mit ihnen redete. Als er sich aber an Igon wandte, war folgendes von ihm zu hören: »Mein Prinz, wenn Ihr nicht gewesen wärt, befände sich heute niemand von uns hier im Ardental. Eure Kraft war es, die uns vor dem Tod in dem tiefen Schluchtgraben bewahrte. Und auf den Wehrgängen der Festung habt Ihr Euch als ein tapferer und mutiger Krieger erwiesen. Wenn Ihr einmal Hilfe brauchen solltet, so gebt Brega Bescheid, dem Sohn Bekkis, dann eile ich sofort zu Euch.«

Schließlich hob Talarin die Arme, und als völlige Stille eingekehrt war, ließ er sich laut vernehmen: »König Galen, Ihr werdet nun unser friedliches Tal verlassen, denn Ihr werdet in Pellar gebraucht und müßt Euch dort um Eure Regierungsgeschäfte kümmern. Hört mich an: Als Ihr das letzte Mal in unserer Heimat weiltet, hatte sich Dunkelheit über die Welt gesenkt, und aus dem Norden stürmte das Böse heran. Jetzt aber sind die Tage wieder hell, und Eure Krone war es, die Mithgar rettete. Es ist wahr, Ihr habt das nicht allein geschafft, aber niemand kann das Böse allein besiegen. Und es ist auch wahr, daß sich in Eurer Begleitung viele Recken befinden – von dem einer mehr Ruhm errang als alle anderen. Aber laßt uns nicht diejenigen vergessen, die auf fernen Schlachtfeldern ihr Leben ließen, denn auch sie sind Helden und trugen maßgeblich zu unserem Sieg bei. Sie halfen ebenfalls, die Sonne an den Himmel Mithgars zurückzubringen.

Wir wünschen Euch alles Gute, König Galen – und natürlich auch denen, die mit Euch gehen. Mögen alle, die uns nun verlassen, am Ende ihrer Reise Frieden und Glück finden.«

Talarin schwieg darauf. Galen griff nach der Hand Tucks und führte ihn auf ein Podest. Der Jungwichtel humpelte und stützte sich noch auf einen Gehstock. Auf dem Podium, auf welchem die beiden standen, konnten sie von allen gesehen werden. Und der Hohekönig sprach: »Elfenherr Talarin, Eure Worte sind nur zu wahr: All jene, die gegen das Unheil kämpften, sind Helden, und viele von ihnen starben. Seid gewiß: Wir werden die Toten nicht vergessen.

In diesem Krieg kam es zu vielen heldenhaften Taten, und von manchen werden wir vielleicht nie erfahren.

Es stimmt auch, daß niemand von uns ohne die Hilfe anderer hätte überleben können, und viele derjenigen, die uns halfen, kamen dabei um. Und deshalb sage ich: Jeder, der für das Gute eintrat, kann stolz sein auf den errungenen Sieg, ganz gleich, wie groß oder klein sein Beitrag dazu gewesen sein mag.

Aber es gibt einen unter uns, der dem Verderben allein gegenübertrat, um es zu vernichten – und wir anderen halfen ihm nur auf den Weg, der ihn ans Ziel führte.«

Und dann unternahm der Hohekönig Mithgars etwas Einmaliges und Beispielloses: Er ließ sich vor dem Waerling aus dem Land der Dornen auf die Knie sinken. Und die Krieger und Soldaten folgten seinem Beispiel, ebenso wie alle Lian. Die einzigen Kämpfer, die nun noch standen, waren die anderen Wichtel aus dem Waldland.

Und König Galen rief: »Heil dir, Tuckerby Unterdamm, Held Mithgars!«

Und dreimal wiederholten die Versammelten den Ruf: *»Hàl, Hàl, Hàl!«*

Als die letzten Echos über die Kiefern und Fichten hallten, schwieg Tuck noch einige Augenblicke lang. Der blinde Blick seiner großen Juwelenaugen glitt über die Menschen und Elfen hinweg, über die Jungwichtel und den Zwerg. Als Tuck schließlich sprach, war seine Stimme zutiefst bewegt: »Auch euch gebührt Jubel, ihr tapferen Krieger, denn wärt ihr an meiner Stelle gewesen, so hätte jeder einzelne von euch ebenso gut oder vielleicht noch besser gekämpft als ich.« Und Tuck hob die Arme, und wieder donnerte ein dreifacher Schrei aus Tausenden von Kehlen: *»Hàl, Hàl, Hàl!«*

Als wieder Stille einkehrte, richtete sich Galen auf, und auch die anderen Krieger und Soldaten erhoben sich. Merrilee eilte auf Tuck zu und führte den humpelnden Wichtel zu den anderen zurück. Und Brega knurrte: »Ich erreiche die Rothügel nie, wenn das noch lange so weitergeht. Bist du bereit, Elf Flandrena?« Als Flandrena nickte, schwang sich Brega auf den Rücken seines grauen Ponys und Flandrena auf den seines Rosses Sturmmähne, und sie brachen mit einem Packtier auf.

Daraufhin gab Galen Marschall Ubrik ein Zeichen, und der Heerführer setzte sein Signalhorn an die Lippen. Und der weithin hallende Klang wurde von dem Dröhnen anderer Valonhörner beantwortet.

Auch die Wellen ließen nun ihre Fanfaren erschallen. Man half den Wichteln auf die Rücken der für sie riesigen Pferde, ehe die Soldaten ebenfalls aufsaßen.

Und begleitet von dem Klang der Hörner und den Abschiedsrufen der Zurückbleibenden setzte sich die große Kolonne in

Bewegung, und die Krieger trieben ihre Pferde an und ritten nach Süden. Bald schon überholten sie das langsamere Pony Bregas und ließen den Zwerg und Flandrena hinter sich zurück. Vorbei an dem Fichtenwald am Ufer des Stolperflusses verließ die Königsarmee das Ardental.

Nach kurzer Zeit kam ein lauer Wind auf – und er trug den Geruch fruchtbaren Bodens heran, die Hoffnung auf neues Leben. Und viele der Männer lächelten freudig.

Es war der erste Frühlingstag.

Zwei Tage lang waren die Krieger und Soldaten nach Süden unterwegs, und am Morgen des dritten Tages brachen sie ihr Lager ab, das sie am Abend zuvor in der Nähe des Einsamen Alten Baumes aufgeschlagen hatten. Sie nahmen den geheimen Weg, der unter dem Wasserfall hindurchführte, und kurz darauf gelangten sie bereits in das Land Rell.

Nach einem weiteren Ritt sahen sie das Pflaster der Querlandstraße vor sich. Hier wandten sich die Wellenkrieger nach Westen, während die Harlingar weiterhin nach Süden hielten. Die Streitmacht teilte sich: Die Wichtel und ihre Eskorte machten sich auf den Rückweg ins Land der Dornen, während das Ziel des Hohekönigs und seiner Begleiter das fern im Süden gelegene Pellar war.

Doch ehe sich die Freunde und Kameraden trennten, verabschiedeten sie sich herzlich voneinander. Laurelin flüsterte dem König etwas ins Ohr, woraufhin sich Galen an Tuck und Patrel wandte.

»Wie ich hörte, hat mein Vater Aurion angeordnet, die von Zwergenhänden gefertigten Rüstungen, die ihr tragt, sollten sich so lange in eurem oder im Besitz derjenigen befinden, die euer Vertrauen genießen, bis er sie persönlich zurückverlangt.« Galens Blick schweifte nach Westen und Norden, in Richtung des fernen Rian, in der die Challerainfeste lag, unter deren Mauern sein Vater ums Leben gekommen war. Und er hob die Stimme, so daß ihn alle hören konnten: »Hört meine Worte! Ich erneuere hiermit die Anordnung meines Vaters: Bis die unsterbliche Seele Aurions die Rüstungen zurückverlangt, sollen sie euch gehören – Silber für Tuck, Gold für Patrel und Schwarz für Danner Brombeerdorn, der nun in der nördlichen Öde von Gron ruht.«

Nach Westen zogen die Wellenkrieger, und nach Süden ritten die Harlingar. Und als die beiden Kolonnen sich so weit voneinander entfernt hatten, daß sie fast außer Sicht geraten waren, zog Patrel das silberne Valonhorn aus der Satteltasche. Er setzte es an die Lippen und blies kräftig hinein. Und aus der Ferne antwortete der dröhnende Klang der anderen Valonhörner, ehe die beiden Gruppen ihren Weg fortsetzten.

Am späten Nachmittag erreichte die Wellenarmee die Ardenfurt und durchquerte den Stolperfluß, und sie gelangte von Rell ins Land von Rhan. Der Fluß war noch immer zugefroren, und das Wasser gurgelte unter dickem Eis dahin. Hier und dort aber hatten sich bereits erste Risse in der Eisdecke gebildet, und sie kündeten vom Beginn des Frühlings.

Am Abend schlug die Streitmacht an den östlichen Ausläufern des Trübwaldes ihr Lager auf. Hauptmann Falk stellte doppelte Wachen auf und meinte: »Wir befinden uns nun im Trübwald, einem Ort, in dem nach den alten Sagen und Legenden stets das Unheil lauern soll. Wir sollten achtgeben, denn vielleicht sind noch einige Schergen Modrus am Leben. Nur diejenigen Wrg starben, die direkt dem hellen Sonnenlicht ausgesetzt gewesen waren und dadurch dem Verdorrenden Tod zum Opfer fielen. Diejenigen aber, die sich zu jenem Zeitpunkt in Höhlen, Grotten, Felsspalten und vielleicht auch in geheimen Verstecken im Trübwald verbargen, sind dem Banne Adons möglicherweise entronnen. Es heißt, dieser Wald biete dem Bösen Unterschlupf. Aus diesem Grund sollen doppelte Wachen mit doppelter Aufmerksamkeit aufpassen, denn ich möchte meine Männer lebend nach Hause bringen.«

Während der nächsten beiden Tage ritten die Krieger nach Westen durch das Land von Rhan, und in der Nacht lagerten sie in der Nähe der Querlandstraße. Noch immer waren sie dem Trübwald recht nahe. Aber in den frühen Stunden des folgenden Tages überquerte die Kolonne die alte Steinbrücke, die über den Cairefluß führte. Damit lag Rhan hinter ihnen, und vor ihnen erstreckte sich das Schroffland, das im Norden von Rian und im Süden von Harth begrenzt wurde. Der Trübwald blieb nun rasch weit zurück.

Weiter ritten sie, und an jedem Tag legten sie gut vierzig oder noch mehr Kilometer zurück. Sie überquerten die Schroffen Berge, und anschließend liefen die Pferde durch das offene Land nördlich des Flusses, der irgendwo in den zackigen Graten entsprang. Sie hielten auf die Signalberge zu, wo die Querlandstraße an der nördlichen Flanke des Leuchtgipfels vorbeiführte.

Anschließend führte sie die Straße nach dem Senkgrund, und sie ritten fast sechzig Kilometer an der Senke entlang.

Am elften Tag der Reise, spät am Abend, erreichte die Kolonne den Steinwall, der die Siedlung Steinhügel umgab. In Richtung dieser Mauer ritten die Krieger, und vor dem Osttor mußten sie anhalten, denn es war geschlossen.

»Wer seid ihr?« rief plötzlich eine scharfe Stimme.

»Die Königskrieger aus Wellen«, antwortete Hauptmann Falk. »Wir eskortieren die Helden des Eisernen Turms, und ich bitte euch um Unterkunft für die Nacht – und um Verpflegung für uns alle, wenn ihr genug Lebensmittel habt.«

»Rührt euch nicht von der Stelle«, ertönte die Stimme erneut. »Bleibt, wo ihr seid! Ich gebe meinem Anführer Bescheid.«

Einige Minuten verstrichen, und sowohl die Menschen als auch ihre Pferde begannen schon unruhig zu werden. Schließlich aber sahen sie auf der hohen Mauer ein Licht – eine Laterne, die von einem Menschen hoch erhoben wurde. Der gelbe Glanz erhellte die Nacht und ließ die in der Finsternis wartenden Soldaten erkennen. Die Hauptmasse der Streitmacht aber befand sich nach wie vor in der Dunkelheit, und angesichts des matten Scheins der Mondsichel konnte man nur undeutlich das Ausmaß der Kriegerschar abschätzen.

»Hallo!« rief der Mann. »Wer also behauptet ihr zu sein, und was hat es mit dem Gerede von den Helden des Eisernen Turms auf sich?«

Tuck konnte zwar nichts sehen, aber er erkannte die Stimme wieder. »Hoy, bester Brauster!« grüßte der Jungwichtel den Hauptmann des Weiunholzbündnisses. »Ich bin es: Tuck ... Tukkerby Unterdamm!«

Angesichts des Glanzes der Laterne schirmte sich Bocklemann die Augen ab, und Tucks Pferd wurde weiter nach vorn geführt. »Bei der gesamten Dämonenbrut!« platzte der Wirt hervor. »Bist du es wirklich, Tuck ...? Und ob, er ist es!« Der Mann wandte sich einem seiner Soldaten zu. »He, Knill, mach sofort das Tor auf. Wenn

Tuck sich bei dieser Schar befindet, müssen es Freunde sein.«

Es knirschte und ächzte, als der schwere Riegel hinter dem Tor fortgezogen wurde, und Bocklemann drehte sich wieder um und rief: »Ach, Tuck, ich habe wirklich nicht damit gerechnet, daß du uns in Begleitung einer Streitmacht aus Hunderten von Soldaten besuchen kommst. Heutzutage kann man ja nicht vorsichtig genug sein. Zwar hat sich das Düsterdunkel aufgelöst und scheint nunmehr endgültig verschwunden zu sein, aber wir befinden uns noch immer im Krieg. Ich meine, vielleicht versucht der Feind in Gron nur, uns mit einer List hereinzulegen. Ha, das würde mich nicht wundern.«

»Nein, bester Brauster«, erwiderte Tuck. »Den Feind in Gron gibt es nicht mehr: Modru ist tot! Der Winterkrieg ist endgültig zu Ende.«

Als er diese Worte vernahm, riß Bocklemann die Augen weit auf. »*Hoy!* Das ist wirklich eine gute Nachricht, die du bringst! Modru ist tot! Nun, wir hörten zwar, der Krieg im Süden sei gewonnen, aber wir wagten nicht zu hoffen, daß es auch im Norden so gut steht. Dann seid ihr doppelt willkommen!«

Das Tor schwang dröhnend auf, und die Wellenkrieger sahen Menschen mit Bogen und Lanzen, die bereit standen, um mögliche Angreifer zurückzuschlagen. »Bring deine Freunde herein, Tuck!« rief Bocklemann. »Zwar ist der Krieg beendet, und Adons Bann beherrscht den Tag, aber in der Dunkelheit der Nacht müssen wir uns trotzdem vor Rücks und anderen Dämonenwesen vorsehen.«

Und die Einwohner von Steinhügel bejubelten die Streitmacht und boten den Kriegern und Soldaten reichlich Essen und zu trinken an. Die Wichtel und auch einige Wellenkrieger wurden im Weißen Einhorn untergebracht, während die übrigen bei einzelnen Familien unterkamen und dort bewirtet wurden.

Im Weißen Einhorn war das Essen warm und üppig und das Bier frisch und kalt, und man erzählte sich Geschichten von Schlachten und Kämpfen. Nur Patrel blieb schweigsam und nachdenklich. Er saß in einer Ecke in der Nähe des Feuers und starrte gedankenversunken in die Flammen. Merrilee brachte ihm einen Krug mit Bier und fragte ihn mit sanfter Stimme, was denn mit ihm sei, und der kleine Jungwichtel erwiderte: »Ich mußte gerade an unseren letzten Aufenthalt hier im Weißen

Einhorn denken.« Und Merrilee ergriff seine Hand, und Tränen glitzerten in ihren Augen, als sie sich beide an Danner erinnerten.

Den ganzen nächsten Tag über blieben die Wellenkrieger in Steinhügel. Am folgenden Tag aber machte sich die Kolonne wieder bereit, um den Ritt über die Querlandstraße fortzusetzen.

»Nun, Tuck«, wandte sich Bocklemann an ihn, als er neben dem Pferd des Wichtels stand, »vieles von dem, was du uns erzählt hast, wird für immer in den Herzen der Bewohner von Steinhügel weiterleben. Dein Name steht an oberster Stelle der Liste aller Helden des Winterkrieges. – Nein, du brauchst gar nicht mit dem Kopf zu schütteln. Ohne dich wären wir jetzt alle Sklaven des Feindes in Gron, ja, ganz bestimmt. Wir bedauern tief, welch hohen Preis, dein Augenlicht, du für den Sieg über Modru zahlen mußtest, aber wir sind glücklich, daß es Kämpfer wie dich gibt, die dem Bösen unerschrocken gegenübertraten. Denk immer daran: Das Große Volk Steinhügels als auch das Winzigvolk – ich glaube, ich kann in dieser Hinsicht ebenso für die in Weiunholz wohnenden Jungwichtel von Arbagon sprechen – werden sich deiner stets erinnern.«

Der Wirt zog gerührt ein großes Taschentuch hervor und putzte sich lautstark die Nase, ehe er fortfuhr: »Mach dich jetzt auf den Weg, Tuck, zusammen mit deinen Begleitern. Das Waldland wartet auf dich. Und wenn du dich jetzt nicht endlich beeilst, dann läßt du mich wie eine Heulsuse aussehen, indem ich vor meinen Leuten in Tränen ausbreche.«

Hauptmann Falk gab einem Wellenkrieger ein Zeichen, worauf der Klang eines Signalhorns über die Häuser der Siedlung hallte und sich die Kolonne langsam in Bewegung setzte. Durch das Westtor ritten die Krieger über die Querlandstraße. Und hinter ihnen winkten und jubelten die Bewohner von Steinhügel. Und Bocklemann Brauster kehrte in das von ihm geführte Wirtshaus zurück, während das Schild mit dem Weißen Einhorn im lauen Wind schepperte.

Zwei weitere Tage waren sie unterwegs. In der ersten Nacht lagerten sie südlich der Kampfhügel und in der zweiten in den Ausläufern von Randholz. Am späten Vormittag des dritten Tages erreichten sie die große Spindeldornbarriere. Sie ritten durch den

Tunnel und gelangten an die über den Spindelfluß führende Brücke, wo einige dort postierte Dornenläufer den Weg für die Kolonne sogleich freimachten.

Weiter nach Westen ritten die Krieger und Soldaten, und am frühen Nachmittag erreichten sie das Dorf Grünaue. Von hier aus wandte sich Patrel mit einer Welleneskorte nach Süden und hielt auf die Ostfurt und Bryn zu. Sein Ziel war sein in der Nähe von Mittelwald gelegenes Zuhause. Zum nun bevorstehenden Abschied drückte er jedem Wichtel fest die Hand. Er umarmte Tuck und Merrilee, und die Dornenläuferin gab ihm einen Kuß auf die Wange.

»Ich komme nach Waldnieder, um euch zu besuchen«, versprach der Jungwichtel. »Aber erst dann, wenn ich etwas Frieden in mir gefunden habe und mich nicht mehr die düsteren Erinnerungen quälen – vielleicht im Sommer, wenn ein warmer Wind weht. Und jetzt ... seid nicht traurig, denn schließlich ist es kein Abschied für immer. Ich sage euch: Auf Wiedersehen!«

Trotz der aufmunternden Worte Patrels standen in Merrilees Augen Tränen, und in Tucks Hals bildete sich ein Kloß, als Patrel und seine Eskorte sich auf den Weg machten und über den Brynweg davonritten. Und kurz bevor er außer Sicht geriet, vernahmen sie alle den hellen Klang seines Valonhorns.

Und während ihnen die Bewohner von Grünaue verwundert nachsahen, ließen die anderen Wellenkrieger ihre Rösser weiter in Richtung Raffin traben, wo sie die Nacht verbringen wollten.

Am nächsten Tag ritt die Kolonne weiter nach Westen, und unterwegs verabschiedeten sich noch mehr der Jungwichtel, um nach Hause zurückzukehren: Dink Queller, Arch Springhoch, Bert Achseldorn, Dill Rindenknosp und Teddy Stolzhand. Einige wandten sich nach Norden und andere nach Süden, während die Kolonne weiter nach Westen über die Querlandstraße ritt, nach Tillok und Weidental. Und wenn die Krieger und Soldaten durch ein Dorf kamen, so versammelte sich die dort lebende Bevölkerung zu beiden Seiten der Straße und fragte sich, wer diese Wichtel wohl seien, wie es kam, daß sie auf den Rücken so großer Pferde saßen und wieso sie von einer ganzen Streitmacht begleitet wurden.

Am späten Nachmittag schwenkte die Abteilung nach Norden,

ritt über den Nebenpfad und kam durch das damals von den Ghûlen niedergebrannte Lammgerb. Aber das Dorf war nicht mehr verlassen. Inmitten der Trümmer der Häuser waren Zelte errichtet worden, und die Bewohner hatten bereits damit begonnen, die Gebäude wieder aufzubauen. Hier und dort sahen sie die Stände von Händlern. Vor einem Zelt hing sogar ein Schild, Zum Blauen Stier, und machte somit deutlich, daß der Wirt entschlossen war, auch in Zukunft seinem Beruf nachzugehen und seine Schenke bald wieder zu eröffnen.

Die Kolonne ließ Lammgerb hinter sich zurück und nahm den Waldniederpfad. Die Hufe der Pferde platschten durch die Bachfurt, und langsam näherten sie sich ihrem Ziel. Als der Abend dämmerte, überquerte die Eskorte die Brücke über den Waldbach und erreichte das Dorf Waldnieder.

Am Gemeinschaftshaus ritten die Menschen und Wichtel vorbei, über den Marktplatz. Und Jungwichtel eilten aus den Häusern, um ihnen schweigend nachzusehen. Sie setzten den Weg durchs Tal fort, bis sie an die bewaldete Mulde bei Niederend gelangten. Aber auch hier verweilten die Reiter nicht länger, sondern ritten weiter vorbei an der Wurzel, dem Zuhause Tucks, denn das Heim war von den Schergen Modrus niedergebrannt worden. Vielmehr verfolgten sie den Weg bis zu Merrilees Zuhause, um dort Tuck und seine Dornenläuferin abzusetzen.

Man half den beiden Wichteln von den Rössern, und während die Wellenschar daranging, am Endfeld ihr Lager aufzuschlagen, schritten Tuck und Merrilee den Pfad hinab: Tuck humpelte und stützte sich auf seinen Gehstock und auf Merrilee. Sie begaben sich in die Grube und schlossen die Tür hinter sich. Endlich waren sie wieder zu Hause!

Von Süden her wehte ein lauer Wind, und das Gurgeln der Bäche und Flüsse verkündete die Schneeschmelze des Frühlings.

Es war der vierte Tag des Monats April.

Das Buch der Verheerung

auch genannt:

Das Ravenbuch

In den Tagen, die auf die Rückkehr Tucks nach Waldnieder folgten, ging die frostige Herrschaft des Winters nach und nach zu Ende. Der Frühling kam mit Knospengrün, und bald folgte der Sommer. Und überall begab sich das Freie Volk in seine Heimat und arbeitete hart, um die Spuren des Krieges zu beseitigen.

In Pellar, Valon, Jugo, Hoven, am Grûwenpaß und in den Ebenen von Riamon erhoben sich große Erdhügel, unter denen die im Kampf gegen das Böse Gefallenen ruhten.

Von Brega angeführte Zwerge wanderten von den Rothügeln nach Norden, nach Rell, um dort die vierzig Toten des Ghûlscharmützels auf einem großen Scheiterhaufen ehrenvoll zu verbrennen. Und als der einzige Überlebende jenes erbitterten Kampfes gegen die Vorhut der Horde sprach Brega die feierlichen Châkkaworte, bevor er das Holz anzündete.

An den Ausläufern der Kampfhügel bestattete man diejenigen Männer und Frauen, die bei dem Überfall der Ghûle auf den Wagenzug ums Leben gekommen waren, und weiter entfernt im Norden, vor den Mauern der Challerainfeste, bettete man die gefallenen Königssoldaten zur letzten Ruhe. Man richtete die Gruft Othrans des Sehers wieder her, aber der alte Prophet mußte seinen Todesschlaf nun ohne die Atalarklinge und den Roten Pfeil fortsetzen. – Aber es schadete nichts, da diese beiden Unterpfänder der Macht nur deshalb bei den Gebeinen des Sehers gelegen hatten, um eines Tages in Mithgar eingesetzt zu werden.

Und in der Mitte der Erdhügel, unter denen die Krieger und Soldaten bestattet wurden, die bei der ersten großen Schlacht des Winterkrieges getötet wurden, begrub man Aurion Rotauge. Und über seiner Ruhestätte wurde ein Dolmen errichtet, und die darin eingemeißelten Runenzeichen bedeuteten: *Aurion, der die Freiheit wählte.*

Fern im Norden, in Gron, vor den Mauern der schwarzen Zitadelle, entstand ein weiteres Massengrab – für die ums Leben gekommenen Harlingar. Und in späteren Jahren baute man an drei im Krallenmoor gelegenen Steingräbern ein Denkmal aus schwerem und massivem Stein. Drei Namen grub man als Inschrift ein, und einen dieser Namen versah man mit einem Zusatz: *Danner Brombeerdorn, König des Bachfelsens.* Niemand weiß, wer das Denkmal errichtete – es heißt aber, es sei das Werk von Zwergen.

Und im Waldland, in allen Sieben Tälern, fanden einfache Totenfeiern statt. In vielen Wichtelfamilien herrschte große Trauer um die Brüder und Väter, die während des Krieges in fernen Ländern ihr Leben gelassen hatten.

Im Sommer des Jahres zweitausendneunzehn der Vierten Ära zogen vom König ausgeschickte und von Menschen geführte Wagenkolonnen ins Waldland und brachten Holz, Werkzeuge und Bauleute, die den Wichteln beim Wiederaufbau ihrer Dörfer helfen sollten. Galen hielt sein Wort: Zuerst wurde die Grube Tuckerby Unterdamms wiederhergestellt, die Wurzel. Man erweiterte den Bau und schuf neue große Räume mit so hohen Decken, daß der Held des Winterkrieges dort sogar menschliche Gäste unterzubringen vermochte. Und die Wände täfelte man mit kostbaren Hölzern: Walnuß, Eiche, Kirschbaum. Dann trug man große und kleine Möbel herein, einige gefertigt von den geschickten Zimmerleuten aus Groß- und Kleinbruch. Tische kamen aus Fingerhut, Stühle aus Kleinbergland und der Stoff für die Vorhänge aus dem kleinen Dorf Blütengrund. Auch aus Steinhügel und Weiunholz schickte man Geschenke, selbst aus dem fernen Wellen.

Und als die Menschen die Arbeit an dem Hause Tucks beendet hatten, halfen sie anderen Wichteln dabei, ihre Hütten und Ställe, Läden und Vorratsschuppen wiederaufzubauen, die während des Krieges niedergebrannt worden waren. Zu Anfang konnte es niemand wissen, aber es sollte noch volle drei Jahre dauern, bis im Waldland die letzten Spuren des Winterkrieges beseitigt waren.

Am längsten Tag des Jahres – manche nannten ihn auch Sommersonnenwende – heiratete Tuckerby Unterdamm Merrilee Hain.

Ein Feuerwerk ließ Blumen aus strahlendem Glanz am Himmel wachsen, und es wurde ein großes Fest gefeiert: Es war nicht nur der Hochzeitstag zweier Helden des Winterkrieges, sondern man holte bei dieser Gelegenheit auch gleich alle Geburtstagsfeiern des vergangenen Jahres nach. Im Mittelpunkt des Jubels und Trubels standen dabei vor allen Dingen diejenigen, die während jener Zeit zu Erwachsenen geworden waren, und das traf auch auf Merrilee zu.

Im August jenes Jahres, als alle Bauarbeiten an dem Haus beendet waren, zogen die frisch Vermählten in die Wurzel. Ein großes Einweihungsfest fand statt, und fast alle Bewohner von Waldnieder und Lammgerb kamen und bestaunten das Heim Tucks und Merrilees mit Verblüffung und Bewunderung.

Im September kam ein Königsherold nach der Wurzel und brachte eine Botschaft von Hohekönig Galen, mit der er das Ehepaar Unterdamm bat, an den Feierlichkeiten der Vermählung von Galen, Sohn Aurions, und Prinzessin Laurelin aus Riamon teilzunehmen.

Das Hochzeitsfest des Hohekönigs fand während der goldenen Tage des Herbstes statt. Noch niemals zuvor hatte Caer Pendwyr eine solche Pracht erlebt. In den letzten Wochen vor dem Fest konnte man den Eindruck gewinnen, als ziehe an jedem Tage ein hochherrschaftliches Gefolge zum Palast. Alle größeren und kleineren Königreiche Mithgars schickten kostbare Geschenke: von Gelen, Leut, Thol, Jute, Gothon, Vancha, Basq, Tugal, Alban und Hurn. Manche Gaben stammten aus Ländern, von denen die meisten Bewohner der Stadt noch nie etwas gehört hatten. Und selbst Könige reisten über Land und Meer, um die Feierlichkeiten zu besuchen. Natürlich war König Dorn von Riamon anwesend, denn bei Laurelin handelte es sich schließlich um seine Tochter. König Aranor und Königin Alare von Valon kamen mit einem großen Harlingargefolge. Coron Eiron, der Elfenkönig aus Darda Galion, Elf Talarin und seine Gemahlin trafen zusammen mit ihrem Sohn Gildor ein, worauf viele Bürger Pendwyrs die erhabene Schönheit der Elfen und ihrer Eskorte bewunderten. Von Darda Erynian kam Ural, ein Riese von einem Mann, das Oberhaupt der Baeron, in Begleitung der anmutigen

Aska. Von Steinhügel reiste ein im Vergleich mit den anderen Gästen eher unscheinbarer Mann nach Caer Pendwyr, Bocklemann Brauster, und an seiner Seite befanden sich der Elfenherr Inarion und ein Wichtel: Arbagon Bruchner. Hrosmarschall Vidron, Markenmarschall Ubrik und viele andere Krieger und Soldaten eilten gleichfalls in die Stadt. Und auch Zwerge marschierten nach Süden: König Brek von Zechenbau Nord und Delfherr Borta aus den Rothügeln. Dem Gefolge Bortas gehörte auch Brega an, der Sohn Bekkis. Weitere Gäste stammten aus Wellen, Trellinath, Rian und anderen Regionen und Provinzen Mithgars.

Aber es war in erster Linie ein ganz bestimmter Wichtel, der ehrfürchtige und bewundernde Blicke auf sich zog, als er durch den breiten Mittelgang humpelte, um seinen Ehrenplatz einzunehmen, begleitet von einer schwarzhaarigen Dornenläuferin rechts von ihm und auf der linken Seite von einem kleinen, in eine goldene Rüstung gekleideten Jungwichtel. Er trug seinen Silberon, und die großen Juwelenaugen blickten blind aus einem narbigen Gesicht. Er war der Träger des Roten Pfeils, der Myrkensteinbezwinger – Tuckerby Unterdamm, Dornenläufer, Held Mithgars.

Den ganzen Tag über läuteten nicht nur in Caer Pendwyr die Glocken, sondern in ganz Pellar, und sie verkündeten die weithin hallende Botschaft, daß Galen, Sohn Aurions, der Träger des scharlachroten und goldfarbenen Königswappens, Prinzessin Laurelin aus Riamon zur Frau genommen hatte.

An diesem Tag wurde auch das Heer der Mithgarstreiter zusammengestellt. Der Hohekönig selbst wählte die Krieger aus, die fortan die Länder und Provinzen Mithgars verteidigen und für Recht und Ordnung eintreten sollten. Mit folgenden Worten wandte sich Galen an Tuck, Merrilee und Patrel: »Nie wieder soll uns eine derartige Gefahr, wie sie von Modru ausging, überraschen. Diese Soldaten, denen mein besonderes Vertrauen gilt, werden fortan Mithgar schützen, auf daß wir alle in Frieden leben können. Denn Danner und all die anderen Kämpfer dürfen nicht umsonst gestorben sein!«

An jenem Abend fand ein großer Ball statt, und viele Gäste traten auf Tuck zu, um ihm ihre Aufwartung zu machen. Und erst im nachhinein begriff Tuck, wie viele tapfere Kameraden er während des Krieges kennen- und schätzengelernt hatte. »Als alles damals begann«, sagte er zu Merrilee, »befand ich mich in der Begleitung von Fremden, doch schon bald hatte ich Dutzende von guten Freunden.«

Während des ganzen Jahres waren immer wieder heftige Stürme und Unwetter übers Land gezogen. Das Düsterdunkel schien die Jahreszeiten durcheinandergebracht zu haben. Der Winter des Jahres 4AE2019 bildete da keine Ausnahme.

Doch das Winterfest Yule wurde besonders froh begangen – obgleich im Norden Mithgars ein Eissturm tobte und im Süden Eisregen aus den dunklen Wolken strömte. Diesmal waren die Yulefeierlichkeiten von besonderer Natur: Der Hohekönig hatte bekanntgegeben, daß der Sieg über Modru das Ende der Vierten Ära markierte, und am Erstjahrestag des neuen Jahres sollte die Fünfte Ära beginnen. Überall tanzte und lachte das Freie Volk.

Am fünfzehnten Januar 5AE1 wurde in Lammgerb ein Denkmal eingeweiht, das dieses Dorf als den Ort auswies, in dem der Kampf um die Freiheit des Waldlandes begonnen hatte. Das Mahnmal erhob sich auf einem Erdhügel am nördlichen Ende der Siedlung, und eingemeißelt in den Stein waren die Namen der neunzehn Wichtel, die bei der Schlacht von Lammgerb ums Leben gekommen waren. Und auch die Worte Merrilees wurden für die Ewigkeit festgehalten: *»Ganz Mithgar soll es erfahren, und auch noch in Urenkels Tagen wird man sich daran erinnern: An diesem Tag begann der Freiheitskampf, denn ein ebenbürtiger Gegner stellte sich dem Bösen entgegen.«*

Die Dornenläuferin war zusammen mit Tuck anwesend, und sie hielt bei der Enthüllung des Denkmals eine Rede. Hauptmann Patrel Eilsperre hatte die lange Reise von Mittelwald auf sich genommen, um ebenfalls zugegen zu sein, und er setzte sein Markenhorn an die Lippen und blies kräftig hinein, wobei die versammelten Wichtel in Jubel ausbrachen.

Eine Woche später, bevor sich Patrel wieder aufmachte, um nach Hause zurückzukehren, reichte er Tuck das Valonhorn mit den Worten: »Bewahr es für mich auf, mein Freund, und laß es mindestens zweimal im Jahr erklingen: am neunten November, an dem Tag also, an dem Hob, Tarpy, Danner, du und ich Waldnieder verließen und uns auf eine lange Reise machten, die schließlich in der schwarzen Zitadelle Modrus endete, und am fünfzehnten Januar, an dem Tag, an dem der Kampf der Wichtel gegen die Ghûle anfing. Oh, ich kann schon sehen, wie du innerlich nach Worten suchst, um das Horn zurückzuweisen, aber denk an eins: Oftmals verbieten die Unbilden des Wetters eine Reise von Mittelwald hierher, aber ich möchte, daß an den beiden genannten Tagen trotzdem der Klang dieses Horns hier erschallt.«

Im Anschluß an diese kleine Ansprache wandte sich Patrel an Merrilee, und sie umarmte ihn und küßte ihn auf die Wange. »Weißt du, Merrilee, ich glaube, ich habe dir das nie so direkt gesagt und muß es deshalb jetzt unbedingt nachholen: Du warst einer der besten und tapfersten Krieger, die für die Freiheit des Waldlandes und ganz Mithgars stritten – und gleichzeitig ist dir eine Sanftmut zu eigen, die mich immer wieder überrascht.«

Dann trat Patrel durch die dicke Eichentür, verließ das Haus Tucks, schwang sich auf den Rücken seines Ponys und ritt davon.

Am sechsundzwanzigsten Februar wurde überall im Waldland gefeiert, denn es jährte sich der Tag, an dem das Düsterdunkel verschwand und der Sieg über Modru errungen wurde. Für den blinden Tuck aber dauerte die finstere Nacht an, und an diesem Tag führte ihn Merrilee ans Ufer des Baches. Dort legte der Wichtel eine grüne Blume auf den Stein in der Mitte des kleinen Flusses, den Bachfelsen. Hanlo und Siegla Brombeerdorn waren auch anwesend und beobachteten das stumme Ritual Tucks – denn an diesem Tag jährte sich auch der Tod ihres Sohnes Danner.

Am zwölften Oktober 5AE1 wurde Merrilee Lichtbau von einem Mädchen entbunden. Schwarz war ihr Haar, so schwarz wie die Nacht, und als Tuck davon hörte, nannte er seine Tochter Raven*. Die Feier in der Einaugkrähe dauerte bis zum Morgengrauen des folgenden Tages.

Während der nächsten Jahre ging mit Tuck eine allmähliche

* Raven: in der Bedeutung von »rabenschwarz« – Anmerkung des Übersetzers.

Veränderung vor sich, und er schien sich nach und nach in sich selbst zurückzuziehen. Er war nicht etwa verbittert aufgrund seiner Erblindung, aber offenbar begann er sich nutzlos zu fühlen. »Ich kann nicht immer nur die Hände in den Schoß legen«, klagte Tuck. Er war nur dann froh und glücklich, wenn er mit Raven spielte – und selbst dadurch ließ sich seine Schwermut nur für kurze Dauer vertreiben. Und manchmal weinte er heimlich und klagte darüber, sein eigenes Kind nicht sehen zu können.

Daraufhin schrieb Merrilee einen Brief an Hohekönig Galen, ohne Tuck etwas davon zu sagen.

Drei Monate später ritt ein Herold ins Waldland, und er hatte eine Nachricht für Tuckerby Unterdamm. Mit zitternden Händen nahm Merrilee den Brief von dem Kurier entgegen. Sie brach das wächserne Siegel auf und entfaltete knisternd das Pergament. Dann holte sie tief Luft und las Tuck folgendes vor:

An Tuckerby Unterdamm,
Waldnieder, Waldland

Mein teurer Waerling,

in letzter Zeit habe ich oft an dich gedacht. Immer wieder erinnere ich mich an die lange und mühselige Reise, die uns durch ganz Mithgar führte. Und vor meinem inneren Auge sehe ich noch immer, wie du im Lichte der Lagerfeuer, die wir in der Nacht anzündeten, in dein Tagebuch schriebst.
Und diese deine Aufzeichnungen sind der Grund meines Schreibens, denn darin hast du die Geschichte des ganzen Winterkrieges festgehalten – oder zumindest den größten Teil davon. Es ist ein Zeugnis, das auf keinen Fall vergessen werden darf und das nicht nur Gelehrten zur Kenntnis gebracht werden sollte, sondern allen Bewohnern Mithgars.
Und in diesem Zusammenhang fiel mir auch eine Bemerkung wieder ein, die ich eines Nachts in einem verlassenen Haus südlich von Challerainfeste machte. Damals habe ich gesagt, eines Tages würde ich dich vielleicht darum bitten, die Waerlinggeschichte des Winterkrieges niederzuschreiben – dann, wenn die Kämpfe vorbei wären.
Nun, Tuck, jetzt ist dieser Tag gekommen, und ich habe

einen Auftrag für dich. Ich möchte dich bitten, deine Erlebnisse zu erzählen – und auch die der anderen, die mit uns im Winterkrieg kämpften. Und wenn du bereit bist, diese Aufgabe zu erfüllen, wenn du sie bewältigen kannst, so könntest du andere Berichte verfassen und alte Legenden und Sagen, die in Mithgar kursieren, zu Pergament bringen lassen.

Glaub nur nicht, dies sei eine leichte Aufgabe, denn bestimmt brauchst du viele Jahre, um diesen Auftrag zu erfüllen. Vielleicht reicht dein Leben nicht einmal dazu aus, denn es ist das Schreiben der Geschichte, die erst dann abgeschlossen sein wird, wenn das Ende der Zeit gekommen ist.

Wenn du diesen Auftrag übernimmst, so stelle ich dir die finanziellen Mittel zur Verfügung, die du brauchst, um Gelehrte auszuwählen, die dir dabei helfen können, entsprechende Unterlagen zu sammeln, sie zu lesen und eingehend zu studieren, und sie dann in einer verständlichen Form niederzuschreiben. Du, mein lieber und bewunderter Waerling, solltest diese Arbeit leiten, denn ich kann mir niemanden vorstellen, der dafür besser geeignet wäre.

Galen, Sohn Aurions
Hohekönig von Mithgar

Postskriptum: Laurelin trägt unser erstes Kind unter dem Herzen.

Merrilees Stimme verklang, und in den Augen beider Wichtel glänzten Tränen der Freude. Es dauerte eine ganze Weile, bis Tuck erwiderte: »Bitte antworte dem König für mich. Schreib ihm, es sei mir eine große Ehre, diesen Auftrag zu übernehmen.«

In den folgenden Jahren wuchs Raven von einem Kleinkind zu einem Mädchen und dann einer jungen Frau heran. Ihr Haar war so schwarz wie Ebenholz, und ihre Augen strahlten so blau wie das Meer im Süden. Ihre Kindheit und Jugend verbrachte Raven in der Gesellschaft von Gelehrten, und sie half fleißig dabei mit, die Ruhmesgeschichte des Winterkrieges zu schreiben.

Raven oder einer der von weither angereisten Menschen las Tuck aus seinem Tagebuch vor, und dann versuchte sich der

Wichtel an alle Einzelheiten des entsprechenden Ereignisses zu erinnern, während die Gelehrten seine Worte festhielten. Nach und nach stapelten sich so die Schriftrollen und wurden schließlich zu einem dicken Buch mit dem Titel: *Tuckerby Unterdamms unvollständiges Tagebuch und sein Bericht über den Winterkrieg.*

Oftmals begaben sich die Gelehrten auf Reisen, um andere Provinzen aufzusuchen, sowohl im als auch außerhalb des Waldlandes, und sie erkundigten sich bei anderen Leuten, die den Krieg erlebt und auf seiten des Guten gekämpft hatten. Manchmal wurden sie dabei von Tuck begleitet, nach Steinhügel und Vanar, nach Challerainfeste oder ins Ardental, nach Dael und Zechenbau Nord und vielen anderen Orten. Und wenn er Waldnieder verließ, so brachen Merrilee und Raven mit ihm auf, und überall wurden sie herzlich und mit offenen Armen empfangen.

Während einer Reise nach den Klippen im Westtal machte Raven die Bekanntschaft von Zillen Grausperre, und die junge Frau verlor ihr Herz an den ansehnlichen Wichtelgelehrten. Aber es sollte einige Zeit vergehen, bis sie den Jungwichtel wiedersah, denn zunächst machten sich die Unterdamms auf den Weg nach den Rothügeln, um dort Brega zu besuchen, der nun Delf-Herr der Zwergenhöhlen geworden war. Tuck wollte mit seinem alten Freund über die Durchquerung der Grimmengrotten sprechen.

Aber Tuck und seine Familie verbrachten auch viel Zeit in Waldnieder und beherbergten in ihrem Haus viele Historiker. Die Gelehrten staunten oft darüber, wie nahe Modru und Gyphon dem endgültigen Triumph gewesen waren. Bei einer dieser Gelegenheiten soll Tuck erwähnt haben: »Zeit und wichtige Ereignisse sind wie ein Kornfeld: In jeder Ähre wachsen Samen des Zufalls, die schließlich zur Erde fallen. Manche verdorren, andere keimen und wachsen und wiederum neue Samen bilden.

General Vidron hat einmal gesagt, es sei eine Aufeinanderfolge von Zufällen gewesen, die dazu geführt habe, daß er während der Schlacht von Adlerfarn die Wichtel retten konnte. Und der Weg, den ich beschritt und der mich schließlich nach dem Eisernen Turm brachte, war ebenfalls mit Zufällen gepflastert.

Man stelle sich nur einmal vor, zu welchen Ereignissen und sich daraus ergebenden Konsequenzen es gekommen wäre, wenn andere Geschehnisse stattgefunden hätten.«

Zillen Grausperre kam nach der Wurzel, um bei der Niederschrift der Geschichte zu helfen, und Raven lächelte und war darüber glücklich. Bald schon wurde für alle offensichtlich, daß Zillen ihre Gefühle erwiderte, und zusammen mit der rabenschwarzen Schönheit verbrachte er abends viele Stunden vor dem Haus, während der sie gemeinsam die Sterne betrachteten.

Schließlich trat Zillen an Tuck heran und bat ihn um die Hand seiner Tochter, worauf der blinde Wichtel einwilligte. Und eines der Hochzeitsgeschenke, die das junge Paar erhielt, war das Original des Tagebuchs Tucks und eine der ersten Ausgaben des Buches *Der Bericht über den Winterkrieg*. Als Tuck ihnen die beiden kostbaren Bände überreichte, sagte er: »Eigentlich sollte man die Erzählung *Das Ravenbuch* nennen, denn ohne meine Tochter Raven hätte es nie geschrieben werden können.«

Nach der Hochzeit ließen sich Zillen und Raven Grausperre an den Klippen in Westtal nieder.

Während der Jahre nach dem Sieg über Modru besangen viele Harfner die Heldentaten des Winterkrieges. Leider wurden die meisten Lieder und Verse der Barden nie aufgeschrieben. Im Waldland aber gab es einen Wichtel – Patrel Eilsperre –, der auf einer schwarzen Elfenharfe spielte und zwei der bekanntesten und beliebtesten Lieder für die Nachwelt festhielt:

Der Rote Pfeil des Sehers

Schieße nur den Pfeil den Roten,
zu der dunklen Zeit geboten.
Wenn durch das Tor glänzt Seine Pracht
Das Portal des Bösen öffnet sich mit Macht,
Um zu zerschmettern das Gute in der letzten Schlacht,
Und Seine Pracht verschlingt des Unheils Pein,
Wie der Mond frißt der Sonne Schein.
»Welchen Feind besiegen?« fragt das Schicksalsrecht,
Das Böse so hell, oder des Verderbens Knecht,
Der liebt die Nacht und haßt den Tag.
Keinem von zwei Bösen soll gelten deiner starken
Hände Schlag.
Das Schwarze dazwischen mußt du treffen, auf daß es sterben mag.

Und so löse den Pfeil, den roten,
Und befreie das Licht.
Und so löse den Pfeil, den Boten,
Und verliere die Sicht.

Das Lied vom Eisernen Turm

In der Nordkälte Weisen,
Lauert böse Macht:
In seinem Turm aus Eisen,
Der Herr der Winternacht.

Seine schwarzen Vulgs, als Sieger
Durchstreifen sie das Land.
Und nur wenige Krieger
Erheben gegen sie die Hand.

Über die Horde gebietet er,
Die finstere Flut.
Er ist der Bösen Herr,
Und nimmt den Tapfer'n den Mut.

Und der Schwarze Feind aus dem Norden,
Im Westen und Osten wütet er,
Und das Bündnis kämpft gegen die Horden,
Um zu schlagen das dunkle Heer.

Es strömt die finstere Flut
Über das weite Land.
Und in erbitterter Kampfeswut
Kommt der Tod von schwarzer Hand.

Der König stirbt in der Schlacht,
Und es versickert im Schnee sein Blut.
Gebrochen ist der Challerainfeste Macht,
Und es wütet weiter die Teufelsbrut.

Es fällt die Challerainbastion.
Und Winter wird's sogleich.
Es regiert der Schrecken schon
Im nördlichen Königreich.

Gegen Modrus Schergen,
Tobt im Süden der Krieg.
Und unter den Bergen
Ringen die Vier um den Sieg.

Geschlagen ist der Schrecken,
Und die Vier entkommen der Feindeshand.
In den Lerchenwald fliehen die Recken,
In das weite Elfenland.

Über den breiten Fluß,
Treiben die Vier, müde geworden.
Dann ein schneller Galopp, ein Muß
Nach den Harlingar im Norden.

Vandurin und Wellenkrieger, mit ihren Klingen
Stürmen sie durch die Nacht.
Es droht die Rückkehr Gyphons zu gelingen,
Und der Feind in Gron nur höhnisch lacht.

Wellenkrieger und Liansoldaten,
Kämpfen im Paß gegen die Horden.
Und die Armee, so wohl beraten,
Zieht weiter nach Norden.

In die Öde ziehen die Helden, um zu verfluchen,
Den Turm im eisigen Land.
Neun werden ausgewählt und sollen versuchen,
Zu bezwingen die hohe Wand.

Davon sirrt ein Pfeil mit hölzerner Spitze,
Gezielt von geschickter Hand.
Und er trifft den Wächter durch die Ritze,
Unter dem hohen Zinnenrand.

Sie klettern durch die Nacht,
Nachdem sie überquerten die breite und tiefe
Schlucht.
Doch es sind nur acht,
Denn einer bleibt zurück und muß ergreifen die
Flucht.

Und in dem schmalen Schacht
Der kleine Wichtel ringt.
Und er erreicht die Quelle der Bösen Macht,
Als der Mond die Sonne verschlingt.

Herab saust die Brücke.
Es ist soweit: Es hebt sich das Gatter …
Und es will hauen in Stücke,
Der Troll die Krieger, mit lautem Geschnatter.

Es töten die Schwerter,
Den dämonischen Feind.
Der Kampf wird stets härter.
Die Niederlage ist sicher – so es scheint.

Es wogt heran die Dunkelheit.
Die Unheilsstunde bricht an.
Und die Zukunft aller Herzlichkeit,
Hängt ab von nur einem kleinen Mann.

In den Fensterschlitz hinein
Sich schiebt der mut'ge Wicht.
Aber der große Myrkenstein,
Verschluckt sein Augenlicht.

Des Bösen Worte,
Beschwören finstre Heere.
Und von einem dunklen Orte
Kommt Gyphon, von jenseits der Sphäre.

Und es hebt den Bogen,
Der Wichtel zur Zeit geboten.
Um zu bannen die schwarzen Wogen,
Mit dem Pfeil, dem Roten.

Es vergeht der Stein
In einem Blitz aus Licht.
Und der Wichtel, so klein,
Verliert fortan die Sicht.

Doch besiegt ist Modrus Macht.
Und auch Gyphon hat verloren.
Es weicht die Winternacht,
Einst vom Bösen beschworen.

Es sterben die Horden,
Durch Adons Bann.
Und nicht nur im Norden
Man den Krieg gewann.

Viele preisen den Sieg,
Viele beklagen die Toten.
Daß dies war der letzte Krieg,
Das sei den Lebenden geboten.

Ja, einst herrschte des Bösen Wut,
Im düsteren Schattenlicht.
Und es war der Tapferen Mut,
Der zurückbrachte helles Sonnenlicht.

Überall in Mithgar wurden damals diese beiden Lieder gesungen, sowohl im Palast des Hohekönigs als auch in den Schenken und Tavernen aller Regionen und Provinzen. Viele Musikanten spielten die Melodien – aber keiner von ihnen so gut wie ein kleiner Harfner aus dem Waldland, in dessen jadegrünen Augen Tränen schimmerten, wenn er die Strophen dieser Lieder sang.

Im Jahre 5AE35 wurde Raven Grausperre von einer Tochter entbunden, die den Namen Lercha erhielt. Sie war das erste Enkelkind Tucks und Merrilees, die sofort nach den Klippen reisten, um das jüngste Mitglied der Familie zu besuchen. Und man stellte Tuck den Freunden Zillen Grausperres vor, die ebenfalls Gelehrte waren und sich ›Schüler des Ravenbuches‹ nannten. Im in den Klippen gelegenen Kalksteinheim hatten sie damit begonnen, viele Bücher und Schriftrollen zu sammeln, woraus schließlich eine der größten Bibliotheken Mithgars entstand – aber bis dahin sollten noch einige Jahre vergehen. Zu jener Zeit handelte es sich bei den Ravenbuchschülern nur um eine kleine Gruppe von Geschichtsgelehrten und Schreibern, die es sich zur Aufgabe gemacht hatten, die Texte von Tucks epischer Erzählung mit Erklärungen und erläuternden Skizzen zu versehen. Sie hatten dem in Pellar residierenden Hohekönig bereits eine besonders prächtige Ausgabe des *Ravenbuches* geschickt, und Galen fand großen Gefallen daran.

Die Jahre verstrichen rasch, und Tuck und Merrilee wurden in Zufriedenheit alt. Ein Teil ihres Hauses wurde zu einem Museum, und dort befanden sich der Bogen Merrilees, Elfenmäntel und -seile, der Silberon und das Schwert Verderbensbote, Patrels goldene Rüstung und seine Atalarklinge ... und am neunten November eines jeden Jahres in Waldnieder und am fünfzehnten Januar in Lammgerb erklang das Markenhorn. Helme und Kettenhemden, Pfeile und Köcher, Fahnen und Standarten und viele andere Dinge mehr – sie hingen an den Wänden oder ruhten in gläsernen Vitrinen, um sie den vielen Besuchern von weither zu zeigen.

Tuck lebte ein ruhiges und zufriedenes Leben – nur manchmal hatte er nachts einen Alptraum: Dann stöhnte er, und kalter Schweiß brach ihm aus den Poren, wenn er in seinen Visionen erneut sah, wie die grauenhafte Gestalt Gyphons in den Schwarzen Abgrund stürzte und in sein Exil jenseits der Sphären zurückkehren mußte. Wenn das geschah, hielt ihn Merrilee sogleich fest und beruhigte ihn, bis sich jene Schreckensbilder verflüchtigten.

Im Jahre 5AE46 traf die Nachricht ein, daß König Galen während eines heftigen Sturms, der von Süden über das Avagonmeer herangezogen war und dessen Böen wütend an den Mauern von Caer Pendwyr entlanggefaucht hatten, zu Tode gekommen war. Gareth, der älteste Sohn Galens und Laurelins, war nun Hohekönig. Tuck und Merrilee begaben sich auf die lange Reise nach Pellar und blieben einige Tage bei Laurelin, die noch immer eine wunderschöne Frau war. Zwar waren inzwischen sechsundvierzig Jahre seit dem Winterkrieg vergangen, aber im ganzen Palast sprach man in großem Respekt von dem kleinen und blinden Gast: Tuckerby Unterdamm war es, der Wichtel mit dem zernarbten Gesicht, der Held, der Modru vernichtet und Mithgar vor dem Verderben gerettet hatte.

Am Ende des Sommers kehrten Tuck und Merrilee ins Waldland zurück. Und abgesehen von einem gelegentlichen Ausflug nach Steinhügel war damit die Zeit ihrer langen Reisen vorbei.

Es heißt, nach dem Tode Galens begaben sich Talarin, Rael und Gildor auf den Zwielichtritt nach Adonar. Es heißt weiter, selbst in all den langen Jahren sei es keinem der drei gelungen, ganz über den Tod Vanidor Silberzweigs hinwegzukommen – besonders Gildor nicht, in dessen Augen immer eine traurige Blässe verblieben war.

Auch viele andere Lian machten sich auf den Weg nach Adonar, denn auch sie dachten noch immer an die toten Freunde und Kameraden, die während des Krieges gefallen waren.

Doch niemand weiß, ob diese Berichte tatsächlich der Wahrheit entsprechen.

Im Winter des Jahres 5AE73 – am siebzehnten Dezember, um ganz genau zu sein – ging Tuck mit einer Erkältung zu Bett. Die Tage vergingen und reihten sich schließlich zu einer Woche aneinander, und aus der Erkältung wurde eine ausgewachsene Grippe, und kein Heilmittel schien ihm helfen zu können. Er war inzwischen siebenundneunzig Jahre alt, und von jenen Helden, die nach dem Sieg über Modru nach Süden zurückgekehrt waren, lebten nun nur noch er, Merrilee und Brega aus den Rothügeln. Patrel, Igon, Laurelin, Ubrik und all die anderen – sie hatten längst das Zeitliche gesegnet. Nacheinander waren sie über das Düstere Meer gesegelt, um am Ziel ihrer letzten Reise wieder auf Vidron, Aranor, Reggian, Arbagon, Bocklemann, Dorn und viele, viele andere Freunde zu treffen. Und trotz der Salben und Heilkräuter der Heiler, trotz der hingebungsvollen Pflege Merrilees wurde am letzten Tag dieses Jahres der helle Schein der Lebensflamme Tucks schwächer, und er schickte sich an, ebenfalls aufzubrechen und nicht mehr zurückzukehren. Merrilee hielt die Hand des Wichtels, und sie konnte spüren, wie nach und nach die Kraft aus dem Körper Tucks herausrann und irgendwohin versickerte.

Und während sie seine Hand hielt, sah sie nicht den alten und schwachen Wichtel vor sich. Ihr Blick nahm nicht die faltige graue Haut und das schneeweiße Haar wahr, sondern statt dessen jenen Jungwichtel, in den sie sich vor vielen Jahrzehnten verliebt hatte.

Und sie weinte, als sie erkannte, daß die unbarmherzige Hand des Todes nach Tucks Seele griff.

Der alte Wichtel atmete rasselnd und unregelmäßig. Manchmal aber verklang sein Stöhnen, und dann murmelte er Worte – einige davon in der uralten Wichtelsprache.

Mitternacht rückte näher, und als Merrilee den Kopf aufs Kissen legte und herzergreifend schluchzte, spürte sie, wie Tuck ihr übers Haar strich. »Weine nicht, Merrilee«, flüsterte er. »Ich werde auf dich warten.«

Sekunden des Schweigens und der Stille verstrichen, und der Atem Tucks wurde immer leiser. Der gelbe Kerzenschein flakkerte, und es war, als sei noch jemand ins Zimmer getreten.

Merrilee fühlte, wie sich die Finger Tucks fester um ihre Hand schlossen. »Adon, o Adon, dein Reich ist so hell und strahlend und prächtig«, hauchte Tuck. Er holte noch einmal tief Luft, und als er erneut sprach, erklang die kräftige Stimme eines Jungwichtels: »*Hiyo! Hiyo,* Danner! Warte auf mich!«

Und damit starb er.

Merrilee weinte bitterlich um ihren toten Tuck, während in der Senke von Waldnieder, unter dem Glanz der Sterne, Signalhörner erschollen und die Bewohner des Dorfes jubelten und sangen. Irgend jemand läutete die Feuerglocke: Der Erstjahrestag war gerade angebrochen.

ENDE

»Und selbst wenn es keinen anderen Grund gäbe: Wir müssen das Böse vollständig vernichten, um unsere Kraft wieder ganz dem Guten widmen zu können.«

Rael von Arden
am 10. Januar 4AE2019

Anhang

Wissenswertes über die Wichtel

Bei vielen Menschenvölkern auf der ganzen Welt kursieren Sagen und Legenden über Kleine Leute. Es gibt viele Namen für sie: Feen, Kobolde, Gnome, Wichtel und so weiter. Es kann kaum einen Zweifel daran geben, daß diese Erzählungen auf reale Erinnerungen der Menschen an die Alten Tage zurückgehen. In erster Linie sind es Geschichten über Zwerge und Elfen, und die meisten von ihnen haben ihren Ursprung in der Zeit vor der Separation. Einiges aber *muß* zurückgeführt werden auf menschliche Erinnerungen an ein kleines Volk, die sogenannten Wichtel.

Wenn man von dieser Überlegung ausgeht, so lassen sich hier und dort Hinweise entdecken, die uns noch heute, nach all den Äonen, Auskunft über die Alten Tage geben können – Spuren gewissermaßen, die uns, wenn wir sie genau untersuchen, den wahren Kern der Legenden zeigen können. Aber leider hat die Menschheit einen großen Verlust erlitten, denn viele dieser Hinweise sind unrettbar verloren, während andere einfach der Vergessenheit anheimfielen. Wieder andere sind nicht auf den ersten Blick als das zu erkennen, worum es sich bei ihnen handelt, und erst wenn sich ein Gelehrter ihrer annimmt – ein Gelehrter, der in so alten Sprachen wie Pellarion bewandert ist – und sich eingehend mit ihnen beschäftigt, lassen sich neue Erkenntnisse gewinnen.

Ein solcher Hinweis, der glücklicherweise in die Hände eines berufenen Gelehrten fiel, ist das *Ravenbuch*, ein anderer die *Blondberg-Aufzeichnungen*. Diese beiden Chroniken ergeben, zusammen mit einigen anderen, weniger detaillierten, ein Bild vom Winzigvolk – ein Bild, das zwar nicht ganz vollständig ist, das aber Rückschlüsse auf die Lebensart und die Kultur der Wichtel erlaubt.

Es handelte sich bei den Wichteln um ein sehr klein gewachsenes Volk. Die Erwachsenen werden etwa neunzig bis hundertfünfzehn Zentimeter groß. Einige Gelehrte behaupten, es könne kein Zweifel daran bestehen, daß die Wichtel einstmals Menschenabkömmlinge waren, denn immerhin seien sie abgesehen von ihrer Größe in allen Aspekten menschlicher Natur gewesen, was soviel heißt, als daß sie keine Flügel, keine Hörner, keine Schwänze und dergleichen mehr hatten. Darüber hinaus habe ihr Erscheinungsbild die Vielfalt aufgewiesen, die auch den verschiedenen Menschenvölker zu eigen ist. Andere Gelehrte aber vertreten die Ansicht, daß die Form der spitz zulaufenden Wichtelohren, die großen und geschlitzten Augen und die größere Lebenserwartung darauf hindeuten, daß in ihren Adern auch Elfenblut floß. Die *Art* der Augen aber wiederum unterschied sich deutlich von den Elfen: Von der Form her waren sie sich ähnlich, doch die Pupillen der Wichtel leuchteten und funkelten wie Edelsteine, und die Iris war gößer und ganz anders gefärbt: bernsteinfarben, fast wie Gold, ein tiefes Saphirblau oder ein helles Jadegrün.

Auf jeden Fall waren die Wichtel trotz – oder wegen? – ihrer kleinen Gestalt sehr geschickt und flink und auf Grund ihrer naturverbundenen Lebensweise sehr gesund. Und sie erwiesen sich als sehr vorsichtig: Wenn ein *Fremder* in der Nähe weilte, so versteckten sie sich so lange, bis sie sich über die Absichten des Betreffenden klar waren. Aber ganz offensichtlich wichen sie nicht immer vor Unbekannten zurück: Wenn ein Mensch ganz plötzlich und unerwartet auf eine Gruppe von Wichteln stieß – auf eine große Familie etwa, die im klaren Wasser der Bäche ein Bad nahm –, so konnte der *Fremde* bemerken, daß man ihn stumm und schweigend beobachtete. Vielleicht fiel es ihm sogar auf, daß die Frauen mit ihren Kindern langsam zurückwichen, während die Wichtel männlichen Geschlechts den Unbekannten indes wachsam musterten. Aber sie ließen sich nur selten überraschen, und man konnte sie erst dann in den Wäldern, Moorgegenden und Büschen entdecken, wenn sie sich sehen lassen wollten. Doch die Bewohner der Dörfer und kleinen Siedlungen unterschieden sich nur wenig von »gewöhnlichen« Leuten: Sie behandelten *Fremde* freundlich und mit großer Zuvorkommenheit, solange sie keinen Grund hatten, sich ihnen gegenüber anders zu verhalten.

Auf Grund ihrer wachsamen Natur neigten Wichtel üblicherweise dazu, sich in den Farbtönen ihrer Umgebung zu kleiden: grau, grün und braun. Und die Schuhe und Stiefel, die sie trugen, waren so beschaffen, daß sie kaum Geräusche verursachten. Bei

Feierlichkeiten aber hatten sie Freude daran, sich in farbenprächtige Tücher zu hüllen und sich mit Rot, Blau, Gelb, Purpur und anderen grellen Tönungen zu schmücken, und bei solchen Gelegenheiten ließen sie Signalhörner erklingen, läuteten Glocken und schlugen auf große Trommeln, und dann herrschte ganz allgemein muntere und freudige Ausgelassenheit.

Zu ganz besonderem Trubel kam es, wenn man das Wechseln eines Wichtels von einem Altersstadium ins andere feiern konnte. Damit sind nicht »normale« Geburtstage gemeint, sondern diejenigen, bei denen es zu Standesveränderungen kam. Weibliche und männliche Artgenossen bis zu einem Alter von zehn Jahren galten als Kinder. Von zehn bis zwanzig wurden die Jungen »Burschen« und die Mädchen »Jungfern« genannt. Von zwanzig bis dreißig hießen die männlichen und weiblichen Stammesangehörigen »Jungwichtel« bzw. »junge Frauen« oder »Möchtedamen«. Erst im Alter von dreißig Jahren wurden die Wichtel mündig, und bis sie das sechzigste Lebensjahr erreichten, hießen sie weiterhin einfach »Wichtel« oder »Herdfrauen« – wobei letztere Bezeichnung keineswegs abwertend gemeint ist, wie das Beispiel Merrilee beweist. Ab dem einundsechzigsten Geburtstag sprach man bei den Männern von »alten Wichteln« und bei den Frauen von »alten Herdfrauen«. Und wenn sie das fünfundachtzigste Lebensjahr überschritten hatten, waren aus ihnen »ehrwürdige Großväter« oder »ehrwürdige Großmütter« geworden – wobei es übrigens keine Rolle spielte, ob die Betreffenden Enkel hatten oder nicht. Bei jeder dieser »besonderen« Geburtstagsfeiern läuteten Glocken, dröhnten Signalhörner und pochten Trommeln, und die Nachbarn und Freunde kleideten sich auf die schon erwähnte prächtige Art und Weise. Und am Längsten Jahrestag – der Sommersonnenwende – erhellte abends ein großes Feuerwerk den dunklen Himmel: zu Ehren all derjenigen, die im vergangenen Jahr Geburtstag oder irgendein Jubiläum hatten (was natürlich alle einschloß). Ganz besonders gefeiert wurden aber jene, die in dem entsprechenden Zeitraum von einem Altersstand zu einem anderen wechselten.

Wenn die Jugendjahre hinter ihnen lagen, neigten die Wichtel zu Fülle und Rundlichkeit, denn gewöhnlich nahmen sie täglich vier Mahlzeiten ein, an Festtagen sogar fünf. Die Älteren unter ihnen drückten es folgendermaßen aus: »Wichtel sind klein, und kleine Geschöpfe brauchen zur Aufrechterhaltung ihrer Körperfunktionen eine vergleichsweise große Menge an Nahrungsmitteln. Man denke nur an Vögel oder andere kleine Tiere, insbesondere etwa die Spitzmaus: Sind sie wach, so beschäftigen sie sich die meiste Zeit über nur damit, nach Nahrung zu suchen und zu fressen. Wir Wichtel brauchen mindestens vier Mahlzeiten am Tag, um nicht vom Fleisch zu fallen!«

In ihren Walddörfern führten die Wichtel keineswegs ein zurückgezogenes und eintöniges Leben. Oft kamen sie zusammen, um den Tag gemeinsam zu verbringen: Die Frauen unterhielten sich, während sie nähten und kochten, oder sie holten gemeinsam mit den Jungwichteln die Ernte ein. Man baute zusammen ein neues Haus, machte Ausflüge oder feierte ein Familienfest – wobei es immer zu besonderem Trubel kam, denn die Familien waren in der Regel immer recht zahlreich.

Bei den »normalen« Essenszeiten in einem Haushalt nahmen alle am Tisch Platz, die in dem betreffenden Haus wohnten, auch die Bediensteten, die möglicherweise nur darin arbeiteten, und dann sprach man über die Ereignisse des Tages. Waren allerdings Gäste zugegen, so speisten der Hausherr und seine Familie allein mit den Besuchern. In einem solchen Fall geschah es nur selten, daß auch die Bediensteten mit am Tisch Platz nahmen – nur dann, wenn der Hausherr sie ausdrücklich dazu aufforderte. Wenn die Mahlzeit zu Ende war und die Besprechung »ernsthafter Dinge« anstand, entschuldigten sich die Kinder und ließen die Älteren dann mit den Besuchern allein, um sie nicht zu stören.

Jedes Wichteldorf und auch kleinere Siedlungen hatten mindestens ein Gasthaus, und diese Schenken stellten so etwas wie einen Treffpunkt für das Dorfleben dar. Manche Wirtshäuser standen dabei in dem Ruf, besseres Bier zum Ausschank zu bringen als andere. Dort versammelten sich die Wichtel, und besonders die Älteren saßen dort gern und schwatzten miteinander. Manche von ihnen kamen täglich, andere einmal in der Woche oder noch seltener. Und sie sprachen darüber, wie es dem Hohekönig in Pellar erginge und ob die Ernte in diesem Jahr gut zu werden verspreche.

Die Wichtel im Norden Mithgars lassen sich in vier Sippen aufteilen: Siven, Othen, Quiren und Paren. Und als Wohnstätten bevorzugten sie Erdgruben, Pfahlhäuser in dem Moorland,

Baumhütten und Gebäude aus Stein. (Vielleicht gründen sich die vielen Legenden von sprechenden Dachsen, Ottern, Eichhörnchen, Hasen und anderen Tieren auf diese Wohngepflogenheiten des Winzigvolkes.) Wichtel leben oder lebten praktisch in jeder Region und Provinz der Welt, obgleich manche Länder mehr besiedelt waren als andere. Offenbar liebten sie es, sich auf Reisen zu begeben. Aber in jener alten Zeit, den sogenannten *Wanderjahren*, zogen auch viele Angehörige anderer Völker durchs Land.

Zu der Zeit, von der sowohl das *Ravenbuch* als auch die *Blondberg-Aufzeichnungen* berichten, waren die meisten Nord-Wichtel an ein oder zwei Orten beheimatet: entweder in Weiunholz, einem dichten Wald im Schroffland nördlich von Harth und südlich von Rian, oder im Waldland, dem Land der Moore, Wälder und Felder westlich des Spindelflusses und nördlich des Wendenflusses.

Das Waldland, bei weitem die größere Wichtelheimat, wird von einer großen und sehr langen Dornenbarriere geschützt – den Spindeldornen, die aus dem Flußtal herauswachsen. Dieser Wall aus lebenden Messern und Dolchen schirmt das ganze Waldland ab und hält alle möglichen Eindringlinge zurück. Nur dann, wenn man viel Mühsal auf sich nimmt, kann es gelingen, diese Barriere zu durchkriechen. Es gibt einige wenige Straßen, die durch den Dornenwall führen, und in friedlichen Zeiten sind diese Wege nicht bewacht und stehen damit allen Reisenden offen. In Krisenzeiten beziehen im Innern der Dornenbarriere Bogenschützen an den Straßen Aufstellung, und hinter ihnen verschließen andere Wächter den Tunnel, um Streitsuchenden und anderen unerwünschten Elementen den Zugang ins Waldland zu verwehren, während denjenigen, die in freundlicher Absicht kommen, weiterhin Durchlaß gewährt wird.

Der kalte November des Jahres 4AE2018, in dem die Geschichte des Eisernen Turms begann, war der Anfang einer derartigen Krisenzeit.

Kalender der Geschichte vom Eisernen Turm

Ereignisse der Zweiten Ära

In den letzten Tagen der Zweiten Ära fand der Große Bannkrieg statt. Auf der Oberen Ebene setzte sich Adon gegen das Größte Unheil, Gyphon, durch. Auf der Mittleren Ebene kam es zu einer überraschenden Wende, und das Große Bündnis errang den Sieg über Modru. Adon belegte die Geschöpfe der Untargarda, die auf seiten Gyphons gekämpft hatten, mit Seinem Bann: Fortan konnten sie sich nur noch in der Dunkelheit der Nacht aus ihren Verstecken wagen, denn das helle Licht der Sonne vernichtete sie mit dem Verdorrenden Tod. Gyphon mußte Sein Exil jenseits der Sphären aufsuchen und schwor Rache. So endete die Zweite Ära und begann die Dritte – und viertausend Jahre lang änderte sich nichts, bis zur Vierten Ära.

Ereignisse der Vierten Ära

4AE1992: In Mittelwald – Osttal, Waldland – wird Patrel Eilsperre geboren.

4AE1995: In Waldnieder – Osttal, Waldland – kommt Tuckerby Unterdamm zur Welt.

4AE1996: Danner Brombeerdorn erblickt in Waldnieder – Osttal, Waldland – das Licht der Welt.

4AE1999: Merrilee Hain wird in Waldnieder – Osttal, Waldland – geboren.

4AE2013: Der Komet Drachenstern zieht flammend über den Himmel Mithgars, und viele fürchten, das Ende der Welt sei gekommen. In der Nacht brennt das Feuerfanal des Kometen hell am Firmament, und einige Bruchstücke lösen sich funkenstiebend aus dem Leib des Drachensterns und stürzen zu Boden.

Der Winterkrieg
4AE2018

August: Ein kalter Monat. Im Nordtal des Waldlandes werden Wölfe gesehen. Gevatter Erlenzweig stellt die ersten Wolfspatrouillen aus den Riegen der Dornenläufer zusammen. Im späten August erster Nachtfrost.

September: Gevatter Erlenzwerg ernennt Hauptmann Alver zum Oberbefehlshaber der Dornenläufer. Am siebten September fällt der erste Schnee. Der Alte Barlo beginnt in Waldnieder, Jungwichtel zu Bogenschützen auszubilden, auf daß sie als Dornenläufer ihren Dienst aufnehmen können. Tuck und Danner gehören zu seinen Schülern. Im Waldland kursieren Gerüchte, nach denen im Norden Mithgars Unheil droht, ausgehend von Modru.

Oktober: Einige im Waldland ansässige Familien verschwinden spurlos. Es wird noch kälter. Und mehr Schnee fällt.

2. November: Der Alte Barlo beendet die Ausbildung der ersten Jungwichtel. Als Dornenläuferrekruten machen sich Tuck, Danner, Hob Lanzenfahn und Tarpy Raufperuck auf, um sich der Vierten Dornenläufergruppe Osttals anzuschließen, der Einheit, welche die Spindelfurt bewacht.

9. November: Patrel führt Tuck, Danner, Hob und Tarpy nach der Spindelfurt.

10. November: Die fünf Wichtel machen bei Huggs Bauernhof halt, aber sowohl der Hausherr als auch seine Familie sind verschwunden. Die Jungwichtel entdecken Spuren wolfsähnlicher Vulgs, die die Huggs vermutlich umgebracht haben.

11. November: Vulgs greifen die Wichtel bei Krähwinkel an. Hob kommt dabei ums Leben.

13. November bis 5. Dezember: Tuck, Danner und Tarpy treten in der Riege Patrels ihren Dienst als Dornenläufer an, stehen Jenseitswache an der Furt und gehen auf Wolfspatrouille. Am 3. Dezember kommt ein Flüchtlingszug vorbei, und sie erhalten die Nachricht, daß sich Hohekönig Aurion in Challerainfeste auf einen Krieg vorbereitet. Am 4. Dezember reitet ein Königsherold herbei und überbringt den Waffenruf Aurions. Durch einen Vulgangriff auf den Kurier kommen der Mensch, sein Pferd und auch Tarpy ums Leben. Tuck wird von Danner gerade noch gerettet und überlebt. Am 5. Dezember machen sich Tuck, Danner, Patrel und vierzig weitere Wichtel auf, um dem Waffenruf des Königs zu folgen.

6. bis 13. Dezember: Die Wichtel reisen nach Challerainfeste. Am 13. Dezember treffen Tuck, Danner und Patrel mit Prinz

Igon, Prinzessin Laurelin, dem Elfenherrn Gildor, Königsgeneral Vidron und dem Hohekönig Aurion zusammen. Die Jungwichtel erfahren von dem Düsterdunkel, einem gespenstischen Schattenlicht im Norden, welches das Licht der Sonne verschlucke, in dem der Bann Adons nicht wirke und deshalb die dämonischen Schergen des Feindes in Gron somit aus ihren Schlupflöchern kriechen könnten.

14. bis 20. Dezember: Die Wichtel versehen als Schloßwallwächter ihren Dienst. Tuck gewinnt das Vertrauen Prinzessin Laurelins und erfährt, daß sie die Verlobte Prinz Galens ist, der vor einigen Tagen mit einer Reiterschar aufbrach und nun das Düsterdunkel durchstreife, wo er in Erfahrung zu bringen versuche, ob Modru wieder seine alte Horde sammele.

Tuck, Danner und Patrel nehmen an der Geburtstagsfeier Prinzessin Laurelins teil, und als das Fest seinen Höhepunkt erreicht, stürzt ein verwundeter Krieger in den Saal und bringt die Nachricht, die Schwarze Wand des gräßlichen Düsterdunkels schiebe sich nun nach Süden vor. Damit beginnt der Winterkrieg.

21. Dezember: Der erste Tag des Yule-Festes: Prinzessin Laurelin verläßt Challerainfeste mit dem letzten Flüchtlingszug, begleitet von Prinz Igon, der den Auftrag erhalten hat, nach Pellar zu reiten, dort das Königsheer zusammenzustellen und es nach Norden zu führen.

22. Dezember: Der zweite Tag des Yule-Festes: Das Düsterdunkel schiebt sich über Challerainfeste und weiter nach Süden. Das gespenstische Schattenlicht hat seltsame Auswirkungen: Der Blick von Menschen reicht in offenem Gelände nicht weiter als drei Kilometer, und in Wäldern und hügeligen Regionen ist die Sichtweite noch stärker eingeschränkt. Elfen sehen etwa zweimal so weit wie Menschen. Wichtel aber können von allen am weitesten sehen, rund acht Kilometer.

23. Dezember: Der dritte Tag des Yule-Festes: Die Wichtelabteilung wird aufgelöst, und man verteilt die einzelnen Jungwichtel auf die verschiedenen Königsgroßscharen. Ihre Augen sollen nun für die Menschen sehen.

An diesem Tag schließt die aus dreißigtausend Ungeheuern Modrus bestehende Horde den Belagerungsring um Challerainfeste.

24. Dezember: Vierter Tag des Yule-Festes: Im Norden der

Bastion setzen die Reiter Galens einen Sturmturm des Feindes in Brand, aber bald rückt aus dem Düsterdunkel anderes Kriegsgerät heran. Katapulte schleudern Feuer über die hohen Verteidigungswälle; die ganze Stadt brennt nieder.
25. Dezember: Fünfter Tag des Yule-Festes: In Challerainfeste brennt es noch immer.

Laurelins Wagenzug wird von Ghûlen überfallen. Prinz Igon stürzt blutüberströmt zu Boden. Prinzessin Laurelin bricht sich den Arm und wird gefangengenommen. Alle anderen Männer, Frauen und Kinder kommen ums Leben.
26. Dezember: Sechster Tag des Yule-Festes: Die Horde greift an und stürmt den ersten und zweiten Verteidigungswall der Festung.

Prinz Igon nimmt trotz seiner schweren Verwundung die Verfolgung der Ghûle auf, in deren Gewalt sich Laurelin befindet.
27. Dezember: Siebter Tag des Yule-Festes: Die Horde erobert den dritten und vierten Verteidigungswall der Festung.

Der Kampf um Weiunholz beginnt. In dem dichten Wald gelingt es dem Bündnis von Menschen, Wichteln und Elfen, die Angriffe einer zweiten Horde Modrus abzuwehren.
28. Dezember: Achter Tag des Yule-Festes: Challerainfeste wird aufgegeben. Die Streitmacht des Königs versucht, die Linien des Feindes zu durchbrechen. König Aurion findet dabei den Tod. Tuck wird von seinen Kameraden getrennt, flieht und sucht in einer alten Gruft Zuflucht, wo er den Roten Pfeil und die Atalarklinge findet. Durch Zufall versteckt sich auch Prinz Galen in der Gruft. Gemeinsam setzen sie die Flucht nach Süden fort und reiten nach Steinhügel, wo sie auf andere Überlebende aus Challerainfeste zu treffen hoffen.

Auch Danner und Patrel sind von den anderen getrennt worden und machen sich ebenfalls auf den Weg nach Steinhügel.

Es gelingt General Vidron und dem Herrn von Gildor, zusammen mit dem Rest der Königsstreitmacht, dem Feind zu entkommen, und sie reiten nach Osten, nach den Signalbergen.

Der Kampf von Weiunholz dauert nun schon zwei Tage.
29. Dezember: Neunter Tag des Yule-Festes: Der dritte Tag des Kampfes um Weiunholz bricht an. Die Horde wird zurückgeschlagen, zieht nach Südosten und umgeht den dichten Wald.
30. Dezember: Zehnter Tag des Yule-Festes: Tuck und Galen

stoßen auf den von Ghûlen überfallenen Wagenzug und beginnen die lange Verfolgung der Schergen Modrus, die Laurelin gefangengenommen haben.
31. Dezember: Elfter Tag des Yule-Festes: Danner und Patrel erreichen den überfallenen Wagenzug. Da sie wissen, daß Ponys viel zu langsam sind, um damit auf Hôllrössern reitende Ghûle einzuholen, entschließen sie sich, nach dem vereinbarten Treffpunkt, Steinhügel, weiterzureiten.
1. Januar: Zwölfter und letzter Tag des Yule-Festes – der Beginn des neuen Jahres. Frisch gefallener Schnee überdeckt die Spuren der Ghûle, in deren Gewalt sich Laurelin befindet. Tuck und Galen gelangen nach Weiunholz. Sie erhalten warmes Essen und Unterkunft, und die Krieger des Bündnisses von Weiunholz wachen über ihren Schlaf.
2. bis 3. Januar: Auf der Suche nach Anhaltspunkten über die Schergen Modrus, die Laurelin gefangengenommen haben, reiten Tuck und Galen durch Weiunholz, um mit den Führern des Bündnisses zu sprechen – Arbagon Bruchner (Wichtel), Bocklemann Brauster (Mensch) und Inarion (Elf). Galen erfährt, daß die Ghûle vor einigen Tagen an Weiunholz vorbei nach Norden ritten, in Richtung Trübwald. Daraufhin machen sich Tuck und Galen wieder auf den Weg.

Vidron, Gildor und die überlebenden Königssoldaten von Challerainfeste erreichen Weiunholz. Gildor bleibt zurück, um mit den anderen Elfen zu sprechen, und Vidron reitet weiter nach Steinhügel. Gildor bringt in Erfahrung, daß sich Galen in Weiunholz befand, und der Elf folgt seinen Spuren, die erst einen Tag alt sind.
4. Januar: Die gefangene Prinzessin wird über den Grûwenpaß nach Gron gebracht. Sie weiß, daß die Ghûle nach dem Eisernen Turm unterwegs sind, Modrus mächtiger Festung an den nördlichen Ausläufern des Krallenmoors.

Durch seine schwere Verwundung wird der ihr immer noch folgende Prinz Igon weiter geschwächt, und er bricht schließlich im Schnee zusammen. Er wird von einer Elfenpatrouille entdeckt und in die Verborgene Zuflucht des Ardentals gebracht, wo ein Heiler ihn behandelt und pflegt.
5. bis 7. Januar: Tuck und Galen reiten weiterhin den Ghûlen nach. Am sechsten Januar passieren sie die Trübfurt. Hier finden

sie die Spuren der Schergen Modrus wieder, die durch den Trübwald führen.

Danner und Patrel gelangen nach Steinhügel, aber das Dorf ist verlassen. Sie kommen überein, zwei Tage lang zu warten. Und wenn bis dahin keine Königssoldaten gekommen sind, wollen sie sich nach Westen auf den Weg machen, nach dem Waldland. Sie haben die Absicht, von dort aus mit anderen Wichteln nach Pellar zu ziehen, sich dem Königsheer anzuschließen und für die Menschen im Düsterdunkel zu sehen.

8. Januar: Tuck und Galen reiten ins Ardental und sprechen dort mit dem Elfenherrn Talarin und der schönen Rael, den Oberhäuptern der in der Verborgenen Zuflucht lebenden Elfen. Talarin zeigt ihnen den verwundeten Menschen, den die Elfenpatrouille bewußtlos im Schnee fand. Sie erkennen ihn als Prinz Igon, der im Fieberwahn liegt. Jetzt weiß Galen ganz sicher, daß sich Laurelin in der Gewalt der Ghûle befindet. Gildor vermag Galen einzuholen und berichtet ihm vom Tode Aurions, wodurch Galen nun Hohekönig ganz Mithgars sei. Galen muß sich zwischen Liebe und Pflicht entscheiden: Soll er weiterhin den Schergen Modrus folgen und versuchen, die Prinzessin zu befreien, oder ist es besser, nach Süden zu reiten, dort das Königsheer zusammenzustellen und es nach Norden zu führen?

Danner und Patrel verlassen Steinhügel und machen sich auf den Weg nach dem Waldland. Als sie gerade das Dorf durchs Westtor verlassen, reiten General Vidron und die überlebenden Königssoldaten durch ein anderes Tor in die Stadt ein.

9. Januar: Galen kommt zu der Entscheidung, daß er als Hohekönig an erster Stelle seinen Pflichten nachkommen muß. Es bleibt ihm keine andere Wahl, als sich nach Süden zu wenden und das Königsheer von Pellar aus nach Norden in den Kampf gegen die Horde Modrus zu führen. Schweren Herzens beginnt er zusammen mit Tuck und dem Herrn von Gildor die lange Reise nach Süden.

Unterdessen macht sich Vanidor, der Zwillingsbruder Gildors, mit drei Kameraden – Varion, Duorn und Flandrena – auf nach Norden, um die in Gron gelegene schwarze Zitadelle Modrus zu erreichen, dort die Stärke des Feindes auszukundschaften und zu versuchen, Laurelin aus der Gewalt des Feindes zu befreien.

Ein Veteran namens Jarek kommt nach Steinhügel und berichtet Vidron, die Gûnarhöhengasse – ein wichtiger, nach Süden führender Paß – werde vom Feind kontrolliert. Daraufhin entschließt sich Vidron, nach Westen zu reiten, nach Wellen, um dort neue Truppen zusammenzustellen und mit dieser Streitmacht den Gegner aus der Höhengasse zu vertreiben.

10. Januar: Danner und Patrel erreichen das Waldland und stellen fest, daß die Ungeheuer des Feindes in Gron die Siedlung Grünaue niedergebrannt haben. Während der Nacht kommen General Vidron und die anderen Königssoldaten auf ihrem Weg nach Wellen durch das Dorf. Erneut verpassen die beiden Wichtel die Möglichkeit, sich ihnen anzuschließen.

11. Januar: Prinzessin Laurelin wird in den Eisernen Turm gebracht. Modru wirft sie ins Verlies.

12. Januar: Danner und Patrel gelangen nach Waldnieder. Und auch dieses Dorf ist von Ghûlen in Brand gesetzt worden. Merrilee Hain rettet den beiden Jungwichteln während des überraschenden Angriffs eines zurückgebliebenen Ungeheuers das Leben. Danner und Patrel erfahren, daß sowohl die Eltern Tucks als auch die Merrilees von den Ghûlen umgebracht wurden.

13. Januar: Wichtelbogenschützen treffen sich in Weißlings Stall, und man plant einen Angriff auf die Lakaien des Feindes in Gron.

14. Januar: Tuck, Galen und Gildor reiten nach Süden, am Grimmwall entlang. Sie treffen auf Brega, den einzigen Überlebenden eines erbitterten Kampfes zwischen einer Zwergenabteilung und der Vorhut der Rückenhorde. Brega schließt sich den drei Gefährten an, und zusammen setzen sie den Ritt nach Süden fort.

15. Januar: Die Schlacht von Lammgerb – Wichtel locken die Ghûle in Lammgerb – Osttal, Waldland – in einen Hinterhalt.

16. Januar: Tuck, Galen, Gildor und Brega müssen vor Ghûlen fliehen, und es bleibt ihnen nichts anderes übrig, als das Dämmertor zu öffnen und sich in die Grimmengrotten zurückzuziehen. An dem Tor werden sie von dem dort hausenden Kraken angegriffen. Es gelingt ihnen, die wütenden Attacken des Ungetüms abzuwehren, und anschließend wandern sie durch das finstere Labyrinth der alten Zwergenheimat, in der nun Der Schrecken herrscht, der Gargon.

Laurelin wird aus ihrem Verlies geholt und in eine hoch oben im Eisernen Turm gelegene Kammer geführt, wo sie den gefangenen Vanidor vorfindet. Modru rühmt den Myrkenstein – ein Bruchstück des Drachensterns, welches das Düsterdunkel erzeugt. Mittels seiner Elfengabe gelingt es Vanidor im Augenblick seines Todes, seinem Zwillingsbruder, der sich fern im Süden befindet, am Dämmertor vor den Grimmengrotten, eine Warnung zukommen zu lassen.

Im Waldland steht Lammgerb in Flammen.

17. und 18. Januar: Tuck, Galen, Gildor und Brega wandern durch die Grimmengrotten. Ihr Ziel ist die Dunkelpforte. Der Gargon – ein Ungeheuer, das selbst in den tapfersten Seelen panisches Entsetzen erzeugt – stellt fest, daß sie sich in seinem Reich befinden und beginnt sie zu suchen. Unterstützt wird er dabei von der ebenfalls in die Zwergenhöhlen vorstoßende Horde Modrus. Es gelingt den vier Helden jedoch, den Gargon zu töten und die Grotten zu verlassen.

19. und 20. Januar: Tuck, Galen, Gildor und Brega reisen weiter nach Süden und lassen das Düsterdunkel hinter sich zurück.

Im Waldland vereint sich die Kampfgruppe von Weißlings Stall mit der Streitmacht von Ostholz, und am zwanzigsten Januar greifen sie eine große Ghûltruppe an. Die Schlacht von Adlerfarn beginnt. Danner, Patrel und Merrilee werden von Vidron und seinen Wellenkriegern gerettet, die auf ihrem Weg nach der Gûnarhöhengasse durch das Waldland kommen.

21. Januar: Tuck, Galen, Gildor und Brega kommen nach Darda Galion, dem Land der Alten Bäume und der Silberlerchen.

Danner, Patrel und Merrilee und sieben andere Wichtel schließen sich der Streitmacht Vidrons an, um für die Menschen während des Ritts nach der Gûnarhöhengasse durch das Düsterdunkel zu sehen.

23. Januar: Tuck, Galen, Gildor und Brega sprechen in Waldmitte, Darda Galion, mit dem Coron Eiron. Man entwickelt den Plan, mittels eines Bootes die Argonfähre im Süden zu erreichen. Die vier Grottenläufer hoffen, dort auf Freunde zu treffen und mit ihrer Hilfe das Königsheer finden zu können.

Vidrons Streitmacht verläßt das Waldland und begibt sich auf den Weg nach der Gûnarhöhengasse.

Die Vorhut der Horde von der Challerainfeste dringt durch den alten Nordholztunnel ins Waldland vor.

24. Januar: Tuck, Galen, Gildor und Brega machen sich mit einem Elfenboot auf die Reise nach der Argonfähre.

Die Hauptstreitmacht der Horde von der Challerainfeste stürmt ins Waldland.

25. Januar: Gildor spricht von einer bevorstehenden Sonnenfinsternis und erinnert sich wieder an die Todeswarnung seines Bruders Vanidors: »Der Schwärzeste Tag, das Größte Unheil . . .« Gildor befüchtet, daß Modru am 22. Februar, dem Tag des »Sonnentods«, den Versuch unternehmen will, seinem Herrn Gyphon die Möglichkeit zu eröffnen, aus der Verbannung jenseits der Sphären nach Mithgar zurückzukehren.

28. Januar: Tuck, Galen, Gildor und Brega erreichen die Argonfähre.

29. bis 31. Januar: Tuck, Galen und Brega reiten, begleitet von Markenmarschall Ubrik, nach der Gûnarhöhengasse.

Am Paß findet eine Schlacht zwischen den Harlingar aus Valon und den Lakh aus Hyree statt. Nach drei Tagen erringen die Harlingar den Sieg.

1. Februar: Tuck, Galen, Gildor, Brega und Ubrik erreichen die Gûnarhöhengasse. König Aranor von Valon stellt Galen fünftausend Vanadurinsoldaten zur Verfügung, die mit dem Hohekönig zusammen nach dem Eisernen Turm im Norden reiten sollen, um dort zu versuchen, am Schwärzesten Tag den Verderbensplan Modrus zu vereiteln.

Vidron gelangt schließlich in den Paß, glaubt, die Höhengasse werde nach wie vor vom Feind kontrolliert, und macht sich zum Angriff bereit.

2. Februar: Vidron weiß noch immer nicht, daß der Feind in der Gûnarhöhengasse längst geschlagen wurde, und er reitet mit seiner Armee los, um die dortige Heerschar anzugreifen. Im letzten Augenblick begreifen beide Seiten, es nicht mit dem Gegner zu tun zu haben, und der Angriff wird abgebrochen.

Vidrons Truppen schließen sich dem Heer Galens an.

Tuck sieht Merrilee, Danner und Patrel wieder.

Mit der Geschwindigkeit eines Valanmarkengalopps zieht das Heer nach Gron. Es ist ein Wettlauf mit der Zeit, denn die Armee muß den Eisernen Turm vor Beginn des Schwärzesten Tages erreichen.

5. Februar: Galens Armee erreicht die Gûnarschlucht.

7. Februar: Galens Armee stößt an die Grenze des Düsterdunkels.
8. Februar: Galens Armee kommt durchs Ragadtal.
Die Weiunholz belagernde Horde bricht ihre Angriffe ab und stürmt von Steinhügel nach Osten, um die Streitmacht Galens abzufangen.
9. Februar: Galens Armee erreicht die zu dem Quadranpaß führende Straße.
Die Horde befindet sich am Leuchtgipfel.
10. Februar: Galens Armee passiert die Rhanfurt. Die Pferde der Heerschar Vidrons sind erschöpft. Sie haben bereits den ganzen Weg von Wellen nach Norden zurückgelegt, und es fällt den Rössern immer schwerer, das Tempo zu halten.
Die Horde stürmt weiter nach Osten.
Elfenherr Inarion macht sich vom Leuchtgipfel aus auf den Weg, um Talarin im Ardental vor der nach Osten vorrückenden Horde zu warnen.
11. Februar: Galens Armee lagert südlich des Trübwaldes. Die Pferde der Armee Vidrons sind fast am Ende ihrer Kräfte.
Die Horde nähert sich den Schroffen Bergen.
12. Februar: Galens Armee erreicht in der Nähe der Ardenfurt die Querlandstraße.
Die Horde gelangt an die Steinbrücke.
Elfenherr Inarion trifft im Ardental ein.
13. Februar: Galens Armee befindet sich nunmehr vor der Ardenklippe. Prinz Igon, Elf Talarin, Elf Inarion und Flandrena reiten ins Lager des Hohekönigs. Inarion berichtet von der Horde. Flandrena, der einzige Überlebende des Kommandos, das versuchen wollte, Laurelin zu befreien, schildert die Stärke des Feindes. Galen bittet Vidron und die Wellenkrieger darum, die Horde am Grûwenpaß aufzuhalten. Talarin und die Elfen von Arden schließen sich der Streitmacht Vidrons an. Prinz Igon hat sich von seiner Verwundung erholt und begleitet Galen auf dem Weg nach dem Eisernen Turm.
14. Februar: Galens Armee zieht durch den Grûwenpaß und erreicht Gron.
Vidrons Streitmacht und die Elfen von Arden gehen in den Schluchten des Passes in Stellung.
Die Horde gelangt an die Ardenfurt.

15. Februar: Die Armee zieht weiter nach Norden.
Laurelins Verband wird abgenommen, denn der Armbruch ist nun verheilt. Die Prinzessin sucht nach einer Fluchtmöglichkeit.
17. Februar: Galens Armee erreicht den südlichen Rand des Großen Sumpfes.
Die Horde gelangt an den südlichen Zugang des Grûwenpasses.
18. Februar: Galens Armee befindet sich am nördlichen Rand des Großen Sumpfes.
Die Horde greift die Verteidiger des Grûwenpasses an.
19. Februar: Galens Armee erreicht das Krallenmoor.
Der zweite Tag der Schlacht um den Grûwenpaß.
20. Februar: Galens Armee erreicht den Eisernen Turm.
Der dritte Tag der Schlacht um den Grûwenpaß.
21. Februar: Galen plant den Angriff auf den Eisernen Turm.
Vierter Tag der Schlacht um den Grûwenpaß.
22. Februar: Der Sonnentod. Galens Armee beginnt den Angriff auf den Eisernen Turm. Brega führt eine Einsatzgruppe durch den Schluchtgraben und erklettert mit seinen Kameraden die Festungsmauer. Ihre Aufgabe besteht darin, die Zugbrücke herunterzulassen und das Fallgatter zu öffnen. Der verletzte Tuck kriecht durch einen Tunnel in der Mauer und gelangt in die Kerkerzelle Laurelins. Modru setzt Tuck vorübergehend außer Gefecht, zerrt Laurelin mit sich und sucht seine ganz oben im Eisernen Turm gelegene Kammer auf, um die Prinzessin dort zu opfern und seinem Herrn Gyphon die Rückkehr nach Mithgar zu ermöglichen. Brega gelingt es, die Zugbrücke herunterzulassen. Patrel überlistet einen Troll, der das Fallgatter bewacht. Galens Armee dringt in die Festung ein. Danner kommt während des Kampfes auf dem Wehrgang über dem Tor ums Leben. Tuck klettert in die Kammer Modrus, zerstört den Myrkenstein, tötet Modru und schickt Gyphon in die Verbannung jenseits der Sphären zurück. Tuck erblindet. Das Düsterdunkel löst sich auf. Adons Bann wird wieder wirksam, und die Schergen Modrus fallen dem Verdorrenden Tod zum Opfer. Die Lakh aus Hyree werden besiegt. Die Piraten von Kistan fliehen über das Avagonmeer. Der Winterkrieg ist zu Ende.
23. Februar bis 3. März: Heftige Stürme suchen ganz Mithgar heim. Ein Wirbelsturm hält die Armee Galens im Eisernen Turm fest.

4. März: Galens Armee verläßt die Festung und begibt sich auf die Heimreise.
13. März: Galens Armee erreicht das Ardental.
20. März: Der erste Tag des Frühlings. Galens Armee ruht sich eine Woche lang aus und setzt dann die Heimreise fort.
22. März: König Galen, Prinzessin Laurelin, Prinz Igon, General Vidron und die Krieger aus Valon reiten weiter nach Süden, nach Pellar, und Tuck, Merrilee, Patrel und die überlebenden Wichtel wenden sich, begleitet von den Wellenkriegern, nach Westen, um über die Querlandstraße ins Waldland zurückzukehren.
30. März: Die Wichtel und ihre Eskorte erreichen Steinhügel.
1. April: Die Wichtel und ihre Eskorte verlassen Steinhügel.
3. April: Die Wichtel und ihre Eskorte gelangen ins Waldland. Patrel Eilsperre trennt sich von den anderen, um nach Mittelwald – Osttal, Waldland – zurückzukehren.
4. April: Tuck und Merrilee erreichen Waldnieder – Osttal, Waldland.
21. Juni: Der Jahreslangtag – Sommersonnenwende. Tuckerby Unterdamm heiratet Merrilee Hain.
August: Das Ehepaar Unterdamm zieht in die neu erstellte und erweitere Wurzel ein.
Herbst: Hohekönig Galen heiratet Laurelin von Riamon.
Der Orden der Mithgarstreiter wird gegründet.
31. Dezember: Elfter Tag des Yule-Festes, letzter Tag des Jahres und der Vierten Ära.

Ereignisse späterer Jahre

1. Januar 5AE1: Zwölfter Tag des Yule-Festes – erster Tag des neuen Jahres und der Fünften Ära (5AE).
15. Januar 5AE1: Am Jahrestag der Schlacht von Lammgerb wird in dem Dorf ein Denkmal enthüllt, das die Siedlung als den Ort ausweist, wo der Kampf um die Freiheit des Waldlandes begann.
15. Oktober 5AE2: In Waldnieder – Osttal, Waldland – wird Raven Unterdamm geboren.
Etwa 5AE7: Tuckerby Unterdamm erhält vom Hohekönig den Auftrag, alle zur Verfügung stehenden Unterlagen zu sammeln und die Geschichte des Winterkrieges zu schreiben. Diese Aufgabe beansprucht den Rest seines Lebens, und das Ergebnis

seiner Arbeit ist *Das unvollständige Tagebuch Tuckerby Unterdamms und sein Bericht über den Winterkrieg*. Viele Gelehrte und Schreiber helfen Tuck, aber die größte Unterstützung wird ihm von seiner Tochter Raven zuteil. In späteren Jahren spricht Tuck nur noch von dem Ravenbuch.
5AE31: Raven Unterdamm heiratet Zillen Grausperre. Sie ziehen nach den im Westtal gelegenen Klippen, wo Zillen den Zirkel der Ravenbuchschüler gründet.
5AE35: In den Klippen – Westtal, Waldland – wird Lercha Grausperre geboren.
Etwa 5AE40: Tuckerbys Zuhause – die Wurzel – wird zu einem Museum, in dem sich Gegenstände befinden, denen während des Winterkrieges eine besondere Bedeutung zukam.
5AE46: Während eines heftigen Sturms kommt Hohekönig Galen in Caer Pendwyr, Pellar, ums Leben. Sein ältester Sohn, Gareth, wird neuer Hohekönig.
Etwa 5AE47: Es kursieren die ersten Gerüchte von Elfen, die sich auf den Zwielichtritt begeben, Mithgar verlassen und das auf der Oberen Ebene gelegene Adonar aufsuchen.
17. Dezember 5AE73: Tuck wird krank.
31. Dezember 5AE73: Elfter Tag des Yule-Festes, letzter Tag des Jahres. Tuckerby Unterdamm, der Träger des Roten Pfeils, Myrksteinbezwinger und Held Mithgars, stirbt mit 97 Jahren.
5AE91: Merrilee Unterdamm stirbt.
5AE193: Brega, der Sohn Bekkis, Delfherr von Rothügel, stirbt im Alter von 242 Jahren. Damit ist der letzte der sterblichen Helden des Winterkrieges tot.

Die langen Reisen

Während des Winterkrieges wurden einige außergewöhnlich lange und anstrengende Reisen unternommen. Die Ravenbuchschüler haben folgende Aufstellung erarbeitet:

Der Ponyritt der Wichtel, die dem Waffenruf des Königs folgten, von der Spindelfurt nach Challerainfeste: 280 Kilometer in siebeneinhalb Tagen (6. bis 13. Dezember 4AE2018).

Der Hôllroßritt der Ghûle von den Kampfhügeln nach dem Eisernen Turm: fast 1000 Kilometer in achtzehn Tagen (25. Dezember 4AE2018 bis 11. Januar 4AE2019).

Der Ponyritt Danners und Patrels von Challerainfeste nach Steinhügel: 400 Kilometer in zehn Tagen (28. Dezember 4AE2018 bis 6. Januar 4AE2019).

Der Ritt (auf dem schwarzen Roß) Tucks und Galens von Challerainfeste nach den Kampfhügeln und von dort aus nach dem Ardental: 640 Kilometer in elfeinhalb Tagen (28. Dezember 4AE2018 bis 8. Januar 4AE2019).

Der Ritt (auf Flinkhuf) Gildors von Challerainfeste nach den Signalbergen, von dort nach Weiunholz und weiter nach dem Ardental: 560 Kilometer in elfeinhalb Tagen (28. Dezember 4AE2018 bis 8. Januar 4AE2019).

Der Ritt Vidrons (und seiner Begleiter) von Challerainfeste nach den Signalbergen, nach Weiunholz, nach den Kampfhügeln und weiter nach Steinhügel: 480 Kilometer in elfeinhalb Tagen (28. Dezember 4AE 2018 bis 8. Januar 4AE2019).

Der Ritt Jareks von der Gûnarhöhengasse nach Steinhügel: 900 Kilometer in zwölfeinviertel Tagen (28. Dezember 4AE2018 bis 9. Januar 4AE2019).

Der Ponyritt Danners und Patrels von Steinhügel nach Waldnieder: 200 Kilometer in fünf Tagen (8. bis 12. Januar 4AE2019).

Der Ritt Vidrons (und seiner Begleiter) von Steinhügel nach Wellen: 480 Kilometer in sechs Tagen (9. bis 15. Januar 4AE2019):

Der Ritt Tucks, Galens und Gildors vom Ardental nach dem Dämmertor der Grimmengrotten (während der letzten Tage nahm auch Brega an dieser Reise teil): 520 Kilometer in acht Tagen, die letzten 30 Kilometer verfolgt von Ghûlen auf Hôllrössern (9. bis 16. Januar 4AE 2019).

Der Ritt Vanidors, Varions, Duorns und Flandrenas vom Ardental nach dem Eisernen Turm: 440 Kilometer in sechs Tagen (9. bis 14. Januar 4AE2019).

Der Ritt (auf Sturmmähne) Flandrenas vom Eisernen Turm nach dem Ardental: 440 Kilometer in dreieinhalb Tagen (16. bis 19. Januar 4AE2019).

Der Ritt der Legion Vidrons von Wellen nach Adlerfarn: 280 Kilometer in 4 Tagen (17. bis 20. Januar 4AE2019).

Der Ritt der Streitmacht Vidrons von Adlerfarn nach der Gûnarhöhengasse: 920 Kilometer in 12 Tagen (21. Januar bis 1. Februar 4AE2019).

Die Fahrt mit dem Elfenboot (Tuck, Galen, Gildor und Brega)

über den Argonstrom nach den Wasserfällen von Bellon und weiter nach der Argonfähre: 1200 Kilometer in etwas mehr als vier Tagen (25. bis 28. Januar 4AE2019).

Der Ritt Tucks, Galens, Gildors, Bregas und Ubriks von der Argonfähre nach der Gûnarhöhengasse: 640 Kilometer in vier Tagen (mit Packtieren; in dem Lager bei Rothügel wurden die Pferde gewechselt – 29. Januar bis 1. Februar 4AE2019).

Der Ritt der Streitmacht Vidrons von der Gûnarhöhengasse nach dem Grûwenpaß: 1000 Kilometer in 13 Tagen (2. bis 14. Februar 4AE2019).

((Bemerkung: Diese drei Reisen der Wellenkrieger Vidrons sind möglicherweise die erstaunlichsten von allen. Die Pferde der Wellensoldaten – sie trugen die Krieger, Waffen und Rüstungen – legten insgesamt rund 2200 Kilometer in 29 Tagen zurück (17. Januar bis 14. Februar 4AE2019), und die ganze Zeit über liefen sie in dem Tempo eines Valanmarkengalopps. Es kann daher nicht verwundern, daß schließlich die Kräfte der Rösser nachließen und sie die Geschwindigkeit nicht mehr zu halten vermochten.))

Der Ritt des Heeres von der Gûnarhöhengasse nach dem Eisernen Turm: 1400 Kilometer in achtzehneinhalb Tagen (2. bis 20. Februar 4AE2019).

Der Vorsturm einer der Horden Modrus von Steinhügel nach der Ardenfurt und von dort aus weiter nach dem Grûwenpaß: 560 Kilometer in neuneinhalb Tagen (8. bis 17. Februar 4AE2019).

Der Ritt Inarions (auf Schwingenhuf und Wirbelwind) vom Leuchtgipfel nach dem Ardental: 340 Kilometer in drei Tagen (10. bis 12. Februar 4AE2019).

Der Ritt des Heeres vom Eisernen Turm nach dem Ardental: 440 Kilometer in neuneinhalb Tagen (4. bis 13. März 4AE2019).

Der Ritt der Wichtel und Wellenkrieger vom Ardental nach Steinhügel: 600 Kilometer in elf Tagen (20. bis 30. März 43AE2019).

Der Ritt der Wichtel und Wellenkrieger von Steinhügel nach Waldnieder: 200 Kilometer in 4 Tagen (1. bis 4. April 4AE2019).

Das waren die bemerkenswerten Reisen von Freund und Feind während des Winterkrieges – so wie sie im *Ravenbuch* beschrieben sind.

Die Verfinsterung des Sonnentods

Im *Ravenbuch* kommt deutlich zum Ausdruck, daß die Sonnenfinsternis vom 22. Februar 4AE2019 in der Region des Eisernen Turms total war. Außerdem kann dem Kontext entnommen werden, daß sie längere Zeit andauerte. Aber in dieser Hinsicht mag der Text ein wenig irreführend sein. Wenn wir davon ausgehen, daß die Himmelsmechanik des Systems Erde–Mond–Sonne zur Zeit des Winterkrieges ebenso beschaffen war wie heute, dann kann die totale Sonnenfinsternis im Bereich des Eisernen Turms nicht länger als sieben Minuten und dreiunddreißig Sekunden gedauert haben (die maximale Dauer einer totalen Verfinsterung an jedem beliebigen Ort auf der Erde). Und wenn wir zudem Vermutungen anstellen in Hinsicht auf die wahrscheinlichen Breiten- und Längengrade der Position der schwarzen Zitadelle Modrus, so muß danach die Zeit der totalen Verfinsterung noch kürzer gewesen sein. Noch eines kommt hinzu: Wenn es sich um eine »typische« Sonnenfinsternis handelte, so können wir von einer Zeitspanne von zwei bis vier Minuten ausgehen.

Zwei, vier oder auch sieben Minuten – es spielt eigentlich keine Rolle, denn die Zeitspanne scheint in jedem Fall zu kurz zu sein, als daß sich all das während der Verfinsterung hätte zutragen können, was im *Ravenbuch* geschildert wird. Zum Beispiel: Waren Merrilee und die Wichtel tatsächlich dazu in der Lage, auf dem Vorplatz der Festung eine Gruppe Soldaten um sich zu sammeln und in die ganz oben im Eisernen Turm gelegene Kammer zu gelangen – in nur sieben Minuten oder einer noch kürzeren Zeitspanne? Das dürfte so gut wie unmöglich gewesen sein.

Es gibt drei Antworten, die vielleicht eine Erklärung anbieten: (1) Die im *Ravenbuch* geschilderten Ereignisse fanden tatsächlich in der kurzen Zeit statt. (2) Die Himmelsmechanik des Systems Erde–Mond–Sonne war damals anders beschaffen als heute. (3) Die von dem Myrkenstein ausgehende Schwärze verdunkelte die Winternacht bereits vollständig, bevor es zur

Sonnenfinsternis kam.

Von diesen drei Überlegungen erscheint die letzte am glaubhaftesten: Irgendwie sog der Myrkenstein auch noch die verbleibenden Reste des Sonnenlichts in sich auf, so daß Menschenaugen sich nicht mehr im Düsterdunkel zu orientieren vermochten und nur noch Elfen und Wichtel Konturen ihrer Umgebung erkennen konnten. Diese Theorie wird auch von der Tatsache bestätigt, daß es mehr als dreihundert Kilometer weiter südlich, im Bereich des Grûwenpasses – übrigens auch in Zechenbau Nord in Riamon und noch weiter im Süden, im Waldland – ebenfalls völlig dunkel wurde und die Menschen nicht mehr sehen konnten ... in Regionen also, in denen die Sonnenfinsternis nicht total gewesen sein konnte. (Die Wichtel bilden hier wieder eine Ausnahme: Das Winzigvolk sah im Scheine des »schwarzen« Lichtes des Myrkensteins.)

Daraus kann auch folgende Schlußfolgerung gezogen werden: Zwar mag die totale Sonnenfinsternis nur zwei bis vier Minuten gedauert haben, aber die Zeitspanne, während der sich nur Wichtelaugen in der Dunkelheit zu orientieren vermochten, kann durchaus fünfzehn oder mehr Minuten lang gewesen sein – und in dieser Zeit sind die im *Ravenbuch* beschriebenen Ereignisse durchaus möglich.

Noch zwei weitere interessante Punkte gibt es: (1) Auf Grund der Schilderungen des *Ravenbuches* kann man davon ausgehen, daß sich der Verlauf der Sonnenfinsternis von Westen über Rian erstreckte, über die Riggagipfel nach Gron, über den Krallendorn nach dem Eisernen Turm, vorbei an den Gronspitzen nach Jord, und von dort aus über den Grimmwall durch Aven. Am Grûwenpaß, in Arden, dem Waldland, Riamon, Valon, Jugo, Pellar und den anderen Ländern war die Verfinsterung nur partiell. (2) Bei dem Funkeln, das nach dem Verschwinden des Düsterdunkels hinter der Mondscheibe hervorglänzte, hat es sich aller Wahrscheinlichkeit nach um die Korona gehandelt – ein Phänomen, das in verschiedenen astronomischen Werken ausführlich beschrieben wird.

Die Wirkung des Myrkensteins auf die Augen Tucks

Zwar haben die Ravenbuchschüler zu Lebzeiten Tucks lange über den Grund der Erblindung des Helden nachgedacht, aber sie kamen zu keinem befriedigenden Ergebnis. In der Sechsten Ära aber entwickelte der Wichtelhistoriker Burmly Greiffest folgende Theorie:

Ganz offensichtlich (so Burmly) sandte der Myrkenstein eine Strahlung aus, deren Frequenz nicht im sichtbaren Bereich des Spektrums lag – eine Strahlung, die nur von den Wichteln wahrgenommen werden konnte, nicht aber von Menschen, Elfen oder Zwergen, nicht einmal von den dämonischen Lakaien Modrus. Als Tuck also den Myrkenstein aus einer Entfernung von wenigen Metern ansah, wurde er von dem funkelnden »Glanz« geblendet, als blicke er in eine helle Lampe. Das »schwarze Gleißen« war so grell, daß es sogar den Schein der in der Nähe brennenden Fackeln überstrahlte. Aber es deutet vieles darauf hin, daß er seines Augenlichts nicht verlustig gegangen wäre, hätte er sich rechtzeitig von dem Myrkenstein abgewandt. Statt dessen aber ließ er den Roten Pfeil davonschnellen, und als sich das Geschoß in den Stein bohrte, flammte ein Lichtblitz auf. Diese grelle Entladung war es erst, die Tuck erblinden ließ, nicht aber (so schloß Burmly) das »dunkle Glühen« des Myrkensteins.

Seit Burmly Greiffest hat es keinen Gelehrten gegeben, der eine überzeugendere Erklärung geben konnte.

Lieder, Inschriften und Zitate

Sortiert nach:
Art, Titel, erste Zeile, Buch/Bücher, Kapitel

Die Mahnung des Alten Barlo: Wenn man nicht richtig zielt, kann man die Pfeile auch gleich wegwerfen (Erstes Buch, Kapitel 1 und 5; Zweites Buch, Kapitel 3; Drittes Buch, Kapitel 5).

Das Wichtellied *Der Dornenlauf:* Wir sind Dornenläufer (Erstes Buch, Kapitel 2).

Die Wichteltotenklage *Segle über das Düstere Meer:* Es wälzt sich die Flut der Schattigen Wonnen (Erstes Buch, Kapitel 2).

Othrans Grabinschrift: Schieße nur den Pfeil den Roten (Erstes Buch, Kapitel 4; Zweites Buch, Kapitel 6; Drittes Buch, Kapitel 5, 6 und 7).

Das Wichtellied: *Der fröhliche Mann in Boskeldei:* Oh ... fiedel-didi, fiedel-dido (Erstes Buch, Kapitel 4).

Raels Worte: Keinem von zwei Bösen soll gelten deiner starken Hände Schlag (Zweites Buch, Kapitel 2; Drittes Buch, Kapitel 5, 6 und 7).

Die Wichteltotenklage *Die vier Jahreszeiten*: Auf dieser Lichtung, in des Winters kalter Luft (Zweites Buch, Kapitel 3).

Die Inschrift des Denkmals von Lammgerb: Ganz Mithgar soll es erfahren, und auch noch in Urenkels Tagen wird man sich daran erinnern: An diesem Tag begann der Freiheitskampf, denn ein ebenbürtiger Gegner stellte sich dem Bösen entgegen (Zweites Buch, Kapitel 3; Drittes Buch, Kapitel 7).

Raels Weissagung: Funkelnde Silbervögel und glänzende Silberklinge (Zweites Buch, Kapitel 6).

Vanidors Todeswarnung: Der Schwärzeste Tag (Zweites Buch, Kapitel 6; Drittes Buch, Kapitel 3).

Das Wichtellied *Der Rote Pfeil*: Schieße nur den Pfeil den Roten (Drittes Buch, Kapitel 7).

Die Wichtelballade *Das Lied vom Eisernen Turm:* In der Nordkälte Weisen (Drittes Buch, Kapitel 7).

Übersetzung von speziellen Ausdrücken und Redewendungen

Im *Ravenbuch* finden viele Ausdrücke und Redewendungen in Dialekten und Mundarten Verwendung, die sich von der Alltagssprache Pellarion unterscheiden. Für Gelehrte, die daran Interesse haben, folgt jetzt eine entsprechende Auflistung. Diese Sprachen sind aufgeführt:

Châkur	=	Zwergensprache
AHR	=	Alte Hochsprache Riamons
AP	=	Alte Sprache Pellars
AR	=	Alte Sprache Rians
Slûk	=	Sprache der Schergen Modrus
Sylva	=	Elfensprache
Twyll	=	alte Wichtelsprache
Valur	=	die Kriegssprache Valons

Aus der Aufstellung lassen sich die entsprechenden Äquivalente der einzelnen im *Ravenbuch* verwendeten Ausdrücke direkt ersehen.

Die nachfolgenden Redewendungen sind jeweils unter den einzelnen Sprachen und Mundarten gelistet. Wo es möglich ist, wurden sie mit Übersetzungen () versehen. In den anderen Fällen erfolgte die Transkription (()) aus dem Kontext des *Ravenbuches*. Darüber hinaus ist auch, wo es möglich war, der Name der Person / / aufgeführt, die den Ausdruck benutzte.

Menschen

Wichtel (Twyll)	**Valon (Valur)**	**Pellar (Pellarion)**	**Elf (Sylva)**	**Zwerg (Châkur)**
Rūck	Rutch	Rukh	Ruch	U̇kh
Rūcks	Rutcha	Rukha	Rucha	U̇khs
Rūcken	Rutchen	Rukken	Ruchen	U̇kken
Hlōk	Drōk	Lōkh	Lok	Hrōk
Hlōks	Drōkha	Lōkha	Loka	Hrōks
Ghûl	Guul	Ghol	Ghûlk	Khōl
Ghûle	Guula	Ghola	Ghûlka	Khōls
Ghûlen	Guulen	Gholen	Ghûlken	Khōlen
Schrecken	Schrecken	Schrecken	Schrecken	Schrecken
Gargon	Gargon	Gargon	Gargon	Ghath
Gargonen	Gargonen	Gargonen	Gargonen	Ghaths
Oger	Oger	Troll	Troll	Troll
Kraken	Kraken	Kraken	Hôllfraß	Madûk
Teufelsbrut	Wrg	Yrm	Rûpt	Grg
Gezücht	Gezücht	Gezücht, Brut	Brut	Gezücht
Zwerg	Zwerg	Zwerg	Zwicht	Chak
Zwerge	Zwerge	Zwerge	Zwichte	Ghakka
Elf	Deva	Elf	Lian* Dylvan	Elf
Elfen	Deva'a	Elfen	Lian Dylvana	Elfen
Elfen	Deven	Elfen	Lian Dylvanen	Elfen
Riese	Riese	Utrun	Utrun	Utrun
Riesen	Riesen	Utruni	Utruni	Utruni
Wichtel (Einzahl)	Waldan	Waerling	Waerling	Waeran
Wichtel (Mehrzahl)	Waldana	Waerlinga	Waerlinga	Waerans
Winzigvolk	Waldleute	Winzigvolk	–	–

* Es gibt zwei verschiedene Arten von Elfen: (1) die Lian, die Jüngsten Elfen, und (2) die Dylvana, die Waldelfen.

Châkur
(Zwergensprache)

Aggarath (unübersetzt) /Brega/ ((Grimspitze))
Baralan (tiefes Land – die Grube)
Châkka djalk aggar theck! (Zwerge – – –!) /Brega/
Ctor (Rufer) /Brega/
Dēop (Tiefe) /Brega/
Drakkalan (Schwarzer Todesbringer) /Brega/
Gaard! (unübersetzt) /Brega/ ((ein magisches Wort, das vielleicht soviel bedeutet wie »Öffne dich!«))
Ghatan (unübersetzt) /Brega/ ((Hohe Zacke))
Jarak (unübersetzt) /Brega/
Khana (Todesbrecher) /Brega/
Kraggen-cor (Berg-mächtig) /Brega/ ((Grimmengrotten))
Kruk! (unübersetzter Ausruf) /Brega/
Ravenor (unübersetzt) /Brega/ ((Sturmruder))
Uchan (unübersetzt) /Brega/ ((Grauer Turm))
Vorvor (unübersetzter Name eines Strudels) /Brega/

AHR
(Alte Hochsprache Riamons)

Zūo Hēlan widar iu! (Fahr zur Hölle!) /Laurelin/

AR
(Alte Sprache Rians)

Ahn! (ein Hornsignal mit der Bedeutung: Bereitmachen!) /Jarriel/
Ahn! Hahn! (ein Hornsignal mit der Bedeutung: Aufstellung beziehen!) /Jarriel/
Hàl! Aurion ūre cynig! (Heil Aurion, unserem König!) /Königssoldaten der Challerainfeste/

Hàl! Hēah Adoni cnāwen ūre weg! (Heil! Der Erhabene Adon lenkt unsere Schritte!) /Aurion/
Rahn! (ein Hornsignal mit der Bedeutung: Achtung!) /Hogarth/

AP
(Alte Sprache Pellars)

Cepān wyllan, Lian; wir gān bringan thē Sunna! (Sorgt euch nicht, Lian; wir gehen und bringen die Sonne zurück!) /Galen/
Hàl ūre allience! Hàl ūre bōnd! (Heil unserem Bündnis! Heil unserer Freundschaft!) /Galen/
Hōgarda (Obere Ebene) /Galen/
Jagga, Falbe! Jagga! (Versteck dich! Falbe! Versteck dich!) /Laurelin/
Larkenwald (Lerchenwald)
Maeg Adoni laenan strengthu to ūre earms! (Möge Adon uns Kraft geben, auf daß wir den Gegner schlagen! – freie Übersetzung) /Aurion/
Mittegarda (Mittlere Ebene) /Galen/
Poeir bē in thyne earms! (Seien deine Arme stark!) /Galen/
Rach! (unübersetzter Ausruf)
Untargarda (Untere Ebene) /Galen/

Slûk
(Sprache der Schergen Modrus)

Arg tha! Shugg du! (unübersetzt) /Hlōk-Torwächter/ ((Du da! Nenne deinen Namen!))
Dolh (Elf/Elfen) /Modru/
Dolh schluu gogger! (Elf – –!) /Modru/ ((Den Elf aufs Streckbrett!))
Dubh (Zwerg/Zwerge) /Modru/
Garja ush! (unübersetzt) /Modru/ ((Hoch mit ihr!))
Glâr! Glâr! (Feuer! Feuer!) /Die Horde in den Grimmengrotten/
Gluktu! (unübersetzt) /Modru; Emissär aus Hyree/ ((Angriff!))

Glu shtom! (unübersetzt) /aufsässiger Ghûl/ ((Ich möchte bleiben!))
Guk klur gog bleagh. (unübersetzt) /Rūck/ ((Essen ist besser als kämpfen.))
Gulgok! (unübersetzt) /Ghûlemissär/ ((Herr!))
Guttra! (unübersetzt) /Hlōkwächter/ ((Halt!))
Khakt! (unübersetzt) /Modru/ ((Hier!))
Nabba thek! (unübersetzt) /Modru; Naudron/ ((Todessuche – Finde den Tod!))
Nabuu gla oth. (unübersetzt) /Modru; Naudron/ ((Der Tod hole dich!))
Negus (Oberster König) /Modru/ ((Negus des Schreckens – Oberster des Schreckens = der Gargon))
Rul durg! (unübersetzt) /Modru; Naudron/ ((Macht sie bereit!))
Schtuga! (unübersetzt) /Hlōk-Kerkermeister/ ((Narr!))
Shabba Dūl! (unübersetzt) /Modru/ ((Ins Verlies!))
Shuul! (unübersetzt) /Modru/ ((Wache!))
Slath! (unübersetzt) /Modru/ ((Halt!))
Theck dral, guth! (unübersetzt) /Hlōk-Aufseher/ ((An die Arbeit, Faulpelz!))
Thuggon oog. Laug glog raktu! (unübersetzt) /Modru; Naudron/ ((Teilt euch! Die eine Hälfte schließt sich der Horde an!))
Thut (unübersetzt) /Ghol/ ((Tot))
Urb schla! Drek! (unübersetzt) /Modru; Naudron/ ((Los! Reitet!))
Ush! (unübersetzt) /Modru; Naudron/ ((Hoch!))
Vhuul! (unübersetzt) /Modru/ ((Troll!))
Vulpen (Vulgs) /Modru/

Sylva
(Elfensprache)

Aevor (unübersetzt) /Gildor/ ((Grimmspitze))
Alor (Herr)
Aro! (unübersetzter Ausruf) /Gildor/
Chagor (unübersetzt) /Gildor/ ((Hohe Zacke))
Cianin Andele (Glänzender Wanderer) /Gildor/

Cianin taegi! (Glänzende Tage!) /Gildor; Vanidor/
Coron (Herrscher/König) /Gildor/ ((Sturmzacke))
Coron Eiron, va Draedan sa nond! (König Eiron, der Gargon ist tot!) /Gildor/
Dara (Rael) /Elfenheiler/
Darda Erynian (Blatt-Baum Großes Grün – der Wald des Großen Grüns)
Darda Galion (Blatt-Baum Land-der-Lerchen – der Wald der Silberlerchen)
dele (Haferschleim)
Draedan (Schrecken/Gargon)
Ealle hàl va Deevestrīdena, slēanra a va Draedan! (Heil den Grottenläufern, den Bezwingern des Gargon!) /Eiron/
Eborane (der die Freundesbande zerreißt – der Tod) /Eiron/
Eryn (Grün, z. B.: Erynfurt = Grüne Furt) /Eiron/
Falanith (Tiefes Tal – die Grube)
Fian nath dairia! (Möge dein Weg immer gerade sein!) /Eiron/
Gralon (unübersetzt) /Gildor/ ((Grauer Turm))
Grimmengrotten (Kraggen-cor; Zwergenheimat) /Gildor/
Hàl, valagalana! (Heil, tapfere Krieger!) /Havor, Eiron und Lianeskorte/
Kel! (unübersetzter Gruß) /Talarin/
Kest! (Halt!) /Duorn; Tuon/
Kregyn (unübersetzt) ((der Grûwenpaß))
Lianion (Erstes Land) /Talarin/
mian (Wegbrot)
Nond? Va Draedan sa nond? (Tot? Der Gargon ist tot?) /Eiron/
Talarn (Stahlherz) /Eiron/
Va Draedan sa nond . . . (Der Gargon ist tot . . .) /Gildor/
Vanil (silbrig)
Vani-lērihha (Silberlerchen)
Vio Gildor! (Ich bin Goldzweig!) /Gildor/
Vio iven Arden. (Ich bin/komme von Arden.) /Gildor/
Zwicht (Zwerg) /Gildor/

Twyll
(alte Wichtelsprache)

Chelga! (Bleib stehen und nenne deinen Namen!) /Baskin/
Ellil! (Freund!) /Tuck/
faer sylva (heller Wald)
Hai roi! (unübersetzter Ausruf, im Ursprung vermutlich Valur) /Jungwichtel der Vierten Dornenlauftruppe Osttals/
Hanlos Reya (Hanlos Füchse) /Danner/
Hlafor Galen, tuon nid legan mi hinda! Prinz Galen, laßt mich nicht allein zurück! /Tuck/
Mandrak (Mensch-Drachen)
Skut! (unübersetzter Ausruf) /Danner; Luth/
So ho! (unübersetzter alter Jagdruf, der vielleicht soviel bedeutet wie: Hier!) /Tuck/
Taa-tahn! Taa-tahn! (ein Hornsignal der Wichtel: Sammeln! Sammeln!) /Patrel/
Ta-tahn! Ta-tahn! Ta-tahn! (ein Hornsignal der Wichtel. Angriff! Angriff! Angriff!) /Patrel/
Thuna glath, Fral Wilrow. (Ruhe in Frieden, Freund Wilrow.) /Tuck/
Wanderjahre (Wanderjahre)

Valur
(die alte Kriegssprache Valons)

daemon (Dämon) /Borel/
Grn! (unübersetzter Ausruf) /Vidron/
Ahn, taa-roo! (das Signal eines Valonhorns: Rückzug!) /Vidron/
Hàl, Deva Talarin! Vanada al tro da halka! (Heil, Elf Talarin! Zusammen sind wir stark!) /Vidron/
Hrosmarschall (Roßmarschall)
Zlye pozhirately koneny! (Abscheuliche Pferdefleischfresser!) /Vidron/